묵상
125

하나님을 가까이하라
그리하면 너희를 가까이하시리라

묵상
125

양창삼 지음

한국학술정보

머리말

간디는 "나는 예수를 좋아하지만 기독교인들을 싫어한다. 만일 기독교인들이 예수의 가르침을 그대로 실천하기만 한다면 나쁜 아니라 인도인들도 기꺼이 그리스도인이 될 것이다."라고 했다. 간디의 이 짧은 말은 우리로 하여금 많은 생각을 하게 한다.

간디의 이 말은 지금도 유효하다. 왜냐하면 그리스도인은 아직도 부족한 것이 많고 지금도 많은 부분에서 세상으로부터 지적을 받고 있기 때문이다. 이것은 참 그리스도인이 된다는 것이 얼마나 어려운가를 보여준다.

'동행 125'에 이어 '묵상 125'를 내놓는다. 하루에 한 절씩이라도 주님의 말씀을 묵상하고 동행하면 우리 삶이 조금씩 달라지리라는 기대 때문이다. 우리가 어떤 큰 것으로 갑자기 주님을 감동시키고, 세상을 놀라게 할 수는 없다. 하지만 하루에 조금씩, 한 걸음씩이라도 변화해 간다면 나 자신뿐 아니라 우리 주변이 달라지리라 확신하기 때문이다. 이런 의미에서 한 절의 묵상은 밝게 피어나는 한 걸음이 될 수 있다.

몸이 아프면 병원에 가면 된다. 영적으로 치유가 필요하다면 어떻게 해야 할까? 무엇보다 필요한 것은 주님의 말씀이다. 주님의 말씀으로 들어가지 않으면 치료될 수 없다. 십자가에 못 박히신 예수님 앞으로 그 문제를 가지고 가야 해결될 수 있다.

이 순간 주님의 말씀을 펴고, 주님의 말씀을 읽으라. 그리고 읽는 시간 못지않게 깊이 묵상하라. 그리하면 길이 보인다. 전혀 보이지 않던 길도 보이고, 문도 열린다. 인간이 만든 길이 아니다. 인간이 만든 문도 아니다. 다 주님이 내신 길이요 문이다. 주님은 이미 "나는 길이요 진리요 생명이다," "나는 양의 문이다." 하지 않으셨는가. 우리는 그 길로 가고, 그 문으로 들어가면 된다. "하나님을 가까이하라 그리하면 너희를 가까이하시리라."

이 책을 통해서 주님을 만나고, 그 말씀이 당신의 생명을 살리는 떡이 되기 바란다. 그런 날이 하루하루 계속되면 태양은 잊지 않고 당신을 위해 뜰 것이다.

2016년
양창삼

차 례

머리말 • 5

바르게 묵상하라

"주님의 말씀 묵상하다가, 뜬눈으로 밤을 지새웁니다
(시편 119:148)."

　　　　　　　　　　　　 새번역의 말씀이다. 같은 말씀인데
개역한글에는 "주의 말씀을 묵상하려고 내 눈이 야경이 깊기 전에 깨
었나이다."라 했고, 공동번역엔 "뜬눈으로 밤을 지켜보며 당신의 약
속을 묵상합니다." 하였다. 번역마다 느낌이 조금씩 다르다. 하지만
말씀을 밤 새워 깊이 묵상한다는 점에선 같다.

　시편에 자주 등장하는 단어가운데 하나가 묵상이다. 우리도 묵상
을 좋아한다. 그러나 무엇을, 어떻게 묵상하는가는 사람마다 다르다.
어떤 묵상은 좋게 보이지만 어떤 묵상은 나쁘게 평가된다. 좋은 묵상
이 하나님 중심, 말씀 중심이라면 나쁜 묵상은 인간 중심, 자기중심이
다. 묵상이 잡념이 되지 않기 위해서는 언제나 바른 묵상이 중요하다.

　묵상을 나타내는 히브리어 단어로 하가아(hagah)와 시아크(siach)가
있다. 하가아는 마음 속 깊이 갈망하는 마음에 읊조리는 목소리를 들
려주는 것이고, 시아크는 사람의 마음을 무엇으로 덮는다는 것이다. 갈
한 심령에 하나님의 말씀을 들려주고, 그것으로 마음을 덮는 것이다.

　그리스도인의 묵상은 세상의 묵상과는 다르다. 묵상의 내용이 다
르기 때문이다. 무엇보다 하나님이 우리에게 행하신 일과 하실 일을

묵상한다. "또 주의 모든 일을 묵상하며 주의 행사를 깊이 생각하리이다(시편 77:12)." "주의 존귀하고 영광스러운 위엄과 주의 기사를 나는 묵상하리이다(시편 145:5)." 묵상하면 할수록 감사와 찬송이 넘친다. 나아가 우리에게 주신 말씀을 깊이 묵상한다. "내가 주의 법도를 묵상하며 주의 도에 주의하며(시편 119:15)." "오직 여호와의 율법을 즐거워하여 그의 율법을 주야로 묵상하는도다(시편 1:2)." 주의 말씀을 묵상하면 그 말씀이 내 발의 등이 된다.

묵상을 묵상으로 끝내서는 안 된다. 그것을 행동으로 옮기도록 해야 한다. 그래야 묵상이 행동하는 묵상이 된다. "이 율법 책을 네 입에서 떠나지 말게 하며 주야로 그것을 묵상하여 그 안에 기록된 대로 다 지켜 행하라 그리하면 네 길이 평탄하게 될 것이며 네가 형통하리라(여호수아 1:8)." 행동이 따르지 않는 묵상은 죽은 묵상이라는 말이다.

끝으로, 하나님이 기뻐 받으시는 묵상이 되어야 한다. "나의 반석이시요 나의 구속자이신 여호와여 내 입의 말과 마음의 묵상이 주님 앞에 열납되기를 원하나이다(시편 19:14)."

오늘도 우리는 말씀을 펴며 묵상한다. 주님을 사랑하기 때문이다. 그 말씀이 달기 때문이다. 그러나 묵상이 진정 묵상이 되려면 묵상의 내용과 방법이 달라야 한다. 하나님을 생각하고, 그의 말씀을 마음 속 깊이 새기며, 행동으로 옮긴다. 그렇게 한다면 묵상으로도 얼마든지 하나님께 영광을 돌릴 수 있다. 나의 묵상은 과연 어떤 묵상일까.

위대하신 그분이 우리 아버지시다

"그들을 주신 내 아버지는 만물보다 크시매 아무도 아버지 손에서
빼앗을 수 없느니라(요한복음 10:29)."

이 말씀은 하나님 아버지에 대한 주
님의 생각이시다. 한 마디로 아버지가 얼마나 크고 능력이 있으신 분
인가를 보여준다.

예수님은 하나님을 아버지라 부르셨다. 놀라운 일이었다. 바리새인
들은 생각했다. "어떻게 감히 하나님을 아버지라 부를 수 있단 말인
가." 바울도 하나님을 아버지라 불렀다. "아버지 하나님과 주 예수 그
리스도께로부터 평안과 믿음을 겸한 사랑이 형제들에게 있을지어다
(에베소서 6:23)." 우리는 하나님의 자녀이기 때문에 하나님을 당당히
아버지라 부를 수 있다. 이것은 그리스도인의 특권이기도 하다.

아버지는 매우 고맙고 힘이 넘치는 단어다. 그러나 세월이 가면서
세상의 아버지는 힘을 잃는다. "네 살 때 아빠는 뭐든지 할 수 있다."
"열네 살 때 아빠에겐 신경 쓸 필요가 없어. 아빠 너무 구식이거든."
돌아가시고 나면 그래도 아빠가 그리울 것이다.

만화 '광수생각'에 아버지는 이렇게 그려있다. "아버지와 함께 윷
놀이를 한다. 우리들은 실력이 없는지 윷을 던지면 윷판을 벗어나 낙
(落)이 된다. 67세, 은퇴하시고 친구도 일도 없는 울 아버지. 아버지는

대충 던지시는 데도 윷이 절대로 윷판을 벗어나는 일이 없다. 아버지 세상에 낙(樂)이 없다. 아부지, 당신도 외로우시면 제게 기대세요." 힘 없는 아버지를 생각해주니 그나마 감사한 일이다.

나이가 들면서 세상의 아버지는 힘을 잃을 수 있다. 그러나 하나님 아버지는 다르다. 우리는 그 아버지를 향하여 기도한다. "이름을 주신 아버지 앞에 무릎을 꿇고 비노니(에베소서 3:15)." 그분에게는 불가능이 없으시기 때문이다. 예수님도 십자가상에서 자신을 아버지께 의탁하셨다. "예수께서 큰 소리로 불러 이르시되 아버지 내 영혼을 아버지 손에 부탁하나이다 하고 이 말씀을 하신 후 숨지시니라(누가복음 23:46)." 그분은 마지막 순간에 우리의 영혼까지 부탁해도 족히 받아주실 좋은 분이시다.

우리는 오늘도 하나님 아버지를 향해 기도한다. "하늘에 계신 우리 아버지여 이름이 거룩히 여김을 받으시오며(마태복음 6:9)." 주님이 우리에게 가르쳐 주신 기도다. 그분은 우리의 생각보다 크고 위대하신 분이다. 전능하시며 영존하는 분이시다.

그렇다고 세상의 아버지를 가볍게 보지 말라. 그를 당신의 아버지로 보낸 분은 바로 하나님 아버지시다. 하나님은 세상의 아버지를 통해 하나님 아버지의 사랑이 얼마나 크고 고마운지 알게 하셨다. 그리고 네 부모를 공경하라 하셨다. 그러나 세상의 아버지보다 높으신 하늘의 아버지가 계시다는 것을 잊지 말자. 위대하신 그분이 바로 우리 아버지시다.

주님이 지나가시면 변화가 일어난다

"예수께서 여리고로 들어가 지나가시더라(누가복음 19:1)."

　　　　　　　　　이 말씀은 예수님이 삭개오를 만나기 위해 여리고에 들어가시는 장면의 모두에 해당한다. 그런데 이 중에 매우 흥미로운 단어가 나온다. 바로 '지나가시더라'는 말씀이다. 지나간다는 것은 그곳이 본래의 목적지 아니라는 뜻으로 해석될 수 있다. 그렇다면 삭개오를 만나신 것은 본래 의도된 것이 아니란 말씀인가. 그렇지 않다. 주님은 삭개오를 만나기 위해 여리고를 택하셨다. 그리고 주님을 만난 그의 삶은 완전히 변화되었다.

　그러면 '지나가다'는 것은 무엇을 의미하는가? 그것은 하나님의 의도된 현현을 나타내는 유대 식 표현이다. 주님이 관객이 되어 그저 손님처럼 지나가는 것이 아니라 그에 대해 뜻을 세우고, 그 앞에 적극적으로 다가가며, 그의 삶에 개입해 변화시키겠다는 것이다.

　예수님이 지나가심으로 삶이 변화된 인물들로 주님의 제자들을 들 수 있다. 성경은 여러 곳에서 '지나감'을 의미 있게 다루고 있다. "예수께서 그 곳을 떠나 지나가시다가 마태라 하는 사람이 세관에 앉아 있는 것을 보시고 이르시되 나를 따르라 하시니 일어나 따르니라(마태복음 9:9)." "갈릴리 해변으로 지나가시다가 시몬과 그 형제 안드레가 바다에 그물 던지는 것을 보시니 그들은 어부라(마가복음 1:16)."

"또 지나가시다가 알패오의 아들 레위가 세관에 앉아 있는 것을 보시고 그에게 이르시되 나를 따르라 하시니 일어나 따르니라(마가복음 2:14)." 마태, 시몬과 안드레, 레위 모두 주님의 제자가 되었다. 그들은 예수님이 뜬금없이 만난 사람들이 아니다. 의도적으로 그들에게 접근하셨고, 그들을 택하셨다. 그리고 그들의 삶이 완전히 달라졌다. 이것이 바로 주님의 지나가심이다.

제자들이 풍랑을 만났을 때도 주님은 지나가신다. "바람이 거스르므로 제자들이 힘겹게 노 젓는 것을 보시고 밤 사경쯤에 바다 위로 걸어서 그들에게 오사 지나가려고 하시매(마가복음 6:48)." 그저 지나감이 아니다. 이미 제자들이 힘들어 하는 것을 아셨고, 그들을 구원하기 위해 바다 위를 성큼 성큼 걸어오신 것이다. 그들의 삶에 개입하시기 위한 지나감이다. 그분이 지나가시면 풍랑도 잠잠해진다.

구약에서도 하나님의 지나감이 있다. "여호와께서 이르시되 너는 나가서 여호와 앞에서 산에 서라 하시더니 여호와께서 지나가시는데 여호와 앞에 크고 강한 바람이 산을 가르고 바위를 부수나 바람 가운데에 여호와께서 계시지 아니하며 바람 후에 지진이 있으나 지진 가운데에도 여호와께서 계시지 아니하며(열왕기상 19:11)." 하나님이 지나가시는 자리엔 그의 능력이 나타난다. 주님이 찾아오시면 우리의 삶이 변한다. 그분의 지나가심을 기대하라. 주님은 손님이 아니라 우리 삶의 주인이시다.

하나님 사랑을 바탕으로 한 사랑은 다르다

"예수께서 이르시되 네 마음을 다하고 목숨을 다하고 뜻을 다하여
주 너의 하나님을 사랑하라 하셨으니(마태복음 22:37)."

이 말씀은 예수님을 찾아와 "율법 중 어느 계명이 크니이까?" 시험한 율법사, 그에 대한 주님의 답 중 일부다. 주님은 이것을 크고 첫째 되는 계명이라 하셨다. 하나님을 향한 진정한 사랑이 가장 중요한 계명이라는 것이다.

그런데 주님은 그 사랑을 이웃에 대해서도 하라 하신다. "둘째도 그와 같으니 네 이웃을 네 몸과 같이 사랑하라 하셨으니 이 두 계명이 온 율법과 선지자의 강령이니라(마태복음 22:39-40)." 하나님 사랑과 이웃 사랑에 관한 이 계명을 주님은 온 율법과 선지자의 강령이라 하셨다. 모든 율법과 선지자들이 이 두 계명에 달려있고(hang, depend), 여기에서 나오며(stem from), 결국 이 두 계명으로 종합된다(sum up)는 것이다.

조 쏜(Joe Thorn) 목사가 쓴 글에 이런 대목이 있다. "마르틴 루터가 마음과 목숨과 뜻을 다해 하나님을 사랑하라는 명령 때문에 오히려 하나님을 미워할 뻔했다는 것을 아는가? 루터는 자신이 그 명령을 온전히 지킬 수 없다는 것을 알았기에 하나님께 화가 났던 것이다."

우리는 "네 마음을 다하고 목숨을 다하고 뜻을 다하여 주 너의 하

나님을 사랑하라"는 말씀을 당연한 것으로 받아들인다. 그런데 루터가 그 말씀에 화가 났다고 하니 오히려 놀랍다. 루터의 생각은 달랐다. 인간의 한계를 너무나 잘 아시는 하나님께서 이것을 꼭 지켜야 할 계명으로 주셨으니 화가 난 것이다. 물론 그렇게 생각할 수 있다.

하지만 쏜 목사는 하나님 사랑을 바탕으로 한 사랑은 다르다 한다. 왜 그럴까? 우리가 하나님을 사랑할 수 있는 것은 하나님이 우리를 먼저 사랑하셨기 때문이다. 하나님은 우리를 너무 사랑하셨기에 자신의 아들을 이 땅에 보내 십자가에 달리게 하셨다. 갚을 길 없는 사랑이다. 십자가의 사랑이 얼마나 큰 사랑인가를 아는 사람은 하나님을 온 마음과 정성을 다해 사랑하지 않을 수 없게 되고, 하나님이 우리를 사랑하신 것처럼 우리도 이웃을 사랑하게 된다. 이것이 바로 하나님과 이웃을 향한 사랑의 비밀이요 신비다.

물론 하나님 없이 사랑을 할 수 있다. 그러나 그 사랑은 십자가가 없는 사랑이요 육적인 사랑이다. 예수님이 두 계명을 강조하신 것은 하나님을 진정 사랑할 줄 알아야 이웃을 사랑할 수 있다는 말씀이다. 인간은 자신의 생명을 주시기까지 우리를 사랑하신 그 깊은 사랑을 따를 순 없다. 그러나 그 사랑이 어떠함을 안다면 루터처럼 화를 내서는 안 된다. 오늘도 마음을 다하고 목숨을 다하고 뜻을 다하며 하나님과 이웃을 사랑하며 섬기고 있는가? 이 물음에 대한 진솔한 답이 당신의 영적인 삶의 질을 가름할 것이다.

우리의 작은 행동은 결코 작지 않다

"지극히 작은 것에 충성된 자는 큰 것에도 충성되고 지극히 작은 것에 불의한 자는 큰 것에도 불의하니라(누가복음 16:10)."

세상은 작은 것과 큰 것을 구분한다. 그래서 하나님의 일을 할 때도 곧잘 작은 것과 큰 것을 구분하려 든다. 그런데 주님은 작은 것에 충성되면 큰 것에도 충성되다고 말씀하신다. 작은 일을 결코 작게 보지 말라는 것이다. 지극히 작은 일이라 할지라도 그가 그 일을 어떻게 처리하는가를 보면 큰일도 어떻게 할지 알 수 있다는 것이다. 작은 행동이 큰 행동과 직결된다는 것을 알 수 있다.

테레즈 드 리지외(Thérèse de Lisieux), 프랑스 리지외의 테레사다. 본명은 마리 프랑수아 테레즈. 노르망디에서 태어난 그는 1888년 리지외의 가르멜회에 들어가 짧은 수도 생활을 했고, 24세의 젊은 나이에 결핵으로 죽었다. 그런데 그가 성녀로 추앙을 받고 있다. 왜 그럴까? 그녀가 보여준 하나님에 대한 신뢰와 복종, 그리고 이웃에 대한 사랑이 많은 사람들에게 감동을 주었기 때문이다. 그는 순결하고 경건한 삶을 하나님께 드렸고, 가난한 이웃에 대하여는 더없는 애정을 쏟았다. 그로 인해 많은 사람들로부터 사랑과 함께 존경을 한 몸에 받았다.

그가 쓴 글에 '작은 길'이라는 것이 있다. 그가 작은 길이라 한 것은 비천한 일을 찾아서 하는 것, 부당한 것을 기쁨으로 받아들이는 것, 괴롭히는 자들의 친구가 되어 주는 것, 그리고 원수 같은 자들을 도와주는 것이다. 그는 이런 하찮은 일들이 위대하고 공인된 거룩한 행위보다 예수님을 더 기쁘게 한다고 말한다. 그는 하찮은 일이라 했지만 사실 하나하나 따지고 보면 우리 네 삶에서 실천하기 어려운 것들이다.

그는 이 작은 것부터 실천하기 위해 스스로 다짐했다. "나는 나의 파견이 시작되는 것을 느낀다. 내가 선하신 하나님을 사랑하듯 그분을 사랑하는 것, 또한 영혼들에게 나의 작은 길을 주는 것이 바로 나의 파견이다. 사랑하며 고통을 겪는 것은 가장 순수한 행복이다. 나는 좋으신 하나님께서 원하시는 만큼 날 사랑하시도록 내어드릴 것이다. 이렇게 해서 아주 많이 받게 될 것이다." 그는 이 작은 실천을 하나님이 기뻐하신다는 것을 잘 알고 있었다. 그는 이것을 실제 행동에 옮김으로써 귀감이 되었다.

하나님의 일은 결코 큰 것에만 있지 않다. 우리 삶 속에 작은 일, 극히 작은 일부터 시작할 때 하나님의 나라가 우리 가운데 세워진다. 우리의 작은 행동은 하나님과 그것을 필요로 하는 이웃에겐 결코 작지 않다. 작은 것을 결코 작게 여기지 않을 때 우리 삶에 변화가 일어나고 하늘의 기쁨이 선다.

네 걸음을 조심하라

"네 발이 행할 길을 평탄하게 하며 네 모든 길을 든든히 하라
(잠언 4:26)."

개역개정의 이 말씀은 다소 이해하기 어려운 구절이다. 개역한글에선 "네 발의 행할 첩경을 평탄케 하며 네 모든 길을 든든히 하라" 했다. 첩경을 길로 바꾼 정도다. 그러나 다른 번역본은 이해하기 쉽도록 했다.

"네 걸음을 조심하고 무엇을 하든지 확실하게 하라(현대인의성경)." "인생길을 무사히 다 가려거든 걸음걸음마다 조심하여라(공동번역)." "발로 디딜 곳을 잘 살펴라. 네 모든 길이 안전할 것이다(새번역)." "네 발의 길을 주의하라 그러면 네 모든 길이 확실할 것이다(NASB)."

이 구절은 한 마디로 "네 걸음을 조심하라"는 것이다. 우리의 인생에는 긴 길이 있고, 이 길을 우리는 매일 걸어간다. 그런데 잠언 기자는 이 길을 조심하며 걸어야 한다고 말한다. 개역개정에 '길을 평탄하게 한다'는 것은 바로 조심하며 걷는 것을 의미한다.

이 세상에는 얼마나 울퉁불퉁한 길이 많은가. 도처에 유혹이 도사리고 있다. 걸리면 그대로 넘어진다. 지금까지 어떻게 걸어왔든 한 번 넘어진 그것만으로도 상처를 입는다. 어떤 넘어짐은 아주 치명적이다.

그 넘어짐이 자신 때문이라면 숙고할 필요가 있다. 킹제임스역에는 조심하라는 말을 숙고하라(ponder)고 말하고 있다. 길을 갈 때 한 걸음도 생각하며 걸으라는 것이다. 넘어질 수 있기 때문이다.

하루에도 이런저런 사건이 터진다. 조심하지 않아 넘어진 것이다. 뉴욕타임스 법칙(New York Times rule)이 있다. 뉴욕타임스 신문 전면에 실리기를 원하지 않는 것이라면 그 어떤 것도 해서는 안 된다는 것이다. 그래서 '신문전면테스트(Front Page of the Newspaper Test)'라 하기도 한다. 내가 지금 하고자 하는 이 일이 과연 신문, 그것도 전면에 실려도 되는지 스스로 묻게 한 것은 '네 발의 길을 평탄하게 하고(make level the paths) 확실한 길만 택하는(NIV)' 작업이다. 그만큼 자신의 행동에 엄격한 자를 적용하라는 것이다.

사람은 실족할 수 있다. 인간은 약하기 그지없는 존재다. 바울은 말한다. "그런즉 선줄로 생각하는 자는 넘어질까 조심하라(고린도전서 10:12)." 지금 내가 넘어지지 않았다고 해서 웃을 일이 아니다. 스스로 경계하고 조심해야 한다. 주님은 말씀하신다. "너희는 스스로 조심하라 만일 네 형제가 죄를 범하거든 경고하고 회개하거든 용서하라(누가복음 17:3)."

칭찬에도 도가 있다

"옳다 인정함을 받는 자는 자기를 칭찬하는 자가 아니요 오직 주께
서 칭찬하시는 자니라(고린도후서 10:18)."

사람들은 칭찬 받기를 좋아한다. 그
런데 이것이 자기 칭찬이라면 문제가 있다. 그러나 이것이 주님으로
부터 오는 것이라면 그 이상의 칭찬은 없을 것이다.

고린도후서 10장 18절 이 한 절의 말씀에 칭찬이라는 헬라어 원어
두 가지가 담겨 있다. 하나는 도키모스(dokimos)이고, 다른 하나는 쉬
니스테미(sunistemi)다.

도키모스는 철저하게 검증을 받고 마침내 인정받는 것을 말한다.
이 절에서는 '옳다 인정함을 받는'으로 표현되어 있다. 도키마스에는
먼저 시련을 받고(tested), 칭찬받을 자격이 충분하다(qualified) 인정받
은(approved) 것이 포함되어 있다.

이에 비해 쉬니테미는 추천하는(commend) 것을 말한다. 물론 칭찬
을 받을 자격이 있다고 생각해서 추천할 것이니 이것도 상당하다. 아
무나 천거하는 것은 아니기 때문이다. 그러나 도키마스의 의미를 생
각할 때 다소 차이가 있다.

성경에선 어떤 때 칭찬을 받을까? 여호와를 경외할 때(잠언 31:30),
그리스도를 섬길 때(로마서 14:18), 선행을 했을 때(로마서 13:3, 베드

로전서 2:20), 지혜가 있을 때(잠언 12:8)다. 이 칭찬을 받으려면 시련이 따른다.

어떤 칭찬이 가치가 있을까? 무엇보다 주님으로부터 받는 칭찬이 가장 가치가 있다(베드로전서 1:7). 하나님으로부터 받는 칭찬(로마서 2:29, 고린도전서 4:5)도 마찬가지다. 다른 사람으로부터 받는 칭찬도 무시할 수 없다(잠언 27:2).

무가치한 칭찬도 있다. 무질서를 칭찬하고(고린도전서 11:17-22), 악인을 칭찬하며(잠언 28:4), 우매한 행위를 칭찬하고(시편 49:13), 자기를 칭찬(시편 49:18)하는 것은 어리석은 칭찬에 속한다. 오죽하면 다른 사람이 너를 칭찬하게 하고 네 입으로 말라 할까. 칭찬이라고 다 칭찬이 아니다.

성경에 칭찬을 받은 사람은 많다. 세례 요한을 비롯해 백부장, 베다니의 마리아, 고넬료, 다메섹의 아나니아, 초대교회의 일곱 집사, 디도, 디모데 등이 꼽힌다. 어디 그뿐이랴 히브리서에 소개되는 믿음의 거장들도 다 인정을 받은 사람들이다.

칭찬을 싫어하는 사람은 없다. 그러나 성경이 말하는 칭찬은 세상 칭찬과 다르다. 바울은 말한다. "그리스도를 섬기는 자는 하나님을 기쁘시게 하며 사람에게도 칭찬을 받느니라(로마서 14:18)." 하나님을 잘 섬김으로 하나님과 사람으로부터 받는 칭찬이야말로 진정 칭찬 받아 마땅한 칭찬이 아니겠는가. 칭찬에도 도가 있다.

더하기 삶에서 곱하기 삶으로

"무리와 제자들을 불러 이르시되 누구든지 나를 따라오려거든 자기를 부인하고 자기 십자가를 지고 나를 따를 것이니라
(마가복음 8:34)."

십자가를 지신 주님이 우리로 하여금 자기 십자가를 지라 하신다. 예수님의 십자가만 생각했던 우리를 향해 우리 각자가 져야 할 십자가가 있음을 말씀하신 것이다. 놀라운 주문이다.

십자가의 죽음은 잔인하다. 로마시대 당시 죽으면 곧 안식으로 들어간다고 생각했다고 한다. 그래서 죄인을 바로 안식에 들여보내지 않는 방법이 무엇일까, 죽기 전에 고통을 가장 맛보게 하는 방법이 무엇일까 생각했다. 그렇게 해서 나온 것이 십자가 처형방법이었다.

십자가형에 처해지면 며칠 동안이나 처절한 고통을 당하게 된다. 팔이 저리고 떨린다. 가슴 근육이 마비된다. 공기를 내뱉기 어렵다. 폐는 산소를 얻으려 몸을 일으킨다. 몸이 뒤틀리고 경련을 일으킨다. 탈수 상태의 심장은 진한 피를 보내려 더 헐떡인다. 가슴이 찢어지는 고통을 느낀다. 십자가에 매달리는 것만으로도 고통이다.

예수님은 십자가형의 모든 고통을 몸소 지셨다. 그 고통의 크기는 우리 죄악의 크기이자 우리를 향한 하나님 사랑이 얼마나 큰가를 보

여준다. 나를 사랑하사 나를 위해 자기 몸을 버리신 주님이시다. 그 크신 사랑을 어찌 말할 수 있을까. 밀러 사모(R. F. Miller)는 "주 예수보다 더 귀한 분은 없네." 고백했다. 이 고백의 시가 찬송가 102장에 그대로 담겨있다.

예수를 믿는다는 것은 무엇일까? 그것은 십자가의 주님을 사랑하는 것이다. 그 크신 사랑을 온 몸으로 안는 것이다. 거기에서 행복이 나온다. 하늘의 행복이다. 십자가를 생각하면 할수록 우리가 주님으로부터 얼마나 큰 사랑을 받았는가를 느낀다.

그런데 주님이 "누구든지 자기 십자가를 지고 나를 따르지 않는 자도 능히 내 제자가 되지 못하리라(누가복음 14:27)." 하신다. "또 자기 십자가를 지고 나를 따르지 않는 자도 내게 합당하지 아니하니라(마태복음 10:38)." 하셨다. 당황스러운가? 하지만 놀라지 말라. 주님이 말씀하시는 자기 십자가는 예수님이 지신 십자가와는 성격이 다르다. 그리스도인으로서의 당연히 져야 할 짐이다. 그리스도의 제자라면 기꺼이 져야 할 십자가다.

십자가를 바라보면 더하기(+)에 그치지만 어깨에 지면 곱하기(x)로 변한다. 더하기의 삶을 곱하기의 삶으로 바꾸려면 자기 십자가를 기쁨으로 져야 한다. 십자가를 질 때 삶의 차원이 달라진다. 주님은 그것을 아셨다. 이제 당신이 이웃을 향해 주님의 사랑을 펼 차례다.

당신이 바로 거룩한 나라다

"그러나 너희는 택하신 족속이요 왕 같은 제사장들이요 거룩한 나
라요 그의 소유가 된 백성이니 이는 너희를 어두운 데서 불러내어
그의 기이한 빛에 들어가게 하신 이의 아름다운 덕을 선포하게 하
려 하심이라(베드로전서 2:9)."

베드로는 그리스도인을 향해 여러
이름을 붙여 주었다. 그 중에 하나가 우리를 가리켜 '거룩한 나라'라
하였다. 거룩한 하나님의 나라라는 말이다. 우리 자신을 돌아보면 이
말을 들을 구석이 전혀 없다. 그러나 주님으로 인해 우리는 이 말을
들을 수 있게 되었다. 정말 기이하고 감사한 일 아닌가.

하나님의 나라하면 우린 어떤 다른 세계의 영역을 생각하게 된다.
나라가 주는 영토적 관념 때문이다. 그러나 하나님의 나라는 영토적
개념이기보다 주권개념이다. 하나님의 통치가 이뤄지는 곳이 하나님
의 나라이기 때문이다. 하나님이 나를 주관하고 통치하시며 내가 그
통치에 기꺼이 순응하면 내 안에 그의 나라가 임하고, 나는 그의 백
성이 된다. "또 여기 있다 저기 있다고도 못하리니 하나님의 나라는
너희 안에 있느니라(누가복음 17:21)."

베드로는 우리를 그냥 나라라 하지 않고 '거룩한' 나라라 하였다.
하나님은 이스라엘 백성을 택하실 때도 그들이 '거룩한 백성'이 되기

를 바라셨다. "너희가 내게 대하여 제사장 나라가 되며 거룩한 백성이 되리라 너는 이 말을 이스라엘 자손에게 전할지니라(출애굽기 19:6)." 거룩하다는 것은 구별된 삶을 살아야 한다는 것을 말한다. 하나님이 거룩하신 것처럼 그의 백성도 거룩해야 하기 때문이다. "오직 너희를 부르신 거룩한 이처럼 너희도 모든 행실에 거룩한 자가 되라(베드로전서 1:15)." 주님의 당부는 구약시대나 신약시대나 어제나 오늘이나 변함이 없다.

거룩한 나라가 되기 위해서 우리는 어떻게 해야 할까? 이에 대한 성경의 가르침은 많다. 그러나 한 마디로 하나님을 욕되게 하는 삶을 살지 않는 것이다. "너희는 나의 거룩한 이름을 욕되게 하지 말아라. 이스라엘의 모든 백성은 나를 거룩한 자로 알아야 한다. 나는 너희를 거룩하게 하는 여호와, 곧(레위기 22:32 현대인의 성경)." 이 말씀을 보면 하나님은 거룩하신 분일뿐 아니라 우리를 거룩하게 하시는 분임을 알 수 있다. 나의 의로 거룩하게 되는 것이 아니다. 그러니 더욱 그의 이름을 빛내고 영광 돌리는 삶을 살아야 한다. "하나님의 나라는 말에 있지 아니하고 오직 능력에 있음이라(고린도전서 4:20)."

"여호와를 자기 하나님으로 삼은 나라 곧 하나님의 기업으로 선택된 백성은 복이 있도다(시편 33:12)." 이 복을 누리기 위해선 우리 모두 거룩한 백성이 되어야 한다. 당신은 오늘 진정 거룩한 나라로 살고 있는가. 그 아름다운 덕을 선포하며 사는가.

그 나라에 들어오려는 자는 달라야 한다

10

"그 어린 아이들을 안고 그들 위에 안수하시고 축복하시니라
(마가복음 10:16)."

하나님의 나라에 대한 예수님의 말
씀을 들은 사람들이 자녀들에게도 주님이 필요하다는 것을 느끼고
아이들을 데려왔다. 주님이 만져주시기만 해도 좋다고 생각했다. 참
으로 순수하다. 아이들도 기꺼이 부모를 따랐다. 하지만 제자들은 꾸
짖었다. 그렇지 않아도 복잡한데 아이까지 데려와 가지고. 귀찮다는
것이다. 주님은 그것을 보시고 노하셨다. 크게 탄식하신 것이다. 주님
은 아이들을 데려오라 하시고 그들을 안고 안수하시고 축복하셨다.
만져주심 이상이다. 부모와 아이들은 얼마나 기뻤을까.

부모는 자녀를 위해 무엇으로 기쁘게 할까 생각한다. 유방암에 걸
린 케이트 그린은 죽음을 앞두고 홀로 아이들을 키울 남편을 위해 엄
마로서 원하는 리스트 77가지를 작성했다. 자신이 떠난 뒤에 아이들
에게 두 배로 뽀뽀해주기, 아이들이 부탁하면 언제나 도와주기, 생일
축하는 요란하게 해주기, 이집트 홍해에서 스노클링 즐기기 등등. 이
것은 엄마가 남겨놓은 사랑의 증표였다. 아내가 떠난 후 남편 세인트
는 이를 실행에 옮기며 「엄마가 있어줄게」라는 책을 썼다. 눈물 어린
얘기다.

오마바 대통령도 두 딸에게 무조건적인 사랑을 주겠다 했다. 하지만 아이들이 비디오 게임을 끄고 책을 보도록 하고, 건강에 좋은 점심을 먹도록 하며, 밖으로 나가 공놀이를 하고, 옳고 그름의 차이를 가르치고, 우리가 대우받고 싶어 하는 대로 이웃을 대하도록 하겠다 했다. 잘해주지만 바르게 키우겠다는 말이다.

물질적으로 다해주는 것만이 사랑일까? 그렇지 않다. 자녀를 예수님께 데려온 부모는 아이에게 주님을 만나게 해주고 싶었다. 부모는 주위의 따가운 시선과 모욕에 아랑곳하지 않았고, 아이들도 감내했다. 주님은 그들, 특히 어린 아이의 모습에 감동하셨다. 이것이 하나님 나라를 향한 믿음이 아니겠는가. 작은 일 같지만 큰 믿음이다. 주님은 이것을 보셨다.

예수님은 아이를 안고 안수하시고 축복하시며 말씀하셨다. "누구든지 하나님의 나라를 어린 아이와 같이 받들지 않는 자는 결단코 그곳에 들어가지 못하리라(마가복음 10:15)." 하나님 나라에 들어오기 위해선 그 나라를 진정 귀히 여기고, 그 어떤 어려움과 시련에도 좌절하지 않고 받드는 태도가 필요하다. 하나님 나라에 어찌 남녀노소 차별이 있겠는가. 그 나라의 삶을 누리기 위해선 뭔가 달라야 하지 않겠는가. 이 사건은 단지 주님이 아이들을 얼마나 사랑하셨는가를 보여주는 것으로 끝나는 사건이 아니다. 하나님 나라와 관계되는 중요한 가르침이 배어있다.

신뢰는 주님께 있다

"여호와께 피하는 것이 사람을 신뢰하는 것보다 나으며
(시편 118:8)."

사람과 사람 사이의 관계, 비즈니스
에서의 관계, 국가 간의 관계에서 중요한 것이 있다면 그것은 신뢰다.
사람이 사람을 믿을 수 없고, 기업이 기업을 믿을 수 없다면 모든 관
계는 엉망이 되고 말 것이다. 그렇다면 사람을 전적으로 신뢰할 수
있는가? 그럴 수 없다. 그래서 시편 저자는 사람을 신뢰하는 것보다
여호와께 피하는 것이 낫다고 선언한다. 하나님 외에 다른 어떤 것도
절대적 신뢰의 대상이 될 수 없다는 말이다.

신학교 시절 한 교수님이 교인이라고 봐줘선 안 된다 하셨다. 첫
번에는 왜 그러실까 했는데 두 번씩이나 강조하는 것을 보며 무슨 일
이 있으셨구나 하는 생각이 들었다. 교인이라고 다 믿어서는 안 된다
는 뜻이 담겨있기 때문이다. 교인임을 내세워 이득을 보려 하고, 결국
거래 관계에서 적지 않은 상처를 입을 때가 있다. 교인들이 연루된
사건은 헤아릴 수 없다. 그것을 보면서 세상 사람들은 말할 것이다.
"교회 다닌다고 다 믿을 건 안 돼." 교인이라고, 목회자라고 다 완벽
하지는 않다. 그러나 이로 인해 기독교에 대한 신뢰가 깨질까 두렵다.

성경은 말한다. "여호와께 피하는 것이 고관들을 신뢰하는 것보다

낫도다(시편 118:9)." "너는 마음을 다하여 여호와를 신뢰하고 네 명철을 의지하지 말라(잠언 3:5)." 신뢰는 인간에게 있는 것이 아니라 하나님께 있다는 것이다. 그리고 "만군의 주님, 주님을 신뢰하는 사람에게 복이 있습니다(시편 84:12, 새번역)." 한다. 결론적으로 복은 주님을 신뢰하는 자에게 있다 는 것이다. 시편 저자는 이렇게 외친다. "내가 하나님을 신뢰하고 주의 말씀을 찬양합니다. 내가 하나님을 신뢰하므로 두려워하지 않겠습니다. 사람에 불과한 자가 나를 어떻게 하겠습니까(시편 56:4, 현대인의성경)." 하나님을 신뢰하니 더 이상 두려울 것이 없다는 말이다.

바울은 고린도교회에 대해 "내가 범사에 너희를 신뢰하게 된 것을 기뻐하노라(고린도후서 7:16)." 하였다. 공동번역에는 "나는 여러분을 조금도 거리낌 없이 신뢰할 수 있게 된 것을 기쁘게 생각합니다." 하였다. 교인들을 진정으로 신뢰한다는 것이다. 얼마나 좋은가. 그 높은 신뢰성 때문에 주님이 더 영광을 받을 것이다. 안디옥 교인들이 그리스도인이라 칭함을 받았는데, 그것은 그만큼 신뢰가 높았다는 것 아니겠는가.

신뢰성이 없는 사람들을 보며 우리는 자주 낙심한다. 그러나 그 때마다 우리는 사람을 보지 않고 하나님을 보며 일어서야 한다. 그분은 우리가 전적으로 신뢰하고, 의지할 수 있는 유일한 분이시기 때문이다. 그리스도인은 사람보다 주님을 의지하며 살아가는 사람들이다. 사람을 보고 실망하지 말자. 주님을 보며 일어서자. 신뢰는 주님께 있다.

시기는 악한 콤플렉스를 낳는다

"분노가 미련한 자를 죽이고 시기가 어리석은 자를 멸하느니라
(욥기 5:2)."

사람은 시기하며 살아간다. 성경의
인물들도 예외는 아니다. 요셉을 시기한 형제들은 그를 애굽에 팔아
넘겼다(사도행전 7:9). 자식을 낳지 못한 라헬은 언니를 시기하여 남
편 야곱을 향해 소리 질렀다. "내게 자식을 낳게 하라 그렇지 아니하
면 내가 죽겠노라(창세기 30:1)." 질투가 나는 걸 어찌하랴. 하지만 시
기는 사람을 어리석게 하고 망하게 한다.

시기로 손꼽히는 성경의 인물로 가인이 있다. 그는 제사문제로 동
생 아벨을 시기하여 최초의 살인자가 되었다. 나아가 잘못을 동생 탓
으로 돌리며 자신의 살인 행위를 합리화했다. 프로이트는 이를 가리
켜 가인 콤플렉스(Cain Complex)라 했다. 이것은 자기 실패의 원인과
책임을 다른 사람에게 전가한다는 점에서 문제가 크다. 이 콤플렉스
는 사랑을 더 차지하기 위한 경쟁에서 갈등이나 적개심의 형태로 지
금도 자주 발생하고 있다.

이와 유사한 것으로 사울 콤플렉스(Saul Complex)가 있다. 다윗이
블레셋 장수 골리앗을 쓰러뜨리자 여인들이 소리를 질렀다. "사울이
죽인 자는 천천이요 다윗은 만만이로다(사무엘상 18:7)." 이를 시기한

사울은 다윗을 죽이고자 했다. 하나님으로부터 버림을 받았다는 열등 감이 그를 사로잡았다. 하나님으로부터 버림받게 된 원인은 다윗에게 있는 것이 아니라 사울 자신에게 있었다. 그러나 그는 그것을 인정하기보다 다윗을 시기하고 박해함으로 풀고자 했다. 콤플렉스는 이처럼 무섭다.

신약에도 유사한 콤플렉스가 있다. 가룟 유다 콤플렉스(Judas Complex)다. 마리아가 옥합을 깨뜨려 예수의 발에 부었을 때 "이 향유를 어찌하여 삼백 데나리온에 팔아 가난한 자들에게 주지 아니하였느냐(요한복음 12:5)"며 책망했다. 하지만 주님은 오히려 4절에 걸쳐 여인을 칭찬하셨다. "그가 내게 좋은 일을 하였느니라 [--] 여자가 내 몸에 이 향유를 부은 것은 내 장례를 위하여 함이니라 [--] 온 천하에 어디서든지 이 복음이 전파되는 곳에서는 이 여자가 행한 일도 말하여 그를 기억하리라(마태복음 26:10-13)." 유다의 시기와 질투는 결국 예수를 팔고, 자살하기에 이른다.

살면서 시기를 피할 순 없다. 그러나 시기의 원인이 무엇인가 깊이 생각하고, 잘못된 시기와 질투는 고쳐야 한다. 자신의 어리석은 시기로 인해 의로운 자가 핍박을 당해선 안 된다. 바울은 말한다. "사랑은 시기하지 아니하며(고린도전서 13:4)." "낮에와 같이 단정히 행하고 시기하지 말고(로마서 13:13)." 시기하지 말자. 시기는 악한 콤플렉스를 낳는다.

오, 주여 나를 인도하소서

"하나님은 나의 견고한 요새시며 나를 안전한 곳으로 인도하시며
(사무엘하 22:33)."

이것은 다윗이 모든 원수의 손에서
구원하신 그 날에 하나님께 지어 아뢴 시가운데 한 부분이다. 그는
시를 통해 자신을 그 모든 환란과 두려움으로부터 안전한 곳으로 인
도하신 하나님께 감사했다. 이것이 어찌 다윗뿐이겠는가.

장애인 주일에 대전반석동산교회 백일 집사의 찬송을 들었다. 태
어날 때부터 선천성 뇌성마비로 몸은 꼬이고 소리는 괴물 울음 같았
다는 데 지금은 휠체어를 자유자재로 움직이고 무엇보다 그의 애절
한 찬송이 심금을 울릴 만큼 달라져 있었다.

그는 최인혁이 작곡한 복음송가를 불렀다. "지치고 상한 내 영혼을
주여 받아 주소서." 그의 음성 마디마디에 아픔과 호소가 담겨 있다.
"내가 주께로 지금 가오니 버림받고 깨진 나의 마음을 주여 받아주소
서." 얼마나 가슴 아픈 시간이었을까. 그는 오직 주님을 찾고 있었다.

"내가 주께로 지금 갑니다. 험한 세상에 날 혼자 있게 마시고 오 주
여 나를 인도하소서. 거친 비바람 불어올 때 나를 보호하시고 오 주
여 나를 인도하소서." 그는 너무나 발음하기 어려운 입을 가지고도
애써 주님을 찾았다. 아니, 온 몸으로 찬양했다.

그렇다 주님 외에 누가 있으랴. 세상에 누가 나를 받아줄 수 있을까. 우리는 주님께 나아가 호소할 수밖에 없는 존재들이다. "오 주여 나를 인도하소서." 주님 앞에 철저히 낮아져야 할 우리들이다. 짧은 시간이지만 많은 사람들이 주님 앞에 가슴을 여는 시간이 되었다.

누가 그를 장애인이라 하는가. 하나님 앞에서 우리는 모두 영적으로 장애인들이 아니던가. 그 앞에서 나의 장애가 얼마나 큰가를 느낀다. 주님을 찾는 것 외에 다른 길이 없다.

시편을 보면 하나님께 자신의 인도를 구하는 구절이 나온다. 어떤 이는 주의 교훈(시편 73:24)으로 인도해 달라 하고, 견고한 성읍(시편 108:10)으로 이끌어 달라 한다. 주님은 넓은 곳(시편 18:19)으로 인도하시고, 푸른 풀밭과 쉴 만한 물 가(시편 23:2)로 인도하신다. 표현은 달라도 다 절절히 주님을 찾고, 주님으로부터 구원을 얻는다. "거기서도 주의 손이 나를 인도하시며 주의 오른손이 나를 붙드시리이다(시편 139:10)."

오늘도 우리는 주님을 찾는다. 주님만이 우리의 의지가 되시기 때문이다. 주님만이 영원하며, 우리를 영원한 길로 인도하시기(시편 139:24) 때문이다. 이 길을 갈급하는 자에겐 주님만이 길이요 진리요 생명이다. 그래서 외친다. "오, 주여 나를 인도하소서."

메타시각을 가져라

"이에 예수께서 이르시되 가이사의 것은 가이사에게, 하나님의 것
은 하나님께 바치라 하시니 그들이 예수께 대하여 매우 놀랍게 여
기더라(마가복음 12:17)."

"가이사의 것은 가이사에게, 하나님
의 것은 하나님께"라는 말씀은 매우 유명한 말이다. 주님의 이 말씀
은 우리의 시각을 바꾸라는 중요한 말씀이기도 하다.

바리새인은 율법을 중시하고 현실정치를 혐오하는 그룹이었다. 이
에 반해 헤롯당은 현실적이다. 두 그룹은 서로 생각이 달라 대적관계
였지만 예수를 공격하는 데는 뜻이 맞았다. 어느 날 그들이 주님께
나아와 "세금을 바치리이까?" 물었다. 주님은 세금 낼 돈을 내게 보
이라 하셨다. 그들은 당시 로마 화폐인 데나리온으로 세금도 내고, 성
전세도 냈다. 데나리온에는 가이사의 초상과 "시저 티베리우스는 거
룩한 아우구스투스의 아들이다." 라는 글이 새겨져 있다. 가이사는
황제이자 신이자 대제사장이라는 것이다. 바리새인들은 이런 문구가
쓰인 데나리온을 가지고 다니지 않으려 했다. 참람하게 여긴 것이다.
만약 예수가 이것으로 세금을 바치라면 하나님의 언약을 깨뜨리고
가이사를 군주로 인정하는 것이다. 바리새인들은 기꺼이 그를 하나님
의 반역자로 규정할 것이다. 그러나 헤롯당은 바치는 것을 당연시했

다. 바치지 말라 하면 열심당원이나 바리새인은 좋아하겠지만 헤롯당은 그를 로마정부에 대한 반역자로 규정할 수 있다. 그 질문은 예수를 잡기 위한 올무였다.

예수님은 "가이사의 것은 가이사에게, 하나님의 것은 하나님께 바치라" 하심으로 바리새인뿐 아니라 헤롯당 사람들이 함께 쳐놓은 올무를 무용지물로 만드셨다. 그들의 생각을 모두 상대화한 것이다. 예수님이 단지 가이사의 것과 하나님의 것을 구분한 것으로 생각한다면 그것은 오해다. 바리새인과 헤롯당은 이미 그 사회가 이분법적 논리로 구분되어 있음을 보여주는 양대 세력이다. "가이사의 것은 가이사에게, 하나님의 것은 하나님께." 예수님의 이 말씀은 인간의 고집스런 사고나 이분법적 갈등구조에 매이지 않으신다는 말씀이다. 이 세상의 어떤 이념이든 주님 앞에 절대적인 것은 없다. 절대는 하나님에게만 있다.

이분법을 벗어나기 위해선 메타시각(meta-perspective) 또는 메타시선(meta-view)이 필요하다. 지금 우리의 제약된 시각을 뛰어넘어 (meta) 하나님의 크고 영원한 시각으로 바꾸는 것이다. 바리새인이든 헤롯당이든 두 질서 모두 하나님의 통치아래 있다. 하나님은 교회만 통치하시는 분이 아니다. 세상도 그의 통치아래 있다. 모두 그 발아래 엎드려야 한다. 나의 생각이든 당신의 생각이든 모두 주님께 내려놓아야 한다. 우리의 것을 상대화할 때 비로소 하나님이 보인다. 절대자 그분 앞에서 우리의 고집은 이미 무용지물이다.

15

막무가내 가인과 울보 요셉

"여호와께서 가인에게 이르시되 네 아우 아벨이 어디 있느냐 그가
이르되 내가 알지 못하나이다 내가 내 아우를 지키는 자니이까(창
세기 4:9)."

가인이 동생 아벨을 죽였다. 하나님
이 그를 향해 물으셨다. "네 아우 아벨이 어디 있느냐?" 이것은 '네가
지켜야 할 정의와 사랑이 어디에 있느냐'는 물음과 같다. 그러나 가
인은 그 물음에 오히려 도전한다. "제가 내 아우를 지키는 자입니까?"
이 말을 들으니 숨이 탁 막힌다. 그런 것 모른다, 난 상관하지 않겠다
는 말 아닌가.

인간 속에 죄가 들어오면 지킬 의사도 없고, 지킬 수도 없다. 아니
관심도 없다. 잘못했다 빌고 빌어도 용서받지 못할 일을 했는데도 자
꾸만 험한 말을 쏟아낸다. 이미 마음이 굳어진 탓이리라. 결국 가인은
막무가내의 대표가 되었다. 인간이 얼마나 악해졌으면 그럴 수 있을
까 싶다. 처절하게 파괴된 하나님의 형상, 오늘도 여러 미디어를 통해
막무가내 세상을 본다. 세상이 무섭고 어두워졌다.

같은 창세기에 가인과는 아주 대조적인 모습이 소개되어 있다. 동
생 베냐민을 향한 요셉의 진솔한 관심과 사랑이다. 요셉은 그의 얼굴
을 보자마자 울음이 터져 나왔다. "요셉이 아우를 사랑하는 마음이

복받쳐 급히 울 곳을 찾아 안방으로 들어가서 울고(창세기 43:30)."
그의 사랑은 베냐민에 한정되지 않았다. 자기를 이집트에 팔아버린
형제들까지 꼭 껴안았다. 그 때도 울었다. 울보 요셉이다. 그 속에서
하나님의 형상이 회복된다.

신학자들은 요셉의 이런 모습을 통해 예수님의 모습을 볼 수 있다
고 한다. 하나님은 자신의 아들을 이 땅에 보내셨다. 파괴된 형상을
회복하기 위해 하나님이 드디어 아들을 보내어 우리를 지키신 것이
다. 자신의 목숨을 버려 우리를 살리셨다. 정의를 살리고, 사랑을 이
루셨다. 하나님은 우리를 이처럼 사랑하신다. 나뿐 아니라 이 세상을
이처럼 사랑하신다.

그 하나님이 오늘도 우리를 향해 물으신다. "네 아우 아벨이 어디
있느냐?" 우리 각자 지켜야 할 사람, 지켜야 할 사랑이 있다는 말이
다. 우리가 오늘 만나는 사람은 무시해도 좋은 대상이 아니라 하늘의
사랑을 나눌 대상이다. 하나님의 섭리가운데서 만나는 사람들이기에
아주 중요한 사람들이다. 음악에선 화음을 중시한다. 화음은 목소리
만 조정하는 것이 아니다. 남을 존중하고 배려하는 데서 나온다. 인간
관계나 믿음생활도 마찬가지다.

오늘도 하나님의 정의와 함께 사랑을 세우는 사람은 존경받아 마
땅하다. 지금 당신은 막무가내 가인인가, 울보 요셉인가? 요한은 말
한다. "가인 같이 하지 말라(요한1서 3:12)." 깊이 새길 말씀이다.

16

성물을 만진다고 깨끗해지는 것 아니다

"우리를 구원하시되 우리가 행한 바 의로운 행위로 말미암지 아니
하고 오직 그의 긍휼하심을 따라 중생의 씻음과 성령의 새롭게 하
심으로 하셨나니(딛 3:5)."

우리는 늘 궁금한 것이 있다. "나는
과연 구원을 받았는가?" 예수를 나의 구세주로 고백하면서 왜 그런
질문을 계속 하게 되는 것일까? 그것은 우리가 늘 죄를 짓고 살기 때
문이다. 죄 가운데 사는 자신을 보며 식상할 수도 있다. 양심이 살아
있기에 미안할 수도 있다. 하지만 구원에 대한 확신을 가지고 더욱
거룩한 자리로 나아가야 한다. 믿음이 흔들려서는 안 된다.

필리핀에 가면 무덤에 누워있는 예수 상이 있다. 그들은 관을 만들
어 놓고 예수님을 보게 만들었다. 그런데 특이한 것은 예수님의 발이
관 밖으로 나와 있다. 사람들은 관을 지나가며 손이나 얼굴로 그 발
을 문지른다. 그러면 죄가 사해지고 복을 받게 된다고 믿는다. 주님은
그렇게 한다고 해서 죄가 사해진다고, 복을 받는다고 말씀한 적이 없
다. 그런데도 사람들은 기적을 사모한다. 잘못된 관습이다.

어디 필리핀뿐이랴. 힌두 교인들은 갠지스 강에 기꺼이 몸을 적신
다. 시신을 태워 버리는 물 곁에서도 이 일은 태연히 벌어진다. 죄를
씻는다고 믿기 때문이다. 기적을 믿으려는 많은 사람들이 오늘도 세

계 곳곳에 널려 있는 갖가지 성물에 손을 대고, 입맞춤을 한다. 그 정성이 갸륵하다. 하지만 그것으로 죄를 씻을 수 있다면 얼마나 쉽고 편하겠는가.

성경은 무엇보다 하나님을 향한 회개와 영적인 거듭남이 필요하다고 한다. "그러므로 여러분은 회개하고 돌아와서, 죄 씻음을 받으십시오(행 3:19 새번역)." "이제 망설일 까닭이 어디 있습니까? 일어나, 주님의 이름을 불러서, 세례를 받고, 당신의 죄 씻음을 받으시오(행 22:16 새번역)." "너희 중에 이와 같은 자들이 있더니 주 예수 그리스도의 이름과 우리 하나님의 성령 안에서 씻음과 거룩함과 의롭다 하심을 받았느니라(고전 6:11)."

죄 씻음은 우리의 겉을 씻는 것이 아니라 안을 씻는 것이다. 내가 아니라 주님의 피로 씻고, 성령으로 씻는다. 그래야 구원을 받을 수 있다. 그리스도가 없으면 죄 사함은 없다. 오늘도 죄 문제로 고민이 되는가? 그렇다면 주님 앞에 나오라. 그리스도인이면서도 이 문제 때문에 괴로운가? 구원에 대한 확신을 가지고 성화의 자리로 더 깊이 들어가라. 보혈의 능력을 의심하지 말고 주님을 더 신뢰하라. 그 어떤 것을 만진다고 죄가 깨끗해지는 것 아니다. 강물에 몸을 적신다고 죄가 없어지는 것도 아니다. 성령의 도우심을 구하며 당신의 믿음을 더욱 확고히 하라.

17

너의 행실로 하나님의 교훈을 빛나게 하라

"훔치지 말고 오히려 모든 참된 신실성을 나타내게 하라 이는 범사에 우리 구주 하나님의 교훈을 빛나게 하려 함이라(디도서 2:10)."

그리스도인은 언제나 하나님의 말씀을 사모하며 읽는다. 그러나 아무리 성경을 많이 읽고 안다 할지라도 그 말씀을 실천하지 않으면 아무 것도 하지 않은 것과 같다. 말씀은 실천에서 빛이 나기 때문이다.

디도서 2장은 디도로 하여금 어떻게 목회하고 성도들을 가르쳐야 하는가를 선명하게 보여주고 있다. 목회자든 성도든 꼭 실천해야 할 것들이 있다는 것이다.

1절은 목회자가 해야 할 일이다. 말할 때 오직 바른 교훈에 합당한 것을 말하라 한다. 목회자는 말씀을 전하는 자다. 오직 하나님의 말씀만을 바로 전하라는 것이다.

2절은 늙은 남자가 해야 할 일이다. 늙은 남자는 절제하며 경건하며 신중하며 믿음과 사랑과 인내함에 온전하도록 한다.

3절은 늙은 여자가 해야 할 일이다. 행실이 거룩하며 모함하지 말며 많은 술의 종이 되지 아니하며 선한 것을 가르치는 자들이 되고 젊은 여자들을 가르친다.

4절과 5절은 젊은 여자가 해야 할 일이다. 남편과 자녀를 사랑하며 신중하며 순전하며 집안일을 하며 선하며 남편에게 복종한다. 이렇게 하는 것은 하나님의 말씀이 비방을 받지 않게 하려 함이라 했다. 예수를 안 믿는 사람을 염두에 둔 것이다.

6절에서 8절까지의 말씀은 젊은 남자가 해야 할 일이다. 신중하고 범사에 자신이 선한 일의 본을 보이며 교훈에 부패하지 아니함과 단정함과 책망할 것이 없는 바른 말을 한다. 이렇게 하는 것은 대적하는 자, 곧 믿지 않는 자로 하여금 부끄러워 우리를 악하다 할 것이 없게 하려는 데 있다. 흠 잡힐 일은 하지 말라는 것이다.

9절과 10절은 예수를 믿는 종들이 해야 할 일이다. 종들은 자기 상전들에게 범사에 순종하여 기쁘게 하고 거슬러 말하지 말며 훔치지 말고 오히려 모든 참된 신실성을 나타낸다. 이렇게 하는 것은 범사에 우리 구주 하나님의 교훈을 빛나게 하려는 것이다.

바울은 목회자 디도뿐 아니라 교인들이 주목해야 할 행실을 비교적 자세히 언급했다. 절제와 경건과 순종 등 항목도 다양하다. 그 말씀을 하면서 행실을 바로 하면 믿지 않는 사람들이 결코 하나님의 말씀을 비방하지 않을 것이며 하나님의 교훈이 빛날 것이라 했다. 간디가 남아공에 있을 때 신약성경을 선물로 받았다. 디도서도 읽었을 것이다. 읽고 난 후 그는 말했다. "나는 신약을 읽고 예수를 좋아하게 되었다. 누가 예수를 행동으로 보여준다면 나도 크리스천이 되겠다." 하나님께 영광 돌리는 길은 다른 것에 있지 않다. 말씀을 실천하는 것이다. 너의 행실로 하나님의 교훈을 빛나게 하라.

18

결코 포기하지 말라

"우리가 선을 행하되 낙심하지 말지니 포기하지 아니하면 때가 이르매 거두리라(갈라디아서 6:9)."

우리는 삶에서 많은 일을 시도한다. 그러나 조금 해보다가 그만 두는 일이 허다 하다. "나는 안 돼." 포기할 때는 얼마나 많은가. 바울은 우리가 선한 일을 하다가도 낙심할 때가 있다고 말한다. 이런 때 결코 포기하지 말라 한다. 포기하지 않는다면 반드시 거둘 때가 올 것이기 때문이다.

만약 느헤미야가 주변의 온갖 방해공작에 시달려 예루살렘 성벽 건축을 중단했다면 어떻게 되었을까? 만약 다윗이 블레셋 군대의 용맹함에 눌려 도망쳤다면 어떻게 되었을까? 만약 요셉이 마리아를 포기하고 저주했다면 어떻게 되었을까? 만약 바울이 예수 따르기를 포기하고 바리새인으로 그냥 남았다면 어떻게 되었을까? 이보다 더 심각한 물음이 있다. 만약 예수님이 십자가 지기를 포기했다면 우린 어떻게 되었을까? 이 모두는 선을 행하다 낙심될 일이 많았지만 결코 포기하지 않은 데서 얻은 선한 열매들이다. 포기하지 않을 때 위대한 열매를 맺는다.

안나푸르나 베이스캠프에는 박영석 대장의 말이 기록되어 있다. "1% 가능성만 있으면 포기하지 않는다." 대성을 창립한 김수근 명예

회장의 좌우명이 있다. "가보니 길이 있더라." 도전하라는 것이다. 이런 말도 있다. "인간의 큰 실수는 시도하지 않는 것이다. 시도했지만 끝까지 하지 않는 것도 실수다."

오프라 윈프리는 개인적으로 포기할만한 이유가 충분했다. 그러나 그는 결코 포기하지 않았다. 그는 말한다. "포기는 또 다른 장벽을 만든다. 포기라는 것도 습관이 되기에 자꾸 도망 다니기 마련이다. 우리의 삶은 도전을 통해서 체험과 경험을 얻는다. 포기하는 순간 인생의 값진 참 교훈을 얻지 못할 것이다. 포기하는 마음보다는 도전하는 마음으로 자신의 인생을 꾸려가야 할 것이다."

박정희 대통령도 포기할 이유가 많았다. 자원도 없고 경제력도 없는 나라 아니던가. 그러나 그런 상황에도 불구하고 오직 "하면 된다"는 자신감 하나로 가난을 극복하고 한국의 근대화를 추진했다. 포기하는 곳에 발전은 없다. 팔다리가 없는 닉 부이치치는 말한다. "절대로, 절대로 포기하지 마세요. 당신도 할 수 있습니다."

삶은 시도만으로도 아름다울 수 있다. 그것이 선한 일이라면 중단해야 할 이유가 하나도 없다. 그것이 하나님의 일이라면 절대 포기하지 말라. 그 일을 위해 흘린 당신의 땀과 눈물, 그리고 피가 하늘에서 보석처럼 빛날 것이다.

19

감사할 수 없을 때 진정 감사할 수 있을까

"여호와께 감사하라 그는 선하시며 그의 인자하심이 영원함이로다
(시편 118:1)."

시편 118편 저자는 감사로 시를 시작
한다. 감사해야 할 이유는 하나님의 선하심과 인자하심 때문이다. 뒤
를 돌아보면 그분의 선한 인도하심이었음을 느낀다.

바울은 말한다. "범사에 감사하라 이것이 그리스도 예수 안에서 너
희를 향하신 하나님의 뜻이니라(데살로니가전서 5:18)." '범사에(en
panti)'란 '모든 일에,' '항상'이란 뜻이다. 기쁠 때만 감사하는 것이 아
니라 위험과 고난 속에서도 감사하는 것까지 포함되어 있다. 다니엘
은 사자의 밥이 될 줄 알면서도 창문을 열어놓고 하루에 세 번씩 기
도했다. 더욱이 그는 기도하며 하나님께 감사했다(다니엘 6:10). 그런
위험 속에서도 기도하고, 감사할 수 있다는 것은 그가 얼마나 신앙의
거인인가를 보여 준다. 기적은 감사할 수 없는 환경에서 감사하며 기
도할 때 일어난다.

토마스 에디슨은 연구하기를 좋아했다. 그 습성은 여행할 때도 계
속되었다. 여행이 길어지면 열차 안에 작은 실험실을 만들어 연구하
기를 즐겼다. 그런데 기차가 갑자기 요동을 치면서 시약병 하나가 떨
어졌다. 실험실에 불이 붙고, 연구해온 자료들도 모두 탔다. 그마저

위험하게 되었다. 그 때 차장이 달려와 그를 차창 밖으로 내던졌다. 목숨은 건졌지만 그는 그만 귀머거리가 되고 말았다. 그 뒤로도 그는 연구를 쉬지 않았다. 마침내 발명왕이라는 이름도 얻었다. 사람들이 그에게 물었다. "어떻게 그렇게 많은 발명을 할 수 있었습니까?" 그 질문에 그는 미소 지으며 답했다. "그것은 귀 때문입니다. 전 아무리 시끄러워도 듣지 못합니다. 그 때문에 연구에만 전념할 수 있었습니다. 귀가 먼 것을 감사합니다." 에디슨은 귀가 먼 것을 감사한 사람이었다.

"우리를 비천한 가운데에서도 기억해 주신 이에게 감사하라 그 인자하심이 영원함이로다." 시편 136편 23절의 말씀이다. 이 가운데 '비천한 가운데에서도'라는 말이 있다. 공동성경은 이를 '망했을 때'라 했다. 이 시의 저자는 망한 가운데서도 감사하도록 했다. 왜 그랬을까. 그 가운데서도 우리를 기억해 주시고 인도해주신 하나님 때문이다.

감사를 헬라어로 '에우카리스타(eucharista)'라 한다. 그 속에 은혜(charis)가 있다. 은혜에 대한 감사인 것이다. 감사에는 은혜가 동반한다. 돌이켜 볼 때 그 은혜에 감사하지 않을 수 없는 것이다. 나아가 감사를 히브리어로 '야다'(yadah)라 한다. 이것은 '고백하다'는 뜻을 가지고 있다. 당신은 감사할 수 없을 때 진정 감사하다 고백할 수 있는가. 그렇다면 당신은 에디슨 못지않은 고백자가 될 것이다. 믿음의 거인이 된다.

20

시간을 더 가치 있게 살라

"세월을 아끼라 때가 악하니라(에베소서 5:16)."

이 말씀을 현대인의 성경으로 읽어 보자. "시간을 아끼십시오. 이 시대는 악합니다." 세월은 시간으로 바뀌고, 때는 시대로 바뀐다. 그렇다고 의미가 달라지는 것은 아니다. 여기서 우리가 주목해야 할 것은 시간이다. 시간은 짧을 수도 있고, 길수도 있다. 그러나 우리가 주의해야 할 것은 한 순간의 시간이라도 귀하게 여기고 최선을 다해야 한다는 것이다.

시간에 대해 이런 글이 있다. "가장 가치 있는 시간은 최선을 다한 시간이고, 가장 귀중한 시간은 지금 이 시간이며, 가장 명예로운 시간은 남을 위해 희생과 봉사를 하는 시간이며, 가장 떳떳한 시간은 자기의 잘못을 인정하는 시간이고, 가장 겸손한 시간은 자기의 분수에 맞게 행동하는 시간이고, 가장 아름다운 시간은 사랑하는 시간이다." 같은 시간이라도 가치 있게 살아야 한다는 것을 보여준다.

전도서를 보면 만사에 때가 있다. "범사에 기한이 있고 천하만사가 다 때가 있나니(전도서 3:1)." "날 때가 있고 죽을 때가 있으며 심을 때가 있고 심은 것을 뽑을 때가 있으며 죽일 때가 있고 치료할 때가 있으며 헐 때가 있고 세울 때가 있으며(전도서 3:2-3)." 날 때가 있고 죽을 때가 있다는 것은 이 땅에서 사는 우리에겐 매우 의미 있는 말씀이다. 다 죽지 않을 것처럼 살고 있기 때문이다. 죽는다는 것을 알면 순간순간이 귀하지 않을 수 없다. 내가 지금 사는 오늘은 어제 죽은 사람이 그토록 원했던 내일이라 하지 않는가.

그렇다면 지금 어떻게 살아야 하는가? 종말로 사는 것이다. 이른바 종말론적인 삶이다. 이것은 내일이 없다며 슬퍼하고 좌절하는 것이 아니라 내게 주어진 시간을 기뻐하고 감사하며 최후의 시간까지 한 그루의 사과나무를 심듯 열심히 그리고 경건하게 사는 것이다. 느헤미야 때 사람들은 말씀을 가까이 했다. "그들은 그대로 서서 3시간 동안 낭독하는 여호와의 율법의 말씀을 듣고 그 다음 3시간 동안은 자기들의 죄를 고백하며 그들의 하나님 여호와께 경배하였다(느헤미야 9:3 현대인의 성경)." 그리고 열심히 성벽을 쌓았다. 그들은 달랐다.

예수님은 깨어있으라 하셨다. "주의하라 깨어 있으라 그 때가 언제인지 알지 못함이라(마가복음 13:33)." 심지어 겟세마네 동산에서 기도하시는 순간에도 잠자는 제자들을 향해 말씀하셨다. "돌아오사 제자들이 자는 것을 보시고 베드로에게 말씀하시되 시몬아 자느냐 네가 한 시간도 깨어 있을 수 없더냐(마가복음 14:37)." 깨어있음이 얼마나 중요한가를 보여주는 장면이다. 시간을 더 가치 있게 살자. 때가 악할수록 더 그리하자. 하나님이 우리에게 오늘 이 시간을 특별히 허락하셨기 때문이다.

21

당신이 주님의 자녀라면 구원은 확실하다

"그러므로 나의 사랑하는 자들아 너희가 나 있을 때뿐 아니라 더욱 지금 나 없을 때에도 항상 복종하여 두렵고 떨림으로 너희 구원을 이루라(빌립보서 2:12)."

우리는 가끔 "당신 구원을 받았습니까?"라는 질문을 받는다. 구원에 대한 확신이 있는가 하는 것인데, 이 물음 앞엔 주춤하게 된다. 대부분 겸손의 뜻에서 주춤할 수도 있지만 확신이 서지 않아서라면 문제가 있다. 구원에 대한 확고한 인식이 필요하다.

구원에는 과거, 현재, 미래 등 3시제가 있다. "구원을 받았는가"라는 질문을 받을 때도 어떤 시제인가를 말하는가를 알 필요가 있다. 시제를 구분하지 않고 그냥 구원을 받았느냐고 묻는 것은 사실 바른 질문이 아니다.

과거 시제의 구원은 예수를 구주로 영접함으로 구원을 받는 것을 말한다. 구원 받을 자격이 없지만 하나님의 은혜로 구원을 받은 것이다. "너희가 그 은혜를 인하여 믿음으로 말미암아 구원을 얻었나니 이는 너희에게서 난 것이 아니요 하나님의 선물이라(에베소서 2:8)." '구원을 얻었나니,' 완료시제다. 예수님은 우리 죄를 속죄하기 위해 십자가를 지셨고, 이 사실을 인정하고 고백함으로써 새로운 생명을 얻게 된다. 의롭지 않은 자가 예수의 피로 의롭다 칭함을 받게 된 것이다. 칭의(justification)다. 과거 시제의 구원은 칭의와 직결된다. 비록 우리 삶이 변하지 않았다 해도 그 고백으로 구원을 받았고, 하나님의 자녀가 되었다.

현재 시제의 구원은 성화(sanctification)와 연관된다. 구원을 받았지만 하나님 앞에 가는 순간까지 하나님 나라 백성으로서 구별된 삶을 살아야 한다. 성화다. "항상 복종하여 두렵고 떨림으로 너희 구원을 이루라"는 말씀은 이루어야 할 구원, 진행형 구원이 있음을 보여준다. 그러므로 믿음을 강하게 하고, 좀 더 거룩하게, 보다 착하게 살 일이다.

미래 시제의 구원은 영화(glorification)와 연관된다. 미래에 얻을 구원이다. 이것은 칭의와 성화 단계를 거쳐 마침내 완전한 형태의 구원을 이루는 것을 말한다. 이 구원은 예수의 재림과 함께 이뤄지며, 그때 우리 몸이 영화롭게 된다. "주께서 나를 모든 악한 일에서 건져내시고 또 그의 천국에 들어가도록 구원하시리니(디모데후서 4:18)." "또 미리 정하신 그들을 또한 부르시고 부르신 그들을 또한 의롭다 하시고 의롭다 하신 그들을 또한 영화롭게 하셨느니라(로마서 8:30)."

우리는 예수를 구주로 고백함으로써 이미 구원을 받았고, 의롭다 칭함을 받았다. 지금 우리는 이 구원을 이루기 위해 성화단계를 거치고 있다. 주님은 죽을 때까지 그의 자녀를 보호하시고 마지막 날 영화롭게 하신다. 당신이 주님의 자녀라면, 그 나라의 백성이라면 구원은 확실하다. 흔들리지 말라.

22

주님을 목말라 하면 아낌없이 주시는 것이 있다

"그 때에 내가 내 영을 내 남종과 여종들에게 부어 주리니 그들이
예언할 것이요(사도행전 2:18)."

이 말씀 중에 나의 영을 그 때에 내 영
을 부어 주리라는 말씀이 있다. 성경을 보면 여러 곳에서 '부어 주리니'
라는 말씀이 나온다. 헬라어로 '에크체오(ekcheo)'이고 영어로는 'pouring
out'이다. 나의 영, 곧 성령을 폭우처럼 쏟아주시겠다는 것이다.

성경에서 부어주심에 대한 약속은 주로 두 가지 경우다. 하나는 성
령의 부으심이고, 다른 하나는 성령의 기름 부으심이다. 기름 부으심
은 anoint다. 왕이나 선지자, 제사장을 임명할 때 기름을 붓는다. 특정
사역과 연관이 있다.

하지만 성령을 부어주심은 폭이 넓다. "나는 목마른 자에게 물을
주며 마른 땅에 시내가 흐르게 하며 나의 영을 네 자손에게, 나의 복
을 네 후손에게 부어 주리니(이사야 44:3)." 목마른 자에게 물을 주듯
주를 갈망하는 영에게 성령을 부어주신다 성령이 폭우처럼 충만하게
임할수록 우리의 삶이 달라진다. 복중의 복이 아닐 수 없다.

하나님은 요엘 선지자를 통해 말씀하신다. "그 때에 내가 또 내 영
을 남종과 여종에게 부어 줄 것이며(요엘 2:29)." 이 말씀이 사도행전

에 다시 언급된다. 예수님이 약속하신 성령이 풍성하게 임할 것을 말한 것이다. "하나님이 오른손으로 예수를 높이시매 그가 약속하신 성령을 아버지께 받아서 너희가 보고 듣는 이것을 부어 주셨느니라(사도행전 2:33)." 주님은 말씀을 지키셨다.

그의 부어주심은 성령에만 한정되지 않는다. 예수님은 제자들에게 성만찬을 행하면서 말씀하셨다. "저녁 먹은 후에 잔도 그와 같이 하여 이르시되 이 잔은 내 피로 세우는 새 언약이니 곧 너희를 위하여 붓는 것이라(누가복음 22:20)." 피의 부으심이다. 주님은 그의 피를 십자가 위에서 아낌없이 쏟으셨다. 우리로선 도저히 감당할 수 없는 사랑이다.

바울은 "그로 말미암아 우리가 믿음으로 서 있는 이 은혜에 들어감을 얻었고 [---] 우리에게 주신 성령으로 말미암아 하나님의 사랑이 우리 마음에 부은바 됨이니(로마서 5:1, 5)."라 했다. 사랑의 부으심이다. 이 부으심의 역사에 예수님과 성령님이 있다.

오순절 성령 이전에 성령이 없었던 것은 아니다. 성령은 언제나 하나님과 함께 계셨고, 창조뿐 아니라 지금도 역사하신다. 임마누엘의 하나님은 언제나 그의 자녀에게 성령을 부어주신다. 주님을 목말라 할수록 아낌없이 부어주신다. 이 주님을 두고 어디로 가겠는가.

23

전도는 사명이다

"이르되 주 예수를 믿으라 그리하면 너와 네 집이 구원을 받으리라 하고(사도행전 16:31)."

이것은 "선생들이여 내가 어떻게 하여야 구원을 받으리이까" 묻는 간수에게 바울과 실라가 한 말이다. 예수님은 우리에게 전도하라는 대사명을 주셨다. 이 사명은 모든 그리스도인에게 예외 없이 주어진 사명이다. 바울과 실라는 감옥에서도 전도했다.

릭 워렌 목사가 「목적이 이끄는 삶」에 자신의 아버지에 대해 글을 썼다. 그의 아버지는 50년 이상 시골에서 작은 교회를 섬겼다. 단순한 설교자였지만 선교마인드가 강한 분이었다. 그분이 좋아하는 것은 봉사자로 팀을 이뤄 해외에 나가 작은 교회를 짓는 것이었다. 전 세계에 걸쳐 세운 교회만도 150개가 넘었다.

1999년 그의 아버지는 암으로 소천 했다. 돌아가시기 일주일은 거의 준 의식(semi-conscious) 상태에 있었다. 꿈을 꾸면 꾼 꿈에 대해 큰 소리로 말씀하셨다. 릭 워렌 목사는 아버지의 꿈 이야기를 들으면서 아버지에 대해 많은 것을 알게 되었다. 아버지는 한 교회 건축 프로젝트를 마치면 그 다음으로 이어졌다. 교회를 세우는 것이 그분의 꿈이었다.

그런데 하루는 온 식구들이 병상에 모여 있었는데 아버지가 갑자기 일어나 침대 밖으로 나오시려 하였다. 그분은 아주 약한 상태였기 때문에 식구들은 만류하면서 침대에 그대로 계시도록 했다. 하지만 그분은 집요하게 침대 밖으로 나오려 하였다. 그래서 워렌 목사의 사모가 "아버님, 무엇을 하시려는데요?" 물었다. 그러자 아버지는 "예수님을 위해 한 사람이라도 더 구원해야 해(Got to save one more for Jesus)" 라고 말씀하셨다. 그리곤 이 말씀을 자꾸 반복하셨다. "주님을 위해 한 사람이라도 더."

　　그의 아버지는 수백 번이나 이 말씀을 뇌이셨다. 아버지의 침상 곁에 앉아 있었던 릭 워렌 목사의 두 뺨엔 눈물이 흘러내렸다. 사명에 불타는 아버지의 마음을 알게 된 워렌 목사는 고개숙여 하나님께 감사했다. 그 순간 아버지는 자신의 약한 손을 워렌 목사의 이마에 대며 마치 아들에게 사명을 주시는 것처럼 말씀하셨다. "예수님을 위해 한 사람이라도 더 구원해야 해!" "한 사람이라도 더!"

　　그의 아버지는 가셨다. 하지만 이 과정을 통해 릭 워렌 목사는 한 가지 사실을 확실히 배웠다. 우리가 하나님 앞에 서는 날까지 한 사람이라도 더 전도해야 한다는 것을. 바울은 디모데에게 말한다. "너는 말씀을 전파하라 때를 얻든지 못 얻든지 항상 힘쓰라 범사에 오래 참음과 가르침으로 경책하며 경계하며 권하라(디모데후서 4:2)." 전도는 사명이다.

24

영원한 것은 거저 주어지지 않는다

"우리가 주목하는 것은 보이는 것이 아니요 보이지 않는 것이니 보이는 것은 잠깐이요 보이지 않는 것은 영원함이라
(고린도후서 4:18)."

이 땅에 살다보면 보이는 것에 집착하기 쉽다. 보이는 것이 모든 것이요 그것이 영원한 것이라 생각한다. 그러나 돈이든 권력이든 성이든 그 무엇이든 보이는 것은 영원한 것은 아니다. 바울은 우리가 관심을 두어 주목하는 것은 보이는 것이 아니라 보이지 않는 것이라 했다. 잠깐의 세상이 아니라 영원하신 하나님과 그 나라다.

성경을 읽는 사람치고 이것을 모르는 사람은 없다. 그럼에도 불구하고 우리는 아직도 보이는 것에 더 관심을 두며 산다. 이 땅에 발붙이고 사는 사람으로서 어쩔 수 없음이기도 하다. 제이슨 베리(J. Berry)가 쓴 책으로 「시험에 들게 하지 마옵시고」(Lead not into Temptation)이란 책이 있다. 그는 이 책에서 가톨릭 사제, 루터란 교회 사제들의 죄를 다루고 있다. 사제들의 성적으로 잘못된 행위, 동성애, 성희롱 문제를 지적하고 있다. 보이는 것에 관심을 갖는 것은 성직자도 예외가 아니란 말이다. 그만큼 인간은 약하다.

문제는 이런 일에 몰입하게 되면 하나님과 거리가 생긴다는 점이

다. 사단은 그것을 잘 알고 있다. 그래서 사단은 우리로 하여금 보이는 것에 더 깊이 몰입하게 만들고, 그로 인해 하나님으로부터 멀어지도록 한다. 시험은 욥만 받는 것이 아니다. 어디 그뿐인가. 세상 것을 즐기면서 자기 스스로 자기를 위대한 인물로 착각하게 만든다. 스스로 하나님의 자리에 앉아있는 것이다. 이 순간 사단은 속으로 쾌재를 부를 것이고, 성령님은 탄식할 것이다.

하나님은 왜 사단의 역사를 허용하시는가? 부패한 본성을 우리가 늘 근신하고 깨어 있도록 하기 위함이다. 우리를 영적인 긴장 상태에 두기 위함이다. 그러므로 사단의 시험을 받을 때 더욱 하나님을 바라볼 필요가 있다.

사단은 생각보다 강하다. 우리가 어찌할 수 없을 때가 많다. 나쁜 것은 달콤하다. 그래서 더 물리치기 어렵다. 그것을 강력하게 물리치기 위해서는 더 이상 어찌 할 수 없는 나의 힘이 아니라 하나님의 능력이 필요하다. 성령님이 주시는 강한 힘이다.

그 힘으로 사단에 맞서라. 사단의 올무에 빠지지 않도록 기도로 늘 하나님과 교통하라. "주님, 제가 지금 너무 돈에 집착하지 않나요? 주님과 멀어지지 않았나요?" 하나님과의 소통이 끊어지면 유혹을 이길 수 없다. 사단은 끝까지 괴롭힐 것이다. 중단하지 않고 마구 급소를 찔러댈 것이다. 우리의 약한 부분을 잘 알기 때문이다. 사단의 본성은 결코 변하지 않는다. 비록 선하게 나온다 해도 언제 사나운 발톱을 드러낼지 모른다. 하지만 결코 실망하지 말라. 사단과 싸울수록 우리는 보이지 않는 것, 저 영원한 것을 얻을 수 있다. 자유는 거저 주어지지 않는다는 말이 있다. 영원한 것도 거저 주어지지 않는다.

25

말하고 싶은 충동이 일 때

"내 속에는 말이 가득하니 내 영이 나를 압박 함이니라(욥 32:18)"

욥기에 있는 말씀이다. 여기서 나는 욥의 친구 엘리후다. 나아가 내 영은 성령이 아니라 엘리후 안에 있는 영(the spirit within me), 곧 그의 마음이다. 할 말이 많은데, 자기 안에 있는 영이 지금 말하지 않으면 안 되도록 마음을 민다는 것이다. 그 강도가 아주 강해 자신도 어찌 할 수 없는 상황이란 말이다.

욥기가 어려움에 처하자 친구들이 찾아온다. 욥의 고통을 보고 자기들도 참을 수 없어 옷을 찢고 같이 애통해 한다. 첫 일주일 동안 아무 말도 하지 못했다. 그러나 그들은 점차 깊은 토론에 들어갔다. 서로 욥과 의견을 주고받으며 자기주장을 폈다. 엘리후도 가세하였다. 토론이 가열되다 보니 하고 싶은 말들이 많아졌다. 얼른 말하고 싶어 목이 근질근질하다. 엘리후 신드롬(Elihu syndrome)이다.

우리도 가끔 참고 참다가 말하고 싶은 충동이 인다. 이 충동이 강하게 작용하면 나도 모르게 큰 강물에 밀리듯 말하고 만다. 그냥 쏟아낸다. 나도 어찌할 수 없다. 같은 장 20절을 보면 엘리후는 자기가 말을 해야 시원할 것 같다고 했다. 그만큼 속이 탔다는 말이다.

유대인들은 세계 인구 0.25%밖에 되지 않는다. 하지만 민족적으로 780명이 노벨상을 탔다. 그런데 유대인의 특징 가운데 하나는 토론에

지지 않는다는 점이다. 서로 말을 주고받는 것이 아니라 함께 목소리를 높이며 자기주장을 한다. 회당에서도 그렇고 학교에서도 그렇다. 그래서 말로 유대인을 이길 사람은 없다고들 한다. 욥의 친구들도 예외가 아니다.

오늘의 이스라엘을 있게 한 것으로 후츠파(Chutzpah) 정신이 있다. 후츠파는 도전, 당돌함이라는 뜻을 가지고 있다. 자기의 생각을 펴는 데는 거침이 없다는 말이다. 윗사람이라고 봐주지 않는다. 이 정신이 창조성으로 이어졌다는 것이다. 엘리후의 내적 충동을 후츠파와 연결시키는 것은 무리가 있다. 하지만 토론에서 지지 않으려는 유대인의 습성이 어데서 왔을까 궁금하다면 욥기를 잘 읽어볼 필요가 있다.

토론과정에서 엘리후를 압박하는 요인이 긍정적으로 작용했다. 그가 입을 열어 끝까지 지혜를 말했기 때문이다. 하지만 우리 모두가 엘리후처럼 행동하긴 어렵다. 전도서 기자는 말한다. "너는 하나님 앞에서 함부로 입을 열지 말며 급한 마음으로 말을 내지 말라 하나님은 하늘에 계시고 너는 땅에 있음이니라 그런즉 마땅히 말을 적게 할 것이라 [---] 말이 많으면 우매한 자의 소리가 나타나느니라(전도서 5;2,3)." 야고보도 말한다. "내 사랑하는 형제들아 너희가 알지니 사람마다 듣기는 속히 하고 말하기는 더디 하며 성내기도 더디 하라(야고보서 1:19)." 왜 이런 말씀을 주실까? 일반적인 관계에서 우리의 급한 마음이 나쁜 쪽으로 작용할 가능성이 크기 때문이다. 사람이 말한다고 다 이기는 것이 아니며 마음이 시원한 것도 아니다.

마음이 급할수록 엘리후가 어떻게 처신했는가를 알 필요가 있다. 그가 욥기의 끝에 등장하는 것만 봐도 그의 참을성이 어떤가를 보여준다. 얼마나 하고 싶은 말이 많았을까. 욥기 32장은 그 자신도 인내의 한계에 도달했음을 보여준다. 우리도 종종 그런 상황에 처한다. 중요한 것은 그 때 무엇을, 어떻게 말하는가 하는 것이다. 말을 하되 지혜를 택하라. 사람이 아니라 하나님을 먼저 생각하라. 그리하면 당신도 엘리후처럼 칭찬을 받을 수 있을 것이다.

26

하나님의 섭리 속에는 신비가 담겨있다

"주 안에서 택하심을 입은 루포와 그의 어머니에게 문안하라 그의
어머니는 곧 내 어머니니라(로마서 16:13)."

바울은 로마서 말미에 문안하는 글
을 넣었다. 그 가운데 루포와 그의 어머니가 있다. 그는 그의 어머니
를 가리켜 '내 어머니'라 했다. 피가 섞인 어머니가 아니다. 내 믿음의
어머니라는 것이다. 그 어머니의 아들이 바로 루포다.

루포(Rufus)는 구레네 시몬의 아들이다. 그리고 그의 어머니는 구
레네 시몬의 아내이다. 도대체 그의 가정에 무슨 일이 일어난 것일
까? 마가복음에 구레네 시몬이 등장한다. "마침 알렉산더와 루포의
아버지인 구레네 사람 시몬이 시골로부터 와서 지나가는데 그들이
그를 억지로 같이 가게 하여 예수의 십자가를 지우고(막 15:21)." 루
포에겐 알렉산더라는 형제가 있었고, 그의 아버지가 예수님의 십자가
를 진 것이다.

로마병정들은 구레네 시몬에게 억지로 십자가를 지게 했다. 그가
예수의 제자였다면 기꺼이 졌을 것이다. 하지만 예수의 제자들도 피
하고 도망하지 않았는가. 억지로 졌지만 훗날 그의 식구들이 구원을
받는 기적이 일어났다. 그 증거가 바로 이 로마서의 말씀이다.

군인들이 구레네 시몬을 보고 십자가를 지라고 강요한 것을 보면

혹시 그가 강한 몸집을 가졌을 것이라 생각하기 쉽다. 그럴 수도 있다. 그러나 그보다는 신앙이 있는 유대인이었을 것으로 추측된다. 구레네(Cyrene)는 지금의 리비아 북쪽 해변에 위치에 있었고, 로마의 통치아래 있는 키레나이카 도의 수도였다. 신약시대에 꽤 많은 유대인들이 그곳에 거주하고 있었고, 절기에 예루살렘을 순례했다. 나아가 구레네 유대인들은 예루살렘에 자신들의 회당을 가지고 있을 만큼 열성적이었다. 사도행전 6장 9절에 이 회당에 대해 언급되어 있다. "이른 바 자유민들 즉 구레네인, 알렉산드리아인, 길리기아와 아시아에서 온 사람들의 회당에서 어떤 자들이 일어나 스데반과 더불어 논쟁할새." 시몬은 구레네에서 온 순례자일 수도 있고, 이 회당의 교인이었을 수 있다.

시몬은 예수님이 가신 비아 돌로로사(Via Dolorosa)를 따라 십자가를 졌다. 시몬 베드로도 지지 못한 십자가를 구레네 시몬이 진 것이다. 비록 떠밀려 십자가를 지긴 했지만 훗날 그의 가족이 그리스도께 인도되는 섭리가 있었다. 물 한 잔도 그냥 넘기지 않는 주님 아니신가. 우리 주님은 이 사건을 통해 그 가족에 구원을 이루셨다. 그리고 바울은 확신했다. '그 가정은 주안에서 택하심을 받았다. 그의 어머니는 내 어머니다.' 하나님의 섭리는 정말 놀랍다. 그 속엔 우리의 생각을 뛰어넘는 신비가 담겨있다.

27

희생이 없는 종교는 부끄럽다

"무릇 육체의 모양을 내려 하는 자들이 억지로 너희에게 할례를 받게 함은 그들이 그리스도의 십자가로 말미암아 박해를 면하려 함 뿐이라(갈 6:12)."

바울이 열심히 복음을 전하는 시기에도 유대교의 전통에 사로잡힌 일부 교인들이 다른 교인들에게 할례 받을 것을 강요했다. '육체의 모양을 내려 하는 자들'은 할례파들이다. '억지로 너희에게 할례를 받게 함'은 남에게까지 그것을 강요한다는 데 문제가 있다. 바울은 이 같은 행위는 핍박을 피하기 위한 것이라 말한다. 예수를 믿는다는 것이 박해의 사유되는 엄중한 시대상황에서 할례를 받으면 어느 정도 박해를 피할 수 있으리라 본 것이다. 그리스도인이 되고는 싶지만 희생은 하지 않겠다는 것 아닌가.

바울은 갈라디아서 6장에서 교인을 두 부류로 구분한다. 하나는 육체로 심는 자요, 다른 하나는 성령으로 심는 자다. 육체로 심는 자는 자기 외모에 관심이 많아 할례를 받아야 한다고 주장한다. 하지만 성령으로 심는 자는 그것이 더 이상 중요한 것이 아니다. 그런데도 육체를 중시하는 자는 자기의 생각을 억제하지 못하고 다른 교인들로 하여금 할례를 받아야 한다고 몰아댄다. 유대교 전통을 잊지 못한 탓도 있을 것이고, 박해받을 교인을 생각하니 염려되기도 했을 것이다.

바울은 그 모습을 슬픈 눈으로 보며 선언한다. "할례나 무할례가 아무 것도 아니로되 오직 새로 지으심을 받는 것만이 중요하니라(갈 6:15)." 중요한 것은 따로 있다는 말이다. 새로 지음 받은 대로 진실되게 살 일이다.

현대 교회 안에서도 여러 모양의 억지 요구들이 존재한다. 전통이라는 이유도 있고, 그렇게 하면 쉽게 신앙생활을 할 수 있다는 이유도 있다. 그 때마다 우리는 갈라디아서의 말씀을 새길 필요가 있다. 그리스도인에게는 언제나 희생이 요구되기 때문이다.

"또 누구든지 너로 억지로 오리를 가게 하거든 그 사람과 십리를 동행하고(마 5:41)." 예수님의 말씀이다. 주님은 이미 우리가 그리스도인으로 살 때 억지로 오리를 가게 하는 사람들이 있다는 것을 아셨다. 희생을 요구 당하는 것이다. 그 때 거부하지 말고, 오리가 아니라 십리라도 가라 하신다. 십리를 동행하는 희생은 억지로 할례 받는 것과는 질이 다르다.

그리스도인이 된다는 것은 결코 쉽지 않다. 세상은 고난과 희생의 길을 피하라 한다. 하지만 주님은 좁은 길을 가라 하신다. "희생이 없는 종교는 사회의 악이다. 종교가 그렇게 되면 나라가 망하게 된다." 간디의 말이다. 하나님의 나라는 오늘도 우리의 헌신과 희생위에 굳게 세워진다. 희생이 없는 종교는 부끄럽다.

28

더 나은 본향을 사모하라

"그들이 이제는 더 나은 본향을 사모하니 곧 하늘에 있는 것이라
이러므로 하나님이 그들의 하나님이라 일컬음 받으심을 부끄러워
하지 아니하시고 그들을 위하여 한 성을 예비하셨느니라
(히브리서 11:16)."

히브리서 11장엔 아벨, 에녹, 노아,
아브라함 등 믿음의 사람들이 소개되고 있다. 이들의 공통된 특징 하
나가 있다. 바로 더 나은 본향, 곧 천국을 사모한 사람들이라는 것이
다. 이것은 우리가 이 땅에서 어떤 마음가짐으로 살아야 하는가를 가
르쳐 준다.

천국은 어떤 곳일까? 성경은 천국이 어떤 곳인가를 자세히 설명하
지 않는다. 그러나 몇 가지 힌트가 보인다. 무엇보다 천국은 혁명적인
방법으로 오는 것 아니다. 쿠바 인디오 지도자 한 사람이 침략자에
저항하다 처형장에 섰다. 그는 마지막으로 크게 외쳤다. "당신들이
말하는 천국에 당신들이 있다면 나는 거기에 가지 않겠다." 십자군
전쟁 때 무력을 사용했다. 무슬림이 기독교를 싫어하게 된 배경에는
이런 역사가 담겨 있다. 천국은 인간적인 방법으로 빼앗는 것이 아니
다. 천국은 심령이 가난한 자, 온유한 자, 의에 주리고 목마른 자의 것
이다.

쿠바는 시가가 유명하다. 어떤 이는 이런 말을 했다고 한다. "천국에 시가가 없다면 나는 천국에 가지 않겠다." 천국에는 하늘도 있고 땅도 있으며 사람도 있어 마치 이 세상과 다르지 않다는 주장도 있다. 그렇다고 천국에 쿠바 산 시가가 있을 것이라 생각하지 말라. 그곳은 만물이 새로워진 곳이다. 새 하늘, 새 땅, 새 사람이라는 것이다. 만물을 새롭게 하시는 하나님이 우리 몸도 새롭게 하신다. 우리도 예수님의 인격을 닮아 이 세상과는 차원이 다른 삶을 산다.

천국은 저주가 없는 곳이며, 이 세상에서 누리지 못한 완전함을 누리며 사는 곳이다. 하나님은 우리의 눈물도 씻어주신다. 어거스틴에 따르면 천국은 지침 없이 찬양하고 끊임없이 하나님을 바라보는 곳이다. 하나님을 바라보면 찬양하지 않을 수 없다.

C. S. 루이는 말한다. "역사적으로 볼 때 이 세상을 위해 가장 일을 많이 한 사람은 그리스도인들이다. 그들은 천국을 생각한 사람들이다. 그리스도인들이 더 이상 천국을 생각하지 않게 되었을 때 교회는 세상에서 힘을 잃게 되었다. 그리스도인이 세상에 마음을 향하면 천국도, 세상도 잃어버릴 것이다. 그러나 천국을 사모하면 천국도 세상도 얻을 것이다." 늘 더 나은 본향을 사모하라.

29

마땅히 행할 길을 아이에게 가르치라

"마땅히 행할 길을 아이에게 가르치라 그리하면 늙어도 그것을 떠나지 아니하리라(잠언 22:6)."

모든 사람에게 교육이 필요하다. 하지만 어린이에 대한 교육만큼 중요한 것이 없다. 그것은 단지 그들이 교육을 받아야 하는 나이 때문만은 아니다. 어릴 때 어떤 교육을 받느냐에 따라 그 교육이 평생 이어지기 때문이다. 잠언 기자는 이것의 중요성을 이 한 마디로 증언하고 있다.

땅콩박사 조지 워싱턴 카버(George Washington Carver)는 주일학교에서 성경을 가르쳤다. 그는 원래 불우한 환경에서 자라났고 인종차별로 많은 어려움을 겪었다. 하지만 그는 예수를 믿는 자는 달라야 한다고 생각했다. 그는 믿음을 종족 불화와 사회계층화의 장벽을 허는 수단으로 보았다. 나아가 그는 자기가 가르치는 학생들이 지적으로 발전할 뿐 아니라 성격도 그리스도를 닮아 가기를 바랐다. 이를 위해 그는 8가지 덕목을 만들고, 그것을 실천하도록 했다. 다음은 그가 제시한 8덕목이다.

· 안과 밖 모두 깨끗이 하라.
· 부자를 부러워하지도 말고, 가난한 자를 얕보지도 말라.

- 꽥꽥거리지 말고 필요하다면 져주라.
- 허풍으로 이기려들지 말라.
- 언제나 여성, 아이들, 그리고 노인들을 배려하라.
- 거짓말을 하지 않을 만큼 용감 하라.
- 남을 속이지 않을 만큼 관대하라.
- 당신의 몫을 챙기되 다른 사람도 그들의 몫을 챙길 수 있도록 하라.

카버는 교수생활을 하면서도 자기와 같은 흑인 청소년들의 영적인 성장에 관심을 가졌다. 그는 예수님의 사랑을 느낄 뿐 아니라 그 사랑을 삶에서 펴도록 했다. 그것이 8가지 덕목이다. 이 덕목들은 평범해 보일 수 있다. "도적질하지 말라." "네 이웃을 향해 거짓증거하지 말라." 십계명도 그렇지 않은가. 그러나 그 평범한(common) 가르침이 오히려 세상을 밝힌다. 마땅히 행할 길이기 때문이다. 당신은 어떤 덕목으로 자녀를 가르치고, 학생들을 이끌고 있는가. 그 덕목들이 그들의 미래를 좌우한다.

불어라 엘가나 신드롬

"그의 남편 엘가나가 그에게 이르되 한나여 어찌하여 울며 어찌하여 먹지 아니하며 어찌하여 그대의 마음이 슬프냐 내가 그대에게 열 아들보다 낫지 아니하냐 하니라(사무엘상 1:8)."

성경의 인물가운데 한나는 잘 알지만 그의 남편 엘가나는 잘 기억하지 못할 것이다. 하지만 성경을 보면 남자로서 그의 성품을 본받을 점이 한 두 가지가 아니다.

엘가나(Elkanah)는 '하나님께서 소유하셨다,' 또는 '하나님께서 창조하셨다'는 뜻을 가지고 있다. 이름 자체만 보아도 자신은 하나님이 지으신 피조물이요 소유물인 것을 고백하는 신앙을 가지고 있음을 알 수 있다.

사무엘상 1장은 한나로부터 시작되는 것이 아니라 엘가나로부터 시작된다. 에브라임 사람으로 두 아내, 곧 한나와 브닌나가 있었다. 아내가 둘이었으니 집안이 다소 복잡했을 것이다. 게다가 한나에게 자식이 없었으니 그 마음이 오죽했을까. 남편 노릇 결코 쉽지 않다.

엘가나는 경건한 사람이었다. 그는 매년 실로에 올라가 여호와께 예배와 함께 제사를 드렸다. 그만큼 하나님의 가르침에 충실했음을 보여준다. 그것이 별것 아닌 것처럼 보여도 당시 죄악이 관영한 때였음을 생각하면 보기 드문 믿음이라 할 수 있다.

제사를 드릴 때 그는 자녀가 있는 브닌나보다 자녀가 없는 한나를 배려해 제물의 분깃을 갑절이나 주었다. 자녀를 낳지 못하는 한나를 사랑하고 배려한 것이다. 이것은 그에게 약자를 아끼는 마음이 있었음을 보여준다. 그마저 없었다면 한나는 정말 서러웠을 것이다. 그렇지 않아도 눈물이 많은 여인인데.

한나의 기도가 이루어져 아들 사무엘을 낳게 되었다. 그렇게 기도하면서 나은 아들인데 한나는 서원한데로 그 아들을 바치기로 했다. 그 서원이 한나의 독단적 결정이었을까. 아니다. 같은 장 23절을 보면 남편 엘가나의 동의 모습이 나온다. "그대의 소견에 좋은 대로 하여 그를 젖떼기까지 기다리라 오직 여호와께서 그의 말씀대로 이루시기를 원하노라." '그대의 소견에 좋은 대로,' '오직 여호와께서 그의 말씀대로,' 얼마나 멋진 남편이요 신실한가.

엘가나는 젖 뗀 아이를 엘리 제사장에게 맡겼다. 한나의 서원이 그대로 이행된 것이다. 이것은 부부 모두 영적인 동반자였음을 보여준다. 서로 의견을 존중하고 하나님께 한 그 약속을 지켜나갈 때 하나님은 부부의 믿음과 아름다움을 보시고 그 삶을 예배로 받으신다. 그리고 축복하신다. 아들 사무엘을 하나님께 바치자 하나님은 그 부부에게 세 아들과 두 딸을 주셨다. 그 부부를 돌아보신 것이다. 부부는 생명의 은혜를 함께 이어받을 자다. 우리 가운데 엘가나 신드롬이 불었으면 한다. 얼마나 아름다운 부부인가.

31

예수의 세계 속에 지금 우리가 있다

"아브라함과 다윗의 자손 예수 그리스도의 세계라(마태복음 1:1)."

이 말씀은 예수님의 족보를 말하기 전에 결론적으로 예수의 세계가 열릴 것을 말하고 있다. 창세기 1장 1절도 "태초에 하나님이 천지를 창조하시니라"며 결론부터 소개하고 있다. 구약은 창조를, 신약은 구원자로 오신 예수를 첫 서두에서부터 선포하고 있다. 하나님의 말씀은 거칠 것이 없다. 이것이 성경의 특성이다.

세계는 계보(genealogy)라는 뜻이다. 한글 성경에는 아브라함이 다윗보다 먼저 소개되고 있지만 원문은 다윗이 먼저 소개되고 있다. 먼저 소개된 데는 그만한 뜻이 담겨 있다. 소경이 예수를 향해 "다윗의 자손 예수여 나를 불쌍히 여기소서" 외쳤다. 유대인들에게 다윗은 매우 중요한 인물이다. 구원자 메시야가 그를 통해 오리라는 소망을 갖고 있기 때문이다.

유대족보 기록 법은 선별기록법이다. 전체를 기록하지 않는다. 예를 들어 아담에서 노아까지 10대, 노아에서 아브라함까지 10대, 이런 식이다. 마태복음에는 아담에서 다윗까지 14대, 다윗에서 요시야까지 14대, 그리고 요시야에서 예수까지 14대다. 기본적으로 14대씩 나눴다는 말이다. 그러다 보니 중간에 빠진 분들이 있다. 또한 14대로 나눴다고 하지만 끝에 보면 한 대가 모자란 것도 있다. 중간에 빠진 분들이 있고, 14대가 다 채워지지 않았다고 해서 잘못된 것은 아니다. 전통적인 기록 법에 따라 간략히 소개되었을 뿐이다.

중요한 것은 그와 같은 연결고리를 통해 주님이 이 땅에 오셨다는 사실이다. 그러니 그 고리 하나 하나가 중요하지 않겠는가. 주님의 생명책에 나의 이름이 이처럼 기록되었다면 얼마나 기쁘겠는가. 마태복음 1장을 읽을 때 지루할 수 있다. 하지만 이 인물들이 구원 역사의 징검다리가 되었다는 것을 생각하면 "누가 누구를 낳고"라는 한 말씀 한 말씀이 너무 귀하지 않을 수 없다.

3절에서 6절까지 보면 다말, 라합, 룻, 우리야의 아내 등 네 여인이 소개된다. 우리야의 아내는 밧세바다. 베레스와 세라를 낳은 다말은 아이를 얻기 위해 창녀로 가장해 시아버지 유다를 유인했다. 보아스를 낳은 라합은 기생이었다. 오벳을 낳은 룻은 모압 여인이었다. 그리고 솔로몬을 낳은 밧세바는 원래 장수 우리아의 아내였다.

네 여인은 인간적으로 볼 때 감추고 싶은 과거를 가진 사람들이다. 과거야 어찌 그들뿐이겠는가. 헤롯왕은 자신의 가문을 조사하고 난 뒤 너무나 수치스러워 족보를 태워버렸다고 한다. 그러나 성경은 감추지 않는다. 성경은 오히려 그것을 확연히 드러내 우리의 연약함 속에서 일하시는 하나님을 보게 한다.

아무리 감추고 싶은 과거라 할지라도 그것이 도도히 흐르는 하나님의 역사를 막을 수 없다. 그 속에는 우리의 생각을 뛰어넘는 하나님의 뜻과 사랑이 있다. 인간의 약점에도 불구하고 구원을 이루시는 하나님, 이 하나님이 오늘도 우리와 함께 하시고, 역사를 새롭게 만들어 가신다. 예수의 세계 속에 지금 우리가 있다. 얼마나 감격스럽고 감사한 일인가.

32

침묵이 위대할 때가 있다

"예수께서 침묵하시거늘 대제사장이 이르되 내가 너로 살아 계신 하나님께 맹세하게 하노니 네가 하나님의 아들 그리스도인지 우리에게 말하라(마태복음 26:63)."

예수님의 마지막에는 침묵의 시간이 있었다. 그를 심문하는 사람들이 여러 질문을 던져 입을 열게 하려 했지만 주님은 입을 굳게 다무셨다. 하나님의 그 크신 일을 이루기 위해 침묵이 필요했기 때문이다. 주께서 침묵하신다고 누가 그를 정죄할 수 있을까(욥기 34:29).

해가 지자 쿠바의 엘 모로(El Moro)에서 해안을 향해 포를 쏜다. 포의 진정한 의미는 "이제 어둠이 내렸다. 침묵하라"는 것이다. 성뿐 아니라 성안의 사람들은 깊은 침묵으로 들어간다. 모든 것을 뒤로 하고, 침잠한다. 모든 것이 고요하다.

이것과는 전혀 다른 시간이 역사에 존재했다. 바로 수정의 밤(crystal night)이다. 1938년 독일과 오스트리아의 나치세력이 유대인의 집과 상점을 불태우고 공격했다. 당시 나치는 유대인 상점 수만 개를 약탈했다. 유대교회 250여개도 성난 군중에 의해 불탔다. 상점의 깨진 유리 파편이 수정처럼 반짝이며 거리를 가득 메웠다. 사람들은 이 밤을 수정의 밤이라 했다. 광란의 밤이다. 파괴로 얻은 것은 과연 무엇이었을까.

이스라엘의 안식일은 금요일 해질 무렵부터 시작된다. 식당, 카페, 주점, 기념품점도 쉰다는 팻말을 내걸고 문을 닫는다. 안식에 들어간다. 단순한 쉼이 아니다. 일은 쉬지만 식구와 함께 하나님과의 관계로 들어간다. 크로노스의 시간을 하나님과 나만의 영적인 시간, 곧 카이로스의 시간으로 바꾸는 것이다.

영화 '위대한 침묵'(The Great Silence)은 유럽 한 수도원에서 평생을 걸고 침묵 속에서 수행을 쌓아가는 수도사들의 삶을 찍은 다큐멘터리이다. 162분이나 이어지는 이 영화의 특색은 침묵이다. 대화 없이 오직 수도사들의 삶을 대변하는 내용의 글이 몇 차례 반복될 뿐이다. 그것은 세속을 떠나 사는 수도사들의 신조들이다. "자신이 가진 모든 것을 포기하지 않는 자는 내 제자가 될 수 없다." "주께서 나를 이끄셨기에 지금 내가 여기 있나이다." 영화의 끝부분에서 몇 마디 대화가 등장한다. 한 맹인 수도사의 말이 주목을 끈다. "나는 맹인이 된 것을 감사한다. 맹인이었기에 하나님께로 더 가까이 갈 수 있었고, 하나님께 가까운 만큼 행복했다." 침묵에서 진정 행복을 찾았다는 말이다. 속인이 도저히 경험할 수 없는 경지다.

말할 때도 있지만 잠잠할 때도 있다(전도서 3:7). 침묵 중에 가장 위대한 침묵은 예수님의 침묵이다. 그리스도의 제자는 그의 침묵을 배우는 사람들이다. 지금 우리에게 필요한 것은 바로 주님의 침묵이다. 침묵이 위대할 때가 있다.

33

안식일이 우리를 지킨다

"안식일을 기억하여 거룩하게 지키라(출애굽기 20:8)."

하나님은 안식일을 기억하고, 거룩하게 지키라 하신다. 성경을 보면 네 가지 안식이 소개 된다. 첫째, 하나님은 천지를 창조하신 후 안식하시고(출애굽기 20:11) 우리로 하여금 안식일을 지키도록 하셨다. 노동안식이다. 둘째, 출애굽한 뒤 억압에서 해방시키신 것을 기억하며 안식하도록 했다(신명기 5:15). 기념안식이다. 셋째, 중생한 뒤 얻는 안식이다. 죄로부터의 안식이다. 그리고 마침내 새 하늘 새 땅에서 안식이다. 이것은 영원한 안식이다. 안식도 이처럼 다양하다. 하나님은 이 땅에서 그 무엇보다 안식일을 기억하고 거룩하게 지키라 하신다. 이 말씀은 예나 지금이나 유효하다. 그 모든 안식의 기초가 바로 안식일의 안식이기 때문이다.

유대인들은 안식일을 철저히 지키는 것으로 유명하다. 그들의 생활 면면을 보면 안식일이 그들의 삶 속에 살아있음을 느낀다. 이스라엘 호텔에 가면 엘리베이터가 매 층마다 자동으로 멈춰서며 오르락내리락한다. 층수 버튼을 누르는 것도 일하는 것이 되기 때문이다. 이스라엘 국회는 2001년 건물을 지을 때 자동운행 엘리베이터를 하나 이상 설치하도록 하는 안식일 특별법을 만들었다. 가정에선 요리하지 않도록 안식일에 먹을 음식을 미리 준비한다. 이스라엘 사람들은 이

날만큼은 휴대폰과 컴퓨터의 자판을 건드리지 않는다. 유대인 학생들은 공부를 해야 하는 상황에서도 안식일에는 책에 손을 대지 않는다. 우리 같으면 저러다 좋은 대학에 들어가기 어려운 것은 아닌가 걱정되기도 할 것이다. 하지만 염려 놓으시라. 유대계 학생들의 명문대 진학률을 따라 가기 어렵다. 이 모두 그들이 얼마나 적극적으로 안식일을 지키고자 하는가를 보여준다.

유대인들의 안식일 지키기는 어느 민족에게서도 볼 수 없을 만큼 독특하다. 하나님의 말씀을 철저히 지키고자 하는 그들의 마음을 읽을 수 있다. 이러한 행위는 존경할만하다. 그 행동보다 중요한 것은 그 안식일에 하나님이 우리를 위해 하신 일(창조와 출애굽), 지금 하시는 일(중생과 성화), 그리고 앞으로 하실 일(새 하늘과 새 땅에 들어감)을 생각하고 감사하며 사는 것이다.

나아가 하나님 앞에서 조용히 우리의 영적인 모습을 점검하고 부분적으로 결산한다. 혹 우리의 영적인 다리가 무너지지 않았는지, 심하게 녹슨 부분은 없는지, 금 간 부분은 없는지 살핀다. 이런 과정을 거치면서 그동안 일에 빠져 하나님과 나눌 수 없었던 대화를 회복하고, 새로운 힘을 얻는다. 나아가 안식일 지키면 여호와 안에서 즐거움을 얻을 것이라 했다(이사야 58:13-14). 이로써 우리가 안식일을 지키는 것이 아니라 안식일이 우리를 지킨다는 사실을 깨닫게 된다. 그래서 거룩한 안식이 중요하다.

34

오늘도 우리 속엔 찬미의 강물이 흐른다

"이에 그들이 찬미하고 감람산으로 나아가니라(마태복음 26:30)."

이 말씀은 유월절 음식, 곧 최후의 만찬을 하고 난 다음의 일이다. 주님과 한 성만찬이다. 죄 사함을 얻게 하려고 많은 사람을 위해 흘리는 바 주님의 피, 곧 언약의 피도 마셨다. 찢기실 몸과 흘리실 피를 생각한다면 얼마나 엄중한가. 예수의 제자로서 주님과 함께 누릴 수 있었던 특권 중의 하나였다. 그러나 그것은 자신이 십자가를 질 줄 알면서도, 제자가 배반할 줄 알면서도 하신 일이다. 만찬을 마친 뒤 그들은 찬미하고 감람산으로 갔다.

이 때 주님의 마음은 어떠했을까? 세상적으로 보면 도저히 찬미를 부를 수 없다. 곧 닥칠 수난의 과정에서 제자들이 보일 모습을 생각하면 한 마디로 몹쓸 것들이다. 나를 팔 녀석들이다. 나를 부인할 녀석들이다. 아니 모두 도망갈 녀석들이다. 모두 비겁하다. 제자들에게 주고 싶은 것은 칭찬이 아니라 혼 지검이 아닐까 싶다.

주님은 그렇게 하지 않았다. 오히려 함께 찬미하며 감람산으로 갔다. 비장한 순간이지만 그것은 인류의 죄를 구속하기 위해 오신 목적을 이루실 카이로스의 시간이라는 점에서 특별하다. 비난, 고통, 슬픔, 죽음이 기다리고 있지만 주님은 곧 그것을 영광으로 바꾸실 것이다. 죽음을 이길 부활의 시간, 영광의 시간도 앞에 있다. 자신을 비난했던

무리들도 입을 다물게 될 것이다. 돌처럼 굳은 그들의 마음도 회개로 돌아설 것이다. 앞으로 이뤄질 그 크신 일을 생각하면 찬미가 나오지 않을 수 없다.

제자들이 같은 마음을 품었는지는 알 수 없다. 하지만 "내가 포도나무에서 난 것을 이제부터 내 아버지의 나라에서 새것으로 너희와 함께 마시는 날까지 마시지 아니하리라(마태복음 26:29)" 하셨으니 어느 정도 느낌을 공유하지 않았을까 싶다. 그렇지 않다면 찬미할 마음이 있었겠는가.

주님과 더불어 제자들이 함께 어떤 찬송을 불렀을까 궁금하다. 하지만 감히 그것이 무엇이었는지 물을 엄두가 나지 않는다. 그 순간, 그들의 모습이 보통과 다를 것이기 때문이다.

하지만 생각나는 말씀이 있다. 누가복음 2장 20절의 말씀이다. "목자들은 자기들에게 이르던 바와 같이 듣고 본 그 모든 것으로 인하여 하나님께 영광을 돌리고 찬송하며 돌아가니라." 주님이 이 세상에 오실 때 목자들은 찬양했고, 수난을 앞두고 제자들은 찬양했다. 이 찬양은 인류를 구속하시기로 약속하신 하나님, 이제 그것을 이루실 신실하신 하나님을 찬양하는 것 아니겠는가.

오늘도 우리는 주님을 찬양한다. 그들과 같은 찬양이다. 고난을 받으신 주님을 생각할수록 우리 마음속 깊이 기쁨과 감사가 넘치기 때문이다. 슬플 때나 기쁠 때나 우리 속에 바로 이 찬미의 강물이 흐른다. 그것이 바로 그리스도인의 찬미다.

35

시간을 구속하라

"세월을 아끼라 때가 악하니라(에베소서 5:16)."

이 말씀은 건성건성 살아가는 우리
에게 여러 모로 생각을 하게 만든다. 우선 때가 악하다 한다. 빛보다
는 어둠의 일이 많아졌다는 말이다. 같은 장 8절의 말씀을 보자. "이
제는 주 안에서 빛이라 빛의 자녀들처럼 행하라." 어두운 세계에서
우리의 정체성을 확실히 하고 행동하라는 것이다. 이를 위해선 우리
가 많은 것이 시간이다 생각하는 것부터 고칠 필요가 있다. "세월을
아끼라"는 말씀이 그것이다.

"세월을 아끼라"할 때 우린 어떻게 해야 할까? NIV를 보면 '모든
기회마다 최고를 만들라(making the most of every opportunity)' 한다.
KJV은 "시간을 구속하라(redeeming the time)"라 한다. 여기서 구속한
다는 것은 의미를 살리고, 회복하는 것을 말한다. 다시 말하면 의미
있는 삶을 살라는 것이다. 시간도 구원의 대상이다.

어떻게 의미 있는 삶을 살까? 답은 의외로 그 말씀 가까이 있다. 우
선 15절과 17절을 보자. "그런즉 너희가 어떻게 행할지를 자세히 주
의하여 지혜 없는 자 같이 하지 말고 오직 지혜 있는 자 같이 하여."
"그러므로 어리석은 자가 되지 말고 오직 주의 뜻이 무엇인가 이해하
라." 어리석은 자가 되지 말고 지혜 있는 자가 되고, 오직 주님이 뜻

이 무엇인가를 이해하고 행동하라는 말씀이다.

　세월은 화살처럼 날아간다. 40대는 시속 40km로 달려간다는 말이 있다. 체감속도는 더 빠를 것이다. 날아가는 세월을 붙잡아둘 수도 없다. 먼 시간을 계획하는 것도 중요하지만 가까운 세월, 곧 오늘 하루 어떤 삶을 살아야 하는가도 아주 중요하다. 하루 24시간은 하나님으로부터 받은 하루의 가장 귀한 선물이기 때문이다.

　벤저민 프랭클린은 말한다. "인생을 사랑한다면 시간을 낭비하지 말라. 인생은 바로 시간으로 이뤄져 있다." 시간 관리를 잘하란 말이다. 시간은 저축할 수 없다. 그러니 앞으로 남은 시간이 많다고 생각지 말 것이다.

　하루도 금방 지나간다. 먼저 우선순위를 세우고, 내가 관리할 수 있는 일에 집중할 필요가 있다. 일을 하려면 여러 방해가 생긴다. 그러다 보면 우선순위도 바뀌고, 결국 하루가 엉성하게 가고 만다. 시간 도둑이 따로 없다. 그러니 처음부터 좋은 습관을 가지는 것이 중요하다. 관리만 철저히 한다고 되는 것이 아니다. 이보다 더 중요한 것이 그 시간 시간들이 참으로 주님 보시기에 의미 있는 것이었나 하는 것이다. 아침마다 기도 가운데 계획을 세우고, 저녁에 주님과 결산할 일이다. 그래야 크로노스 시간 속에서 카이로스의 삶을 살 수 있다.

36

엘리압 신드롬을 극복하라

"큰형 엘리압이 다윗이 사람들에게 하는 말을 들은지라 그가 다윗
에게 노를 발하여 이르되 네가 어찌하여 이리로 내려왔느냐 들에
있는 양들을 누구에게 맡겼느냐 나는 네 교만과 네 마음의 완악함
을 아노니 네가 전쟁을 구경하러 왔도다(사무엘상 17:28)."

다윗이 전쟁터에 나타나자 큰형이
크게 노하며 다윗에게 한 말이다. 한 마디로 "네가 뭐 안다고 이곳까
지 왔느냐. 이곳이 아이들 놀음 터로 아느냐"는 말이다. 철저한 무시
다. 엘리압 신드롬(the Eliab syndrome)이다. 질시가 배어있기 때문이
다. 이를 큰형 신드롬(Big Brother Syndrome)이라 하기도 한다.

다윗은 집안에서 '하가톤(haqqaton)'으로 취급받았다. 이것은 막내
라는 말이지만 별 볼일 없는 사람이라는 뜻이다. 오죽하면 사무엘이
기름을 부으려고 이새의 집을 찾았을 때 여러 형제를 보여주었지만
그는 제외되었을까. 그는 하가톤으로 취급받으며 살았지만 결국 기름
부음을 받았다. 형들은 질시했을 것이다. "별 볼 일 없는 것이."

다윗을 무시하기는 다른 사람들도 마찬가지다. 사울왕은 말한다.
"너는 소년이요(you're only a boy)." 아직 아이에 지나지 않는다는 말
이다. "그는 어려서부터 용사라." 골리앗은 어려서부터 군인체질을
타고나 지금까지 사람 죽이는 것을 업으로 살아온 사람이라는 것을

의미한다. 골리앗도 다윗을 보고 업신여겼다. "이는 그가 젊고(only a boy) 붉고(ruddy) 용모가 아름다움이라." 보아하니 젖비린내 나는 소년에 불과하다는 말이다.

사울 왕이나 골리앗이 다윗을 보고 어리다고 생각한 것은 맞다. 아직 전쟁터에 설 나이가 아니기 때문이다. 그러나 형 엘리압이 자신을 무시하고 모욕한 것은 이들의 무시보다 정도가 더 깊다. 엘리압의 나무람은 다윗에게 상처가 되기에 충분했다. 하지만 다윗은 참았다.

그를 격분케 한 것은 이스라엘 진영의 힘없는 모습과 하나님을 대적하는 골리앗의 말이었다. 40일 동안 이스라엘은 골리앗 앞에서 떨고만 있었다. 게다가 골리앗은 이스라엘 군대를 모욕하며 다 싸울 필요 없이 한 사람을 보내 자기와 맞서자고 한다. 한 마디로 너희들은 별 볼 일 없는 군대라는 말이다.

다윗은 지금까지 모욕을 들으며 살아온 사람이었다. 그러나 하나님의 군대, 곧 하나님이 모욕당하는 것은 참을 수 없었다. 그는 더 이상 이 일에 대해 관객(spectator)이 되지 않고 적극적인 참여자(active player)가 되고자 결심했다. "너는 칼과 창과 단창으로 내게 나아오거니와 나는 만군의 여호와의 이름 곧 네가 모욕하는 이스라엘 군대의 하나님의 이름으로 네게 나아가노라." 하나님을 향한 그의 열정이 골리앗을 무너뜨렸다. 오늘도 하나님의 사람은 세상으로부터 무시를 당한다. 집안에서조차 무시를 당할 수 있다. 하지만 엘리압 신드롬을 극복하고 나가라. 하나님 편에 서는 순간 하나님은 일하신다. 오늘도 하가톤을 들어 쓰시는 하나님을 보라.

37

구원사역에는 편견이 없다

"배에서 나오시매 곧 더러운 귀신 들린 사람이 무덤 사이에서 나와 예수를 만나니라(마가복음 5:2)."

예수님이 갈릴리 건너 거리사인이 사는 곳에 이르렀을 때 귀신들린 사람을 만나는 장면이다. 주님은 귀신들린 사람에게 다가가 고쳐주셨다. 이것이 왜 중요할까? 그것은 예수님께서 유대인의 편견을 깨뜨리고 잃은 양 한 사람을 찾아가 구원해 주셨기 때문이다.

거라사나 데가볼리는 유대인들이 가고 싶어 하지 않는 지역이다. 이방문화에 찌든 곳이기 때문이다. 거라사(Gerasa)는 희랍 이름을 가진 도시다. 알렉산더 대왕에 의해 세워졌지만 로마가 이곳을 점령했다. 갈릴리 동쪽 요단강 좌우에 있는 10개 도시, 곧 데가볼리(decapolis) 중 하나다. 아데미, 제우스 등 여러 헬라 신전이 있었고, 이방인들이 많이 살았다. 부유한 도시로 유대인들이 싫어하는 돼지도 키웠다. 유대인들이 가고 싶지 않은 이유가 충분하다. 그런데 주님은 부러 그곳을 찾으셨다. 잃은 양이 있는 곳이라면 주님은 어디든 가신다. 그것이 유대인과 주님이 다른 점이다. 주님에게는 편견이 없다.

마가복음에는 귀신 들린 자 한 사람만 소개되지만 마태복음에는 두 사람으로 소개되어 있다. 마가는 그 중 하나에 초점을 맞춘 듯하다. 그는 보통 귀신 들린 자가 아니다. 귀신이 자기 이름을 군대, 곧 레기온(legion)이라 했다. 레기온은 로마군단을 칭하는 것으로 약 6,000명에 이른다. 예수님이 "더러운 귀신아 그 사람에게서 나오라" 했을 때 귀신들이 돼지 떼에 들어갔고, 바다에서 몰살해 죽은 돼지만도 2,000마리였다. 가히 군대 귀신이다.

유대인은 귀신들린 것으로 판명할 때 다섯 가지 기준을 가지고 있었다. 첫째, 죽은 사람과 이야기 한다. 귀신들린 사람은 무덤에서 살았다. 둘째, 초자연적인 힘을 가지고 있다. 쇠사슬과 고랑을 깨뜨릴 정도다. 셋째, 깨끗지 못하다. 더러운 귀신이다. 넷째, 이상한 행동을 한다. 끝으로, 하나님을 훼방한다. 귀신은 주님을 향해 "나와 당신이 무슨 상관이 있나이까?" 말한다. 왜 간섭하느냐는 것이다. 당돌하다. 귀신들린 자는 이 모든 것을 가지고 있었다. 다시 말하면 귀신은 무서운 힘으로 한 사람의 몸과 마음을 짓밟았다. 예수님은 그 영혼을 불쌍히 여기시고 깨끗하게 하셨다. 마귀는 감히 예수님을 상대할 수 없다.

돼지 떼가 몰살하는 것을 본 거라사인들은 혹시라도 자기들의 재산과 행복에 미칠 어떤 영향을 생각하며 그곳을 떠나도록 요청했다. 더 이상 손해를 보고 싶지 않은 것이다. 하지만 나음을 입은 자는 기꺼이 예수를 따르고자 했다. 그 때 주님은 말씀하셨다. "주께서 어떻게 너를 불쌍히 여기셨는가를 가족들에게 알려라." 가서 식구들을 구원하라는 사명을 주신 것이다. 구원은 구원을 낳는다. 구원사역에는 편견이 없다.

38

모리아 산으로 가라

"여호와께서 이르시되 네 아들 네 사랑하는 독자 이삭을 데리고 모
리아 땅으로 가서 내가 네게 일러 준 한 산 거기서 그를 번제로 드
리라(창세기 22:2)."

이 말씀은 아브라함의 믿음이 얼마
나 성숙되었는가를 시험하시는 장면이다. 1절을 보면 시험(test) 하실
것을 분명히 하셨다. 순종시험이다. 하지만 이 시험은 아브라함에 대
한 시험으로 끝나지 않고, 우리의 죄를 위해 자신의 아들 예수 그리
스도를 보내실 하나님의 깊은 마음까지 담고 있다는 점에서 심상치
않은 시험임을 알 수 있다.

때는 아브라함이 브엘세바에 에셀나무를 심고 하나님과 동행한지 20
년이 지난 다음이고, 이삭의 나이 26-7세 되었을 때로 추정되고 있다.
하나님은 아브라함에게 사랑하는 독자를 바치라 하셨다. 훗날 독생자
예수를 우리에게 보내실 하나님께서 아브라함에게 독자를 바치라 하신
것이니 인간으로서는 알 수 없는 의미심장한 명령이 아닐 수 없다.

"사랑하는 독자를 바치라!" 여기서 사랑이라는 단어가 처음 성경
에 등장한다. 그런데 사랑하는 자를 바치라 하니 얼마나 기가 막힐
일인가. 도저히 순종하기 어려운 명령이다. 네가 사랑하는 것을 모두
내려놓고 주님만을 붙잡을 수 있겠느냐, 이 세상 것보다 주님을 더

사랑할 수 있겠느냐는 것이다. 예수님도 베드로에게 물으셨다. "이것들보다 나를 더 사랑하느냐." 우리가 사랑해야 할 것이 무엇인가는 분명하다. 그것들을 모두 내려놓고 오직 주님을 붙잡을 때 주님은 응답하신다.

하나님은 그에게 모리아 땅(region of Moriah)으로 가, 일러준 한 산에서 번제를 드리도록 했다. 흔히 말하는 모리아 산이다. 모리아 산은 보통 산이 아니다. 이곳에 오르난 타작마당이 있었고(역대하 3:1), 솔로몬 성전이 섰으며, 골고다 십자가가 섰다. 이 순간 이곳은 아브라함의 골고다다. 바로 이곳에서 예수님이 십자가에 달리시고, 화목제물이 되셨다. 아브라함이 자기의 아들보다 하나님을 더 사랑한다는 것을 입증한 이곳이 훗날 우리를 향한 하나님의 그 깊은 사랑을 입증한 곳이 되었다. 하나님의 뜻은 놀랍다.

주저하지 않고 이삭을 바치려 했을(not withheld) 때 하나님은 기뻐하시고, 숫양을 준비하셨다. 여호와 이레는 여기서 끝나지 않는다. 독생자 예수를 우리를 위해 내어드림으로 완성하셨다. 주님 스스로 번제할 어린 양이 되어 우리를 위해 피를 흘리신 것이다. 그 크신 하나님의 사랑을 안다면 아브라함을 향해 던진 이 명령이 얼마나 가슴 아픈 명령이었는가를 깊이 느낄 필요가 있다. 비교할 수 없는 하나님의 사랑이다.

그리스도인은 바로 이 사랑을 안고, 이 사랑을 실천하며 살아가는 사람들이다. 이삭은 물었다. "번제할 어린양은 어디에 있습니까?" 이젠 우리가 세상을 위한 희생의 번제물이 되어야 한다. 모리아 산으로 가라.

당신의 기도에 향기가 나게 하라

"나의 기도가 주의 앞에 분향함과 같이 되며 나의 손드는 것이 저녁 제사 같이 되게 하소서(시편 141:2)."

당시에는 제사장이 매일 아침과 저녁으로 성소에 있는 향로에 분향을 하고, 백성들은 밖에서 기도를 드렸다. 특히 저녁 제사 때는 희생제물을 바친 다음 분향을 했다. 이 때 향의 연기가 성소에 가득하면 하나님께서 그 제물을 기뻐 받으신 것으로 생각하며 기뻐했다.

우리도 아침에 일어나 또 하루를 주신 하나님께 기도하고 감사하며 일을 시작한다. 저녁잠이 들기 전 기도로 하루를 결산한다. 하루를 주님과 함께 시작하고 끝을 맺는 것은 매우 중요한 일이다.

기도의 사람 바운즈(E. M. Bounds)는 "하루를 기도로 시작하라." 한다. 아침에 일어났을 때 하나님이 우리 생각과 활동에서 제일 먼저 오지 않는다면 그날 나머지 시간에는 하나님이 맨 마지막 순서를 차지할 것이다. 하나님을 향한 열망이 있어도 잠을 떨칠 수 없는 정도라면 연약한 것이며, 그런 열망으로는 잠을 충분히 잤다 해도 하나님을 위해서 하는 일이 별로 없을 것이다. 하루를 기도로 시작하는 것이 그만큼 중요하다는 말이다.

하루를 기도로 시작하는 사람은 매순간 하나님과 동행하며 그분이 주시는 지혜와 은혜로 삶을 보다 의미 있게 살아갈 수 있다. 그리고 저녁엔 그 하루를 감사하며 나머지 모든 것을 주께 의탁하고 잠자리에 들 수 있다. 다음은 '다일가족의 매일 저녁기도문'이다.

> "아버지, 이 몸을 당신께 바치오니 좋으실 대로 하십시오. 저를 어떻게 하시든 감사드릴 뿐 저는 무엇에나 준비되어 있고 무엇이나 받아드리겠습니다. 아버지의 뜻이 저와 모든 피조물 위에 이루어진다면 이밖에 다른 아무것도 바라지 않습니다.
> 제 영혼을 당신 손에 도로 드립니다. 당신을 사랑하옵기에 이 마음의 사랑을 다하여 제 영혼을 바치옵니다. 하나님은 제 아버지시기에 끝없이 믿으며 남김없이 이 몸을 드리고 당신 손에 맡기는 것이 어쩔 수 없는 저의 사랑입니다."

어떤 이는 기도를 주님과 데이트하는 것이라 한다. 주님을 사랑하면 기도할 수 있고, 사랑할수록 더 속 깊은 대화를 할 수 있다. 찰스 시므온은 새벽4시부터 8시까지 4시간 기도했다. 웨슬리는 매일 2시간 기도했다. 주님과의 만남이 그만큼 좋았기 때문이다.

매일 아침저녁 기도 별거 아니라고? 아니다. 주님과의 대화와 소통은 언제나 중요하다. 당신의 기도에 생명의 호흡이 있다. 기쁨으로 주님께 나아가라. 당신의 기도에 향기가 나게 하라. 주님이 오늘도 당신의 기도를 기뻐 받으시리라.

40

주님의 미소를 보라

"여호와는 그의 얼굴을 네게 비추사 은혜 베푸시기를 원하며
(민수기 6:25)."

이 말씀을 공동번역으로 읽으면 이렇다. "야훼께서 웃으시며 너희를 귀엽게 보아주시고." 이 말씀을 보면 하나님의 웃으시는 모습이 있다. 우리가 하나님 나라에 들어가 주님을 뵙는 순간 웃으시는 모습을 본다면 얼마나 마음이 평안할까 싶다.

주님은 그 때만 평안을 주고자 하실까? 아니다. 이 땅에서도 그 평안을 주고자 하신다. 찬송 작가 버틀러(C. F. Butler)가 쓴 찬송 시 '내 영혼이 은총 입어'의 2절 가사는 이렇게 시작된다. "주의 얼굴 뵙기 전에 멀리 뵈던 하늘나라." 원문은 좀 다르다. "하늘나라는 아주 먼 곳으로 보였지. 예수님이 그의 미소 지으시는 얼굴을 보이시기까지 는"이다. 이 가사에 미소 지으시는 주님의 얼굴(his smiling face)이 있다. 주님께 은총을 입은 영혼은 미소 지으시는 주님을 본다. 그 순간 평안이 찾아온다. 하늘의 평안이다.

히윗(E. E. Hewitt)이 작사한 '내 영혼에 햇빛 비치니'의 후렴 가사에 "그 밝은 얼굴 뵈올 때 나의 영혼 기쁘다."가 있다. 그 밝은 얼굴의 원문도 바로 '주님의 미소 지으시는 얼굴'이다. "예수님이 미소 지으시는 얼굴을 보이실 때 내 영혼에 햇볕이 든다" 했다.

1973년 화가 윌리스 휘틀리(Willis S. Wheatley)가 '해방자 예수 그리스도(Jesus Christ Liberator)'라는 성화를 그렸다. 그 성화에 감명을 받은 화가 랄프 코작(Ralph Kozak)이 약간 수정을 한 다음 1976년에 '웃으시는 예수님(Jesus Laughing)'이라는 제목을 달아 소개했다. 웃으시는 주님을 보는 순간 우리 마음도 달라진다.

　　성경에서 웃음에 관한 말씀은 그리 많지 않다. 하지만 주님을 사랑하고 그리워하는 사람의 마음에는 늘 주님의 미소와 웃음이 있다. 시편 126편 2절에 이 말씀이 있다. "그 때에 우리 입에는 웃음이 가득하고 우리 혀에는 찬양이 찼었도다 그 때에 뭇 나라 가운데에서 말하기를 여호와께서 그들을 위하여 큰일을 행하셨다 하였도다." 미소 지으시는 주님의 얼굴을 보는 순간 우리의 입에도 웃음이 가득하며 우리 입술에 찬양이 넘치지 않겠는가. 다 주님이 우리를 위해 하신 그 큰일 때문이다.

　　"괴로울 때 주님의 얼굴보라 평화의 주님 바라보아라." 복음 성가의 가사다. 주님의 얼굴을 보는 자는 다르다. 삶이 아무리 힘들고 고단해도 우리는 결국 웃을 수밖에 없는 사람들이다. 주님은 말씀하신다. "인자로 말미암아 사람들이 너희를 미워하며 멀리하고 욕하고 너희 이름을 악하다 하여 버릴 때에는 너희에게 복이 있도다 그 날에 기뻐하고 뛰놀라 하늘에서 너희 상이 큼이라(누가복음 6: 22, 23)." 우리에겐 정녕 웃을 때가 있다. 그 순간의 기쁨과 평화는 그 어느 것과도 비교할 수 없다. 지금 당신을 향해 미소 지으시는 주님을 보라.

41

하나님의 오래 참으심을 가볍게 여기지 말자

"주의 약속은 어떤 이들이 더디다고 생각하는 것 같이 더딘 것이
아니라 오직 주께서는 너희를 대하여 오래 참으사 아무도 멸망하
지 아니하고 다 회개하기에 이르기를 원하시느니라
(베드로후서 3:9)."

이 말씀의 키워드는 하나님의 오래
참으심이다. 의인들은 말할 수 있다. "왜 주님은 더디 오시는가?" 세
상 돌아가는 것을 보면 너무 안타깝다. 세상과 달라야 할 교회도 예
외가 아니다. 너무나 많은 죄악들이 버젓이 고개를 들고 다니기 때문
이다. 우리의 모든 행위를 아시는 주님께서야 오죽 하시겠는가. 그럼
에도 불구하고 주님은 지금도 참고 계신다. 한 사람이라도 더 구원하
시기 위함이다. 주님의 관용은 우리 생각보다 넓다.

탄탈로스의 접시는 화학실험기구이다. 이 접시에서 물이나 액체가
부풀어 오르다가 일정한 한계에 이르면 그 모두가 쏟아져버리게 되
어 있다. 하나님의 심판도 마찬가지다. 세상에 죄가 관영(貫盈)할 때
까지 기다리신다. 그냥 기다리시는 것이 아니다. 그 죄를 주목하시고,
세신다. 관영은 꿸 관(貫)자와 가득 찰 영(盈)자로 이루어져 있다. 죄
가 관영하다는 것은 죄가 가득 차 있다는 말이다. 영어 성경엔 크다
(great) 했다. 터질 때가 되었다는 말이다. 하나님은 그 때까지 오래 참

으시고 기다리신다. 하지만 결국 심판이라는 카드를 사용하신다. 최후의 카드다.

창세기 6장 5절 말씀이다. "여호와께서 사람의 죄악이 세상에 관영함과 그의 마음으로 생각하는 모든 계획이 항상 악할 뿐임을 보시고 땅 위에 사람 지으셨음을 한탄하사 마음에 근심하시고." 세상이 죄로 가득 차 있어 하나님이 인간을 창조하신 것을 한탄하셨다는 말이다. 탄탈로스의 접시에 죄가 가득한 것이다. 하나님은 세상을 물로 심판하셨다. 노아 때 일이다. 지금은 노아 때와 별반 다름이 없다. 아니 더할지 모른다.

그럼에도 불구하고 주님은 지금 참으시고 있다. "만일 하나님이 그의 진노를 보이시고 그의 능력을 알게 하고자 하사 멸하기로 준비된 진노의 그릇을 오래 참으심으로 관용하시고(로마서 9:22)." 우리의 회개와 그에 합당한 열매를 기다리고 계시기 때문이다. 하지만 심판하기로 하실 땐 이미 늦다. 더 이상 늦추거나 참지 않으시기 때문이다. "이미 도끼가 나무뿌리에 놓였으니 좋은 열매를 맺지 아니하는 나무마다 찍혀 불에 던져지리라(마태복음 3:10)." 정말 두렵다.

하나님의 오래 참으심을 가볍게 여기지 말자. 인간이 감당할 수 없는 것이 바로 하나님의 진노다. 오죽하면 "심판 날에 소돔 땅이 너보다 견디기 쉬우리라(마태복음 11:24)." 하셨을까. 전도서의 기자도 말했다. "하나님은 모든 행위와 모든 은밀한 일을 선악 간에 심판하시리라(전도서 12:14)." 하나님의 말씀은 확실하다. 심판도 확실하다. 그러니 지금 우리가 죄에 대해 어떠해야 하는가도 확실하지 않은가.

42

네 발에서 신을 벗으라

"하나님이 이르시되 이리로 가까이 오지 말라 네가 선 곳은 거룩한 땅이니 네 발에서 신을 벗으라(출애굽기 3:5)."

양떼를 치던 모세가 호렙 산에 왔다. 떨기나무에 불이 붙었지만 나무가 타지 않는 것을 기이히 여기고 다가갔다. 그의 호기심은 극적인 전환을 맞는다. 하나님이 떨기나무 가운데서 그를 부르셨기 때문이다. 그리고 하나님은 명령하셨다. "가까이 오지 말라 네가 선 곳은 거룩한 땅이니 네 발에서 신을 벗으라." 준엄한 명령이다. 하나님이심을 직감한 그는 얼굴을 가렸다.

같은 말씀이 여호수아서에 있다. "여호와의 군대 대장이 여호수아에게 이르되 네 발에서 신을 벗으라 네가 선 곳은 거룩하니라 하니 여호수아가 그대로 행하니라(여호수아 5:15)." 여호수아는 여리고 평지에서 이 말씀을 들었다.

하나님은 그들이 서 있던 곳을 왜 '거룩한 땅'이라 했을까? 그것은 하나님의 임재 때문이다. 그 땅이 원래 거룩한 때문이 아니다. 하나님은 본래 거룩하신데, 그 거룩하심이 지금 이곳에 영광스럽게 나타나셨기 때문이다. 그 모습 앞에서 모든 피조물은 엎드릴 수밖에 없다.

하나님은 더 나아가 모세나 여호수아를 향해 "네 발에서 신을 벗으라" 하셨다. 거룩하신 하나님 앞에서 단지 네 더러운 신발을 벗으라는 말일까? 이보다 더 깊다. 이 명령은 이제부터 나의 종이 되라는 준엄한 말씀이다. 발에서 신을 벗는다는 것은 주인 앞에서 맨발로 서 있었던 당시 종들의 모습을 상징한다. 고대 근동에서는 자유인만 신발을 신었고, 종들은 신발을 신지 못했기 때문이다. 발에서 신을 벗는 것은 피조물로서 그의 위엄을 인정한다는 것이고, 하나님은 우리의 주관자요 삶의 주인 되심을 고백한다는 것이다. 종은 언제나 자신을 낮추고 겸손해야 한다. 주인의 말에 순종하지 않으면 종 될 자격이 없다. 거룩하신 자 앞에서 신발을 벗을 때 주님이 그와 함께 하시고 책임져 주신다.

중요한 것은 왜 그들에게 그 때 나타나셨을까 하는 것이다. 사명을 주시기 위함이다. 종은 주인의 명령에 귀를 기울여야 한다. 하나님은 자신의 때에 모세를 부르셨다. "내 백성이 애굽에서 괴로움 받음을 내가 확실히 보고 그 탄식하는 소리를 듣고 그들을 구원하려고 내려왔노니 이제 내가 너를 애굽으로 보내리라(사도행전 7:34)." 자기 백성을 인도할 사명자로 그를 택하신 것이다(여호수아 5:10). 하나님은 백성의 고통을 보시며, 기도를 들으신다. 여호수아에게도 마찬가지다. 할례를 마친 백성들이 가나안 정복에 나설 때다. 하나님 사자를 보내 오직 하나님의 말씀을 따르도록 했다. 하나님은 언제나 우리의 군대대장이시다.

하나님은 자신의 뜻을 자신이 정한 때에 이루시는 분이다. 그분은 우리의 주인이시다. 우리를 주님의 일에 참여하도록 하심에 감사하며 말씀에 전적으로 순종하는 것이 우리가 해야 할 일이다. 종에겐 사명이 있다. 종은 결코 자신을 위해 살지 않는다. 그 사명을 오늘도 마음에 깊이 새기고 여리고성을 정복해야 한다. 주의 일에 후퇴는 없다.

43
예수 생명으로 살아가라

"오늘 다윗의 동네에 너희를 위하여 구주가 나셨으니 곧 그리스도
주시니라(누가복음 2:11)."

　　　　　　　　　　크리스마스가 다가오면 꼭 읽고, 또
깊이 묵상해야 할 말씀이다. 이 말씀을 읽으면 하나님의 크신 사랑에
너무 감사하면서도, 한편으로는 주님께 너무 죄송하다는 생각이 든
다. 사실 주님 편으로 보면 꼭 오시지 않아도 되는데, 우리의 죄를 구
속하시기 위해 오셨기 때문이다. 오늘 따라 '너희를 위하여'라는 말씀
이 깊이 와 닿는다.

　아침 묵상을 하면서 이런 글을 읽었다. "창조주가 여자의 몸속에서
잉태되고, 세포분열하고, 걸음마를 배우고, 인간의 젖을 빨고, 말을
배우는 인간으로 태어나서 죽기까지 거쳐야 하는 모든 과정을 밟으
셨다. 성자 예수님은 탄생, 성장, 할례, 세례, 죽음, 부활, 승천이 필요
없는 분이시다. 예수님이 그렇게 하심으로 예수님이 내가 되어 나의
인생을 그대로 사신 것이다." 얼마나 죄송한 일인가. 하지만 죄인인
우리를 위해 이 땅에 오셨으니 감사하지 않을 수 없다.

　이 말씀을 보면 우리를 위해 구주가 나셨다고 했다. 구주는 '구원
자 한 사람(A Saviour)'을 뜻한다. 우리를 구원하시기 위해 구원자 한
사람을 이 땅에 보내셨다는 말이다. 그리고 그 구주는 '그리스도 주'

예수 생명으로 살아가라　103

라 했다. 그는 그리스도(Christ)요 우리의 주님(the Lord)이라는 것이다. 주님은 우리의 주권자요 통치자다.

그 주님의 명칭이 그리스도임을 확실히 했다. 그리스도는 구약의 메시야에 대한 신약의 호칭이다. 메시야(Messiah)는 히브리어로 '마쉬아흐(mashiach)'로 기름부음을 받은 자(the anointed one)를 뜻한다. 이 것을 헬라어로 표기하면 '크리스토스(Christos)'이다. 복음서에서 정관사가 붙어 '호 크리스토스'라 한 것은 구약에 이미 예언되었던 특별한 한 사람(사무엘상2:10;시편 2:2), 곧 이스라엘 백성을 위해 하나님께서 기름 부어 세우실 한 특정 인물이나, 유일하신 참 그리스도 예수를 지칭할 때 사용되고 있다(요한복음20:31). 예수님을 이 땅에 보내셨다는 말이다.

예수(Jesus)는 히브리어 '여호수아(Jehoshua),' '요수아(Joshua)'의 헬라어 명칭이다. 여호(Jeho)는 여호와(Jehovah)를 뜻하고, 수아(shua)는 '구원하다(save),' '도움을 주다(help)'는 뜻을 가지고 있다. 예수는 할례 때 아기에게 주어졌던 개인적인 이름이다(누가복음2:21). 하나님이 우리를 구원하신다. 그분이 바로 예수님이다.

이 예수님, 우리의 주 예수 그리스도가 이 땅에 오신 것이다. 우리는 마땅히 그분을 경배하고 찬송해야 한다. 그러나 상업적 흥분으로 드려서는 안 된다. 우리 마음을 찢고 새로워지는 결심을 해야 한다. 지금 우리는 그 예수님을 믿음으로 그분과 연합하고 새로운 생명으로 탄생되었다. 이제 그 예수 생명으로 살아가라. 그래야 주님이 기뻐하신다.

44

아버지의 마음을 읽으라

> "주의 성령이 내게 임하셨으니 이는 가난한 자에게 복음을 전하게
> 하시려고 내게 기름을 부으시고 나를 보내사 포로 된 자에게 자유
> 를, 눈 먼 자에게 다시 보게 함을 전파하며 눌린 자를 자유롭게 하
> 고(누가복음 4:18)."

이것은 예수님이 회당에서 읽으신
말씀이다. 당시 회당 예배 때 쉐마를 암송하고 오경과 선지서에서 각
각 말씀을 택해 낭독하곤 했다. 예수님은 이사야 61장 1-2절을 찾아
읽으셨다. 이것은 예수님 자신에 대한 예언으로 메시야로서 사역의
성격을 드러내고 있다.

먼저 주의 성령이 자신에게 임하여 기름을 부었다 하셨다. 하나님
의 기름 부음 받은 메시야로서의 예수님의 사역은 성령이 충만한 사
역이었음을 보여준다. 성령이 풍성히 임할 때 어떤 일이 일어날까?

첫째, 가난한 자에게 복음이 전파된다. 가난한 자는 물질적으로 가
난한 자일 수도 있지만 사회적으로 미천해 차별을 받는 자, 영적으로
곤핍한 시대에 말씀의 성취를 간절히 사모하는 가난한 심령도 포함
된다. 주님은 이들에게 아름다운 소식, 곧 복음을 전하고자 이 땅에
오셨다 했다. 주님의 말씀이 복음이 되는 시대를 여시겠다는 것이다.
희망의 메시지다.

둘째, 이사야를 보면 마음이 상한 자가 고침을 받는다. 인간은 여러 가지 이유로 상처를 받는다. 특히 마음은 상하기 쉽다. 상한 이유가 있을 것이다. 그러나 그 상함 중의 상함은 어두운 세상 때문일 것이다. 하나님의 말씀이 작용하지 못하는 것에 대한 깊은 상처다. 내면의 깊은 상처가 주님으로 인해 치유된다는 것이다.

셋째, 포로 된 자에게 자유가, 눈 먼 자에겐 다시 보게 함이, 그리고 눌린 자에게 자유가 주어진다. 포로 된 자, 눈 먼 자, 눌린 자는 가장 불쌍하고 비참한 자의 상징이다. 죄로 인해 가련하게 된 자들이다. 죄로 인해 눈 먼 자, 죄로 사로잡힌 자, 죄에 눌려 벗어나지 못한 자는 바로 우리들이다. 이런 우리를 죄에서 해방시키시겠다는 것이다.

끝으로, 은혜의 해가 선포된다. 이사야 61장 2절은 "여호와의 은혜의 해와 우리 하나님의 보복의 날을 선포하여 모든 슬픈 자를 위로하되" 라 했고, 누가복음 4장 19절은 "주의 은혜의 해를 전파하게 하려 하심이라" 했다. 이것은 자기의 백성을 돕기 위해서 하나님이 개입하시리라는 말씀이다. 누가복음은 보복의 날을 빼고 은혜의 날만 선포했다. 구원의 문이 닫히면 보복의 날이 시작된다. 성령 하나님은 주의 은혜를 선포하게 하셨고, 주님은 "이 글이 오늘 날 너희 귀에 응하였다" 하셨다. 말씀이 그대로 이루어진다는 것이다. 구원의 문이 열린 것이다.

하나님은 예수 그리스도를 통하여 사단의 영향을 받아 온갖 저주 상태에 놓여있는 인간과 사회를 회복시키고자 하셨다. 주님은 죄로 인해 인간의 병든 마음을 고쳐 하나님께 돌아오게 하시고, 인간의 실제적인 불행과 사회적인 고통으로부터 회복시키고자 하셨다. 이것이 우리를 향하신 아버지의 마음이다. 이 말씀을 이루기 위해 주님을 이 땅에 보내셨다. 오늘 우리에게 절실히 필요한 것은 아버지의 이 깊은 마음을 읽는 것이다.

45

사람을 두려워하지 말고 하나님을 두려워하라

"사울이 사무엘에게 이르되 내가 범죄하였나이다 내가 여호와의 명령과 당신의 말씀을 어긴 것은 내가 백성을 두려워하여 그들의 말을 청종하였음이니이다(사무엘상 15:24)."

사울은 '아말렉을 치되 그 모든 소유를 남기지 말고 진멸하도록 하라'는 명령을 받았다. 이스라엘이 애굽에서 나올 때 대적한 결과였다. 하지만 아각과 그의 소유 중 좋은 것과 기름진 것을 남기고 가치 없고 하찮은 것만 열심히 진멸했다. 이 일을 놓고 하나님은 사울을 왕으로 세운 것을 후회하셨다. 하나님은 결국 그를 버리셨다. 불순종의 결과였다. 사울은 왜 그리 했을까? 하나님을 두려워하기보다 사람을 두려워했기 때문이다.

사울의 변명에 따르면 백성들은 좋은 것과 기름진 것을 남겨 제사용으로 사용하면 좋을 것이라 했다. 사울도 여론에 밀렸다. 그들 모두 하나님의 생각을 잘 알고 있었다. 하지만 그들은 그 말씀에 순종하지 않았다. 좋은 것을 왜 없애. 물질에 탐이 난 것이다.

하와도 하나님의 명령을 잘 알고 있었다. 하지만 뱀의 유혹을 받고 난 후 선악과를 바라보았을 때 생각이 달라졌다. "먹음직도 하고 보암직도 하고 지혜롭게 할 만큼 탐스럽기도 한 나무"로 보였다. '먹음직도 하고'는 요샛말로 먹으면 건강에 좋아보였다(good for food)는 말이다. 이것은 자기 생각이다. 불순종은 결국 죄악을 낳고 말았다. 하나님의 생각은 다르다.

잠언에 이 말씀이 있다. "너는 마음을 다하여 여호와를 신뢰하고 네 명철을 의지하지 말라 너는 범사에 그를 인정하라 그리하면 네 길을 지도하시리라 스스로 지혜롭게 여기지 말지어다 여호와를 경외하며 악을 떠날지어다(잠언 3:5-7)." 이 가운데 '스스로 지혜롭게 여기지 말지어다(Do not be wise in your own eyes)'라는 말씀이 있다. 사람은 지혜로운 것 같지 말하지만 그것이 하나님 보시기에 악이 될 수 있다. 그만큼 안목이 짧다.

성령을 받은 뒤 베드로가 관리들과 장로들 앞에 나아가 복음을 전했다. "이 예수는 너희 건축자들의 버린 돌로서 집 모퉁이의 머릿돌이 되었느니라 다른 이로써는 구원을 받을 수 없나니 천하사람 중에 구원을 받을 만한 다른 이름을 우리에게 주신 일이 없음이라." 장로들이 베드로와 요한을 불러 예수의 이름으로 말하지도 말고 가르치지 말라 했다. 그 때 그들이 담대히 말한다. "하나님 앞에서 너희의 말을 듣는 것이 하나님의 말씀을 듣는 것보다 옳은가 판단하라(사도행전 4:19)." 성령이 충만한 사람은 다르다.

예수님은 말씀하셨다. "몸은 죽여도 영혼은 능히 죽이지 못하는 자들을 두려워하지 말고 오직 몸과 영혼을 능히 지옥에 멸하실 수 있는 이를 두려워하라(마태복음 10:28)." 사람을 두려워하지 말고 하나님을 두려워하라는 말씀이다. 오늘도 하나님보다 사람을 의식하며 살지 않았는지 깊이 생각해볼 일이다.

46

우리를 향한 하나님의 관심은 죽음보다 삶에 있다

"주 여호와의 말씀이니라 죽을 자가 죽는 것도 내가 기뻐하지 아니하노니 너희는 스스로 돌이키고 살지니라(에스겔 18:32)."

이 구절을 새번역 성경으로 읽으면 다음과 같다. "죽을죄를 지은 사람이라도, 그가 죽는 것을 나는 절대로 기뻐하지 않는다. 그러므로 너희는 회개하고 살아라. 나 주 하나님의 말이다." 여기서 죽음에 관한 얘기가 나온다. 그런데 중요한 것은 아무리 죄 많은 인간이라 할지라도 그가 그대로 죽는 것을 기뻐하지 않으며, 회개하고 사는 것을 기뻐하신다는 점이다.

삶을 사는 자들에게 죽음에 관한 얘기는 환영받지 못한다. 셰익스피어는 죽음에 대해 말하지 말라 한다. "죽음은 확실히 올 것인데 그것을 일부러 맞으러 갈 필요는 없다. 그때까지는 죽음에 대해 자주 말하지 말고 기쁘게 살라."한다. 하지만 중세 수도사들은 서로 이렇게 인사했다. "메멘토 모리(Memento Mori)!" 죽음을 잊지 말라는 말이다.

죽음을 심각하게 받아들이지 않는 사람도 있다. "당신에게 죽음은 무엇을 의미하는가?" 누가 아인슈타인에게 물었다. 그는 '모차르트 음악을 못 듣는 것'이라 했다. 좋아하던 것을 놓아야 하는 아쉬움 정도다. 정말 그것뿐일까.

죽음을 두려움 없이 받아들이는 사람도 있다. 토마스 모어는 죽음을 슬퍼하거나 무서워하지 말라 했다. 사람이 죽기 싫어하는 것은 현세에서 지은 죄 때문에 내세에서 받을 벌을 두려워하기 때문이라는 것이다. 그는 반역죄로 몰려 사형을 당하면서도 지은 죄가 없으니 두려울 것이 없다며 당당했다.

죽음을 통해 존재의 의미를 찾으려는 사람도 있다. 이어령은 죽음을 중요한 의미로 받아들인다. "어둠을 모르면 빛을 모르듯, 이를 통해야만 생명이 보이기 때문"이라는 것이다. "요즘은 죽음을 잊어버린 시대로 존재가 아닌 소유에만 관심이 있다. 우리가 죽는 존재임을 알면 그 앞에선 지성과 명예, 재력도 무력할 뿐이다." 헛된 것을 두고 싸우지 말자 한다.

그러나 에스겔 18장을 보면 하나님은 회개하지 못하고 죽는 것에 대해 애석해 하신다. 죄 문제를 놓고 하나님 앞에서 당당할 사람이 누가 있을까? 하나님은 이스라엘 족속을 향해 너희가 범한 모든 죄악을 버리고 마음과 영을 새롭게 하라 하셨다. 그리고 회개한 자에 대해 이렇게 말씀하셨다. "그가 스스로 헤아리고 그 행한 모든 죄악에서 돌이켜 떠났으니 반드시 살고 죽지 아니하리라(에스겔 18:28)."

예수님은 친히 십자가에 달려 그 몸으로 우리 죄를 담당하셨다. "이는 우리로 죄에 대하여 죽고 의에 대하여 살게 하려 하심이라(베드로전서 2:24)." 하나님은 우리가 죄에 대해 죽고, 하나님에 대해 사는 것을 기뻐하신다. 구원 받지 못하고 죽는 것처럼 슬픈 일은 없다. 그래서 하나님은 명령하신다. "너희는 스스로 돌이키고 살지니라." 우리를 향한 하나님의 관심은 죽음보다 삶에 있다.

47

초달은 매에 국한되지 않는다

"초달을 차마 못하는 자는 그 자식을 미워함이라 자식을 사랑하는
자는 근실히 징계하느니라(잠언 13:24)."

초달(楚撻)은 매(the rod)를 말한다. 달
초(撻楚)라고도 한다. 초(楚)는 회초리를 의미하고, 달(撻)은 매질함을
뜻한다. 회초리로 때려주는 것이다. 자식을 사랑하면 매를 아끼지 말
고, 근실히 징계하라는 말씀이다. 루터도 "매는 좋은 아이를 만든다."
했다. 초달은 과연 매에 국한된 것일까?

어버이나 스승은 자식이나 제자의 잘못을 꾸짖거나 훈계하기 위해
회초리로 볼기나 종아리를 때린다. 조선시대 서당에선 서당 매 풍습
이 있었다. 음력 초하룻날의 달이 되면 학생들이 스스로 회초리를 마
련해 스승에게 바친다. 잘못하거나 게으름이 있으면 이 회초리로 종
아리를 때려 달라는 것이다. 이것이 초달이다. 가져간 회초리가 오랫
동안 쓰이지 않으면 부모가 스승을 찾아가 초달이 없음을 섭섭히 여
겼다. 또한 과거에 급제한 뛰어난 문장을 '삼십절초(三十折楚)' 또는 '오
십절초(五十折楚)'의 문장이라 했다. 30자루, 50자루의 회초리가 꺾이는
초달을 겪고서 얻은 글이란 뜻이다. 초달은 사람을 달라지게 한다.

백유(伯兪)는 허물이 있을 때마다 어머니에게 매를 맞았다. 나이가
들어서도 마찬가지였다. 어느 날 매를 맞게 되었는데 백유가 흐느껴

울었다. 어머니가 왜 우느냐고 물었다. 그러자 그가 말했다. "제가 잘못해 맞을 때마다 못 견디게 아프더이다. 그런데 지금 어머니의 힘이 저를 아프게 하지 못하니 이 때문에 걱정이 되어 웁니다." 대견한 아들이다.

유대인에게 있어서 초달(shebet)은 단지 매만 의미하지 않는다. 하나님이 자녀를 올바른 길로 인도하기 위해 부모에게 허락한 권위(scepter)를 상징하기도 한다. 이것은 하나님으로부터 위임받은 것이요, 주어진 권한과 책임을 바로 행하는 것이 목적이다.

탈무드에 따르면 아이들이 어렸을 때 엄하게 가르쳐야 한다. 하지만 두려워하게 하는 것은 잘못이다. 정한 규칙과 법을 어길 때 징벌을 가하지만 벌과 사랑을 함께 사용한다. 오른손으로 벌을 주었다면 왼손으로 안아 준다. 이스라엘 부모는 아이에게 좀처럼 매를 들지 않는다. 잘못한 일은 이미 돌이킬 수 없고, 매를 들고 야단을 치면 역효과가 날 수 있다. 그래서 체벌 대신 반성의 시간을 갖게 하고, 대화로 풀어간다. 이것이 유대인의 초달사랑이다.

당신도 자식을 사랑해서 매를 들었을 것이다. 하지만 초달은 매에 국한되지 않는다. 초달은 무엇보다 당신에게 주어진 부모로서의 권한과 책무를 잘 수행하는 것에 있다. 말씀으로 교훈하고 책망하고 바르게 하고 의로 교육하는(디모데후서 3:16) 것처럼 좋은 초달은 없다. 이 초달을 아끼지 말라. 그러면 아이는 자연 어리석음으로부터 멀어질 것이다(잠언 22:15). 매로만 다스릴 일이 아니다.

48

뒤로 물러가지 말라

"나의 의인은 믿음으로 말미암아 살리라 또한 뒤로 물러가면 내 마음이 그를 기뻐하지 아니하리라 하셨느니라(히브리서 10:38)."

그리스도인은 믿음으로 살아야 하고, 뒤로 물러가는 삶을 살아서는 안 된다는 말씀이다. 왜 그런가? 답은 그 다음 39절의 말씀에 있다. "우리는 뒤로 물러가 멸망할 자가 아니요 오직 영혼을 구원함에 이르는 믿음을 가진 자니라." 뒤로 물러가 멸망할 자가 아니란 말이다. 그렇다. 우리는 이미 구원 받은 백성이다.

뒤로 물러간다는 것은 무슨 말일까? 영어론 'shrink back,''draw back'이다. 앞서 가지 못하고 움츠러든다는 말이다. 믿음의 전진이 아니라 후퇴다. 그러므로 이 말씀은 그리스도인이라면 믿음에 관한 한 퇴보가 아니라 전진하는 삶을 살아야 한다는 것을 의미한다.

뒤로 물러가지 않는 모습을 가장 대표적으로 보여준 분은 바로 예수님이시다. 요한복음 13장을 보면 최후의 만찬 장면이 나온다. 주님은 가룟 유다가 배신할 것을 아셨고, 베드로가 자신을 세 번이나 부인할 것도 아셨다. 떡 조각을 받은 유다가 밖으로 나갔다. 배신이 시작된 것이다. 그 뒤 사건은 빠르게 진행된다. 예수님은 그 일이 얼마나 고통스러운 것인가를 아셨다. 만찬이 끝난 다음 제자들을 데리고 감람산으로 가셨다. 그리고 기도하셨다. "아버지여 만일 아버지의 뜻이거든 이 잔을 내게서 옮기시옵소서 그러나 내 원대로 마시옵고 아버지의 원대로 되기를 원하나이다(누가복음 22:42)." 그 때 천사가 하늘로부터 예수께 나타나 힘을 더하여 주었다 했다. 얼마나 힘드셨을까. 인간적으로 감내하기 어려운 고통이 앞에 놓여 있다. 주님은 힘쓰고 애써 더욱 간절히 기도했다. 성경은 땀이 땅에 떨어지는 데 핏방울 같이 되었다 했다. 예수님은 결국 붙잡히셨고, 유대종교지도자들의 모욕거리가 되셨다. 베드로가 세 번이나 자신을 부인하는 것을 보았을 때 마음이 움찔했다. 이 모든 과정은 인간이라면 얼마든지 뒤로 물러날 상황이다.

하지만 예수님은 그러지 않으셨다. 그 모든 과정을 이기고 십자가의 길로 나아가셨다. 결코 뒤로 물러가지 않은 것이다. 예수님은 어두운 터널과 죽음의 과정을 견디고 결국 우리에게 빛과 생명을 주셨다. 주님이 승리하신 것이다. 만일 주님이 뒤로 물러가셨다면 우리는 아직도 구원받지 못하고 죄 가운데 있을 것이다.

예수님은 어떻게 이것을 참고 견디실 수 있었을까? 그것은 말씀의 성취와 십자가 후에 있을 영광을 알았기 때문이다. 우리도 마찬가지다. 세상에서의 고난은 잠간이지만 주님과 함께 할 영광은 영원하다. 이 사실을 안다면 우리는 결코 뒤로 물러나 침륜에 빠질 자, 곧 멸망할 자가 되어서는 안 된다. 고난당하신 주님을 생각하며 견디고, 영광 중에 계신 주님을 생각하며 소망을 가져야 한다. 뒤로 물러가면 주님이 기뻐하지 않으신다. 쫄지 말라.

이 양을 보라

> "이튿날 요한이 예수께서 자기에게 나아오심을 보고 이르되 보라 세상 죄를 지고 가는 하나님의 어린 양이로다(요한복음 1:29)."

이것은 세례 요한이 예수님을 가리켜 한 말이다. 예수님을 어린 양이라 했고, 그가 세상 죄를 지고 갈 하나님의 어린 양이라 했다. 예수님이 왜 이 땅에 오셨는가를 잘 보여주는 말씀이다. 이 가운데 "어린 양을 보라(Behold the lamb)"는 말씀에 주목할 필요가 있다.

유월절이 가까워 오면 많은 사람들이 예루살렘에 모여든다. 사람뿐 아니라 양들도 떼를 지어 이 도시로 몰려든다. 왜 그럴까? 이 양들은 유월절에 사용될 양들이기 때문이다.

가장의 경우 유월절을 잘 지키기 위해 해야 할 일 하나가 있다. 말씀에 합한 유월절 어린 양을 사는 것이다. 성경에 "흠이나 악질이 있는 소와 양은 아무것도 네 하나님 여호와께 드리지 말지니 이는 네 하나님 여호와께 가증한 것이 됨이니라(신명기 17:1)" 하셨기 때문이다. 하나님은 제물로 드릴 양뿐 아니라 가족식구를 위해서도 어린 양을 준비하고 있다가 그것을 유월절 양으로 잡도록 하셨다. 양이나 염소 중에 흠 없고 1년 된 수컷이 그 대상이다.

양이 병에 들었는지 흠이 없는지 점검하는 것은 레위인의 몫이다. 제사장들은 흠이 있는 것과 없는 것을 따로 구분한다. 집안의 가장들은 제사장을 찾아가 자기 식구에 맞는 어린 양이 어느 정도일지 상의한다. 식구가 적을 경우 이웃과 함께 사람 수를 따라 하나를 취하고 각 사람의 식량을 따라 어린 양을 계산한다. 그 다음 레위가 양떼 속에 들어가 그 가족에게 적합한 양을 발견하면 손가락으로 그 양을 가리키며 외친다. "이 양을 보라!" 아무리 동물이지만 그 말을 듣는 순간 양의 가슴이 내려앉았을 것이다.

때가 되자 하나님은 자신의 흠 없는 양을 이 땅에 보내셨다. 그것을 먼저 알아본 인물은 세례 요한이다. 그는 무엇보다 레위인이다. 예수가 그 앞에 나타나자 그는 보고 외쳤다. "세상 죄를 지고 가는 하나님의 어린 양을 보라!" 아주 놀라운 선언이 아닐 수 없다. 그의 말처럼 예수님은 우리 죄를 대신 지실 유월절 어린 양으로 우리 곁에 오셨다. 한 사람만 구원하기 위한 것이 아니라 온 인류를 구원하기 위해 오셨다.

유월절은 억압 상태에 있던 이스라엘 민족이 애굽으로부터 벗어나게 되는 것을 기념한다. 하지만 영적으로 보면 죄에 눌려있던 우리가 예수 그리스도의 피로 구원함을 받았던 것을 상징한다. 고통가운데 있던 이스라엘이 억압에서 벗어나 자유를 얻은 것처럼 하나님의 어린 양 예수 그리스도의 희생을 통해 우리도 죄의 억압으로부터 구원을 받았다. 흠이 없으신 예수님이 우리를 위해 선택된 것이다. "이 양을 보라." 그 말을 들었을 때 주님의 마음이 어떠하셨을까? 가슴 아프다. 하지만 그 놀라운 사랑으로 우리는 자유를 얻었다. 그 주님이 아니라면 우리는 없다.

50

그리스도인은 삶의 양식이 다르다

"화 있을진저 너희 지금 배부른 자여 너희는 주리리로다 화 있을진 저 너희 지금 웃는 자여 너희가 애통하며 울리로다(누가복음 6:25)."

이 말씀을 보면 지금 배부르게 지내 는 자들은 굶주리게 되고, 지금 웃는 자는 애통하며 울 때가 온다. 참 으로 매서운 선포다. 지금 배부르고 좋아 보이지만 그것은 진정 배부 름이 될 수 없다.

이 말씀은 같은 장 21절의 연속선상에 있다. "지금 주린 자는 복이 있나니 너희가 배부름을 얻을 것임이요 지금 우는 자는 복이 있나니 너희가 웃을 것임이요."지금 주린 자는 지금 배부른 자와 다른 상황 에 놓이게 된다. 소망의 메시지가 아닐 수 없다.

부자는 왜 질타를 받을까? 그 답이 24절에 있다. "화 있을진저 너 희 부요한 자여 너희는 너희의 위로를 이미 받았도다." 이 땅에서 이 미 누릴 것을 다 누렸다는 말이다. 웃는 자는 왜 질타를 받는가? 그 답도 26절에 있다. "모든 사람이 너희를 칭찬하면 화가 있도다 그들 의 조상들이 거짓 선지자들에게 이와 같이 하였느니라."거짓선지자 들이 거짓을 말할 때 그 말을 좋아하고 칭찬하며 웃었기 때문이다.

이 말씀은 산상수훈의 누가복음 버전이다. 같은 장 20절 "너희 가 난한 자는 복이 있나니 하나님의 나라가 너희 것임이요"라는 말씀이 있다. 가난한 자는 심령이 가난한 자와 같다. 예수님의 이 말씀은 혁명을 주장하는 것이 아니다. 힘으로 부자의 것을 빼앗아 가난한 자에게 주려고 오신 것이 아니기 때문이다. 그러나 주님은 심판하신다. 그것이 더 크고 두렵다.

지금 배부른 자는 거지 나사로의 비유처럼 하나님을 두려워하지 않고 세상과 연합하여 즐긴 자다. 하나님은 안중에 없다. 하나님이 그런 사람에게 예비한 결과는 비참하다. 반면 지금 주린 자는 세상보다는 하나님과 그분의 말씀을 중히 여기며 따르는 자다. 세상 것과 거리를 두기 때문에 잠시 물질적으로 풍요를 누리지 못하고, 신앙 때문에 핍박을 받을 수 있다. 그렇다고 언제나 가난한 것은 아니다. 오히려 주님 나라에서 풍요를 누리고, 웃게 된다. 그 나라는 꼭 죽어서 가는 것은 아니다. 이 땅에서 주님 모시고 살면 하박국 선지자의 말처럼 외양간에 소가 없어도 마음은 기뻐 뛴다. 삶의 양식이 다르기 때문이다. 참 만족은 물질에만 있는 것이 아니라 주님께 있다.

누가복음 6장은 '지금'에 초점을 맞추고 있다. 그리고 선택하도록 한다. "지금 배부른 자의 삶과 주린 자의 삶이 네 앞에 있다. 무엇을 택할 것인가?" 본회퍼는 말한다. "순간의 쾌락에 동요하지 말고, 정의를 단호히 행하라." 그리스도인이라면 삶이 달라야 한다는 말이다. 지금 물질적으로 힘들고 곤고한가? 영적으로 더 주님께 가까이 있다면 당신은 행복한 자다.

51

하늘의 위로를 전염시키라

"나를 더욱 창대하게 하시고 돌이키사 나를 위로하소서(시 71:21)."

이를 새 번역으로 읽으면 "주님께서는 나를 전보다 더 잘되게 해주시며, 나를 다시 위로해 주실 줄을 믿습니다."이다. 현대인의 성경으로 보면 "주여 나를 전보다 더 위대하게 하시고 나를 다시 위로 하소서"이다. 잘 되게 해 주실 뿐 아니라 위로도 더해 주십사하는 마음을 담고 있다. 이 말씀을 보면 잘 되든 잘 되지 않던 인간은 주님으로부터 위로가 필요한 존재라는 것을 알 수 있다.

"어머니가 자식을 위로함 같이 내가 너희를 위로할 것인즉 너희가 예루살렘에서 위로를 받으리니(이사야 66:13)."하나님은 어머니가 자식을 위로하듯 우리를 위로하신다. 그 위로는 성경 곳곳에 나타나 있다. 주님은'모든 환난 중에서(고후 1:4)'우리를 위로하신다. 슬퍼하는 자를 위로하고(마 5:4), 비천한 자를 위로하신다(고후 7:6). 여기서 비천한 자란 낙심한 자를 가리킨다. 어떤 환경에서든 주님은 우리를 찾아와 위로하신다.

중요한 것은 "여호와께서 자기 백성을 위로하셨도다(사 49:13)"는 말씀이다. 위로의 하나님은 자신, 곧 예수 그리스도를 이 땅에 보내셔서 우리를 위로하셨다. 이보다 더 큰 위로는 없다.

그런데 위로를 주시는 하나님이 우리를 향해 "위로하라" 명하셨다는 것이다. "내 백성을 위로하라(사 40:1).""여러 말로 서로 위로하라(살전 4:18)."하늘의 위로를 받은 자는 그 위로를 땅에 전파해야 한다.

한국인은 칭찬과 위로에 약하다. 남자는 여자보다 위로에 더 약하다. 여자는 커피를 나누면서 "그래, 힘들겠다."위로의 말을 건네지만 남자는 어지간해서 그런 말을 하지 않는다. 왜 그럴까? 자기 아버지가 어머니를 위로해주는 것을 본 적이 없기에 그렇단다. 위로는 전염된다.

"주여 나를 다시 위로하소서." 인간은 하나님의 위로가 절대적으로 필요하다. 하지만 우리 주변에 위로를 필요로 하는 사람이 많다. 지금 그들에게 필요한 것은 따뜻한 위로와 격려다. 하늘의 위로를 전염시키라. 그 때 우리 사이에 하늘의 평화가 깃든다.

52

그리스도 안에서 통일하라

"하늘에 있는 것이나 땅에 있는 것이 다 그리스도 안에서 통일되게
하려 하심이라(에베소서 1:9)."

　　　　　　　　　　　　　　　새 번역으로 다시 읽어보자. "하나님
의 계획은, 때가 차면, 하늘과 땅에 있는 모든 것을 그리스도 안에서
그분을 머리로 하여 통일시키는 것입니다." 이 말씀 속에 통일이라는
단어가 있다. 그것도 그리스도 안에서 그분을 머리로 한 통일이라는
점이 특이하다. 왜 통일을 말씀하셨을까?

에베소서 1장을 보면 아주 명확하다. 우리는 예수 그리스도의 피로
말미암아 속량, 곧 죄 사함을 받았다. 이것은 우리를 향하신 주님의
풍성하신 사랑, 곧 은혜 때문이다. 우리가 잘한 때문이 결코 아니다.
그래서 우리는 주님 앞에 행위를 내세울 수 없다. 나아가 우리에게
지혜와 총명을 주사 그 비밀을 알게 하신 것이다. 이것은 그의 기뻐
하심을 따라 주안에서 이뤄진 일이다. 그 목적이 무엇일까? 바로 '하
늘에 있는 것이나 땅에 있는 것이 다 그리스도 안에서 통일되게 하려
하심'에 있다고 했다. 하나님과 상관없이 죄 가운데 살아온 우리를
십자가의 피로 그 값을 치루게 하시고, 이제 하나님과 하나 되기를
바라신 것이다. 그리스도 안에서의 완전한 통일이다.

왜 '하늘에 있는 것이나 땅에 있는 것'이라 했을까? 그것은 하나님

이 지으신 모든 피조물과의 하나 됨이다. 인간이 죄를 지음으로써 인간뿐 아니라 그와 관련된 모든 피조세계가 죄로 물들었다. 주님이 흘리신 피에는 이처럼 그리스도 안에서 하나 되는 능력이 있다. 보혈의 피요 능력의 피다.

세상도 통일을 말한다. 분단 된 국가일수록 통일에 대한 염원은 강하다. 마키아벨리도 조국 이탈리아의 통일을 염원하며 군주론을 썼다. 강력한 군주가 나타나 통일을 이뤄야 한다는 것이다. 분단 70년의 한국도 예외는 아니다. 우리는 이 통일을 위해 얼마나 기도를 해왔는가? 그러나 단순히 영토적 통일만 원했다면 그것은 매우 좁은 의미의 통일이다.

진정한 통일은 무엇일까? 그것은 영적 통일이다. 진정한 통일은 예수 그리스도 안에서 하나 되는 것이다. 주님과 하나 될 때 인간이 가진 모든 궁극적인 문제가 해결된다. 여기에 하나님의 신비, 십자가의 신비가 있다.

하나님이 우리에게 보여주신 뜻, 곧 하나님의 계획은 우리가 먼저 예수 그리스도로 통일되는 것이다. 이것은 하나님의 놀라운 뜻과 계획이 담겨있다. 오늘도 하나님과 연합하라. 거기에 참된 구원이 있고 하나님의 놀라운 역사에 동참하는 기쁨이 있다. 하나님이 하시는 일은 늘 신비롭다. 너무 신비해 때론 이해하기 어렵다. 하지만 그 신비 속에 하늘의 기쁨이 숨어있다. 그것은 세상이 줄 수 없는 하늘의 기쁨이다. 우리 공동체도, 남북한도 '그분을 머리로 하여' 그리스도 안에서 하나 될 때 진정 이 기쁨을 누릴 수 있다.

53

장차 누릴 기쁨을 내다보라

"믿음의 주요 또 온전하게 하시는 이인 예수를 바라보자 그는 그 앞에 있는 기쁨을 위하여 십자가를 참으사 부끄러움을 개의치 아니하시더니 하나님 보좌 우편에 앉으셨느니라(히브리서 12:2)."

이 말씀은 히브리서 기자가 예수님이 어떻게 십자가의 고통을 참으셨는가를 보여준다. 될 일을 미리 알지 않고서는 불가능한 경지다. 전지(omniscience)하신 주님이심을 보여준다.

새번역으로 다시 생각해보자. "믿음의 창시자(author)요 완성자(perfecter)이신 예수를 바라봅시다. 그는 자기 앞에 놓여 있는 기쁨을 내다보고서, 부끄러움을 마음에 두지 않으시고, 십자가를 참으셨습니다. 그리하여 그는 하나님의 보좌 오른쪽에 앉으셨습니다."

다음은 현대인의성경이다. "그리고 우리 믿음의 근원이시며 우리 믿음을 완전케 하시는 예수님을 바라봅시다. 그분은 장차 누릴 기쁨을 위하여 부끄러움과 십자가의 고통을 참으셨으며 지금은 하나님의 오른편에 앉아 계십니다."

그 앞에 있는 기쁨이란 예수님 앞에 놓여 있는 기쁨이요 주님이 장차 누릴 기쁨이다. 지금 지신 십자가는 고난이지만 그 뒤에는 영광스러운 기쁨이 기다리고 있다는 것이다.

예수님은 이것을 아시고 종종 제자들에게 말씀하셨다. "그리스도가 이런 고난을 받고 자기의 영광에 들어가야 할 것이 아니냐 하시고 (누가복음 24:26)." 고난 뒤에 들어가야 할 영광의 자리가 기다리고 있다는 것이다. 이 말씀은 히브리서의 말씀과 맥을 같이 한다.

그 영광스런 기쁨의 크기는 현재 당하는 고통이나 부끄러움의 크기와 비교할 수 없다. 너무나 영광스럽고 귀하다. 그만큼 가치가 있다. 이것은 궁극적으로 주님의 구원사역이 얼마나 값진 것인가를 보여준다. 이런 때 생각나는 말이 있다. 에콰도르에서 순교한 선교사 짐 엘리엇의 말이다. "영원한 것을 얻고자 영원할 수 없는 것을 버리는 자는 바보가 아니다." 그는 영원한 것과 영원할 수 없는 것이 무엇인지 알았다.

십자가의 고난은 영원하지 않다. 잠시다. 그러나 그 고난 뒤에는 영원한 영광이 기다리고 있다. 죄인을 어둠에서 구원하는 일이다. 그리고 구원자이신 주님은 하늘 보좌로 영광스럽게 복귀하신다. 그 영원한 기쁨을 안다면 십자가를 참지 못할 이유가 없다.

성경은 이미 그렇게 되리라는 것을 미리 말씀해 놓았다. "하나님이 모든 선지자의 입을 통하여 자기의 그리스도께서 고난 받으실 일을 미리 알게 하신 것을 이와 같이 이루셨느니라(사도행전 3:18)." 말씀의 성취다. 그뿐 아니다. "자기 속에 계신 그리스도의 영이 그 받으실 고난과 후에 받으실 영광을 미리 증언하여 누구를 또는 어떠한 때를 지시하시는지 상고하니라(베드로전서 1:11)." 이것은 성령께서 증언하셨다는 말씀이다.

하나님의 자녀는 이 비밀을 알고 있다. 그리고 우리가 어떻게 될 것도 알고 있다. 그러니 어찌 기쁘지 아니한가. 장차 주님과 함께 누릴 영광의 기쁨을 내다보라.

54

은혜를 주신 것은 고난도 받게 하려 함이다

"오히려 너희가 그리스도의 고난에 참여하는 것으로 즐거워하라
이는 그의 영광을 나타내실 때에 너희로 즐거워하고 기뻐하게 하
려 함이라(베드로전서 4:13)."

베드로는 우리로 하여금 그리스도의
고난에 참여하라 한다. 그것도 기쁨으로 하라 한다. 이 주제에 관한
한 바울도 같다. 이것은 고난에 대한 우리의 생각을 바꾸게 한다.

베드로는 그리스도의 고난에 참여하는 것을 소명으로 알았다. "이
를 위하여 너희가 부르심을 받았으니 그리스도도 너희를 위하여 고
난을 받으사 너희에게 본을 끼쳐 그 자취를 따라오게 하려 하셨느니
라(베드로전서 2:21)." 그리스도인으로서 주님의 발자취를 따르는 것
이 소명이 아니고 무엇이겠는가.

바울은 하나님의 상속자로서 고난을 마땅한 일로 보았다. "자녀이
면 또한 상속자 곧 하나님의 상속자요 그리스도와 함께 한 상속자니
우리가 그와 함께 영광을 받기 위하여 고난도 함께 받아야 할 것이니
라(로마서 8:17)."

나아가 주님이 은혜를 주신 것도 고난을 받게 하려 함이라 했다.
"그리스도를 위하여 너희에게 은혜를 주신 것은 다만 그를 믿을 뿐
아니라 또한 그를 위하여 고난도 받게 하려 하심이라(빌립보서

1:29)." 고난 없이 은혜만 받겠다는 것은 자기 이익만 취하는 것이다.

바울은 병사가 되라 했다. "너는 그리스도 예수의 좋은 병사로 나와 함께 고난을 받으라(디모데후서 2:3)." 베드로도 예외가 아니다. "그리스도께서 이미 육체의 고난을 받으셨으니 너희도 같은 마음으로 갑옷을 삼으라(베드로전서 4:1)." 각오를 단단히 하는 것이다.

주의 군사는 고난을 부끄러워하지 않는다. "만일 그리스도인으로 고난을 받으면 부끄러워하지 말고 도리어 그 이름으로 하나님께 영광을 돌리라(베드로전서 4:16)." 왜 그럴까? 고난은 우리를 강하게 하고 온전케 하기 때문이다. "모든 은혜의 하나님 곧 그리스도 안에서 너희를 부르사 자기의 영원한 영광에 들어가게 하신 이가 잠깐 고난을 당한 너희를 친히 온전하게 하시며 굳건하게 하시며 강하게 하시며 터를 견고하게 하시리라(베드로전서 5:10)." 고난 받음은 오히려 영광스럽고 감사한 일이다.

고난은 하늘의 위로를 준다. "그리스도의 고난이 우리에게 넘친 것 같이 우리가 받는 위로도 그리스도로 말미암아 넘치는도다(고린도후서 1:5)." 세상이 줄 수 없는 위로다. 이 기쁨을 알기에 바울은 "나는 이제 너희를 위하여 받는 괴로움을 기뻐하고 그리스도의 남은 고난을 그의 몸 된 교회를 위하여 내 육체에 채우노라(골로새서 1:24)." 선언하였다. 베드로도 자신을 그리스도의 고난의 증인이요 나타날 영광에 참여할 자(베드로전서 5:1) 했다.

주님께서 우리에게 고난을 남겨두신 것은 우리를 믿음 안에서 강하게 하고, 더 깊은 은혜와 위로의 자리에 나가도록 하기 위함이다. 바울은"내가 그리스도와 그 부활의 권능과 그 고난에 참여함을 알고자 하여 그의 죽으심을 본받아(빌립보서 3:10)." 라 했다. 모두 이 경지에 들어가기 바란다.

55

주인을 불신하면 열매를 맺을 수 없다

"한 달란트 받았던 자는 와서 이르되 주인이여 당신은 굳은 사람이라 심지 않은 데서 거두고 헤치지 않은 데서 모으는 줄을 내가 알았으므로 두려워하여 나가서 당신의 달란트를 땅에 감추어 두었었나이다 보소서 당신의 것을 가지셨나이다(마태복음 25:24-25)."

한 달란트 받은 자는 주인을 굳은 사람(hard man)이라 했다. 지독한 분, 무서운 분이란 것이다. 심지도 않은 데서 거두고 뿌리지도 않는 데서 모은다. 수고도 하지 않고 남이 심고 뿌려놓은 것을 거둬들이는 악한 사람이라는 것이다. 주인을 불신하면 열매를 맺을 수 없다

맘마 찰리(Momma Charlie)라는 이름을 가진 여인은 법원에서 맡긴 아이들을 키운다. 12 아이나 된다. 그럼에도 잘도 키워낸다. 그 집에 새로 들어온 아이는 이른바 맘마의 규칙(Momma's rules)을 따라야 한다. 행동규칙이다. 바쁜 집안일을 돕고, 배우지 못한 아이들에게 도움을 주어야 한다는 것이다.

그런데 몇 아이들이 이 규칙에 대해 불만을 가지고 있었다. 규칙을 따르다 보면 자기들이 누릴 재미나 기쁨을 빼앗긴다 생각한 것이다. 하지만 그들의 생각과는 달리 이 규칙으로 맘마와 아이들이 더 즐겁고 평안하며 질서 있는 가정 삶을 누릴 수 있게 했다. 그런데도 그 일

을 귀찮게 여기고 싫어한 것이다.

이런 일은 믿음 생활에서도 나타난다. 전도를 하다보면 나중에, 심지어는 죽기 전에 믿겠다고 하는 사람이 있다. 신앙생활에선 금하는 것이 많기 때문에 세상 재미를 누릴 만큼 누린 다음 믿겠다는 것이다. 신앙을 재미를 빼앗는 것으로 생각하는 것이다. 어떤 이는 성령 충만을 두려워한다. 성령이 자신의 즐거움을 앗아 간다 생각한다.

신앙생활은 과연 착취당하는 것일까? 삶의 기쁨과 재미를 빼앗기는 것일까? 그렇게 생각하는 사람을 보면 예수님의 비유에서 한 달란트 받은 자가 생각난다. 그는 주인을 못된 사람으로 생각한다. 착취자로 본 것이다.

믿음을 착취당하는 것으로 착각하지 말라. 하나님은 믿음을 통해 우리에게 기쁨을 주고 평안을 누리게 하신다. 세상이 줄 수 없는 기쁨이요 하나님 나라의 평안이다. 성령이 우리를 지배하면 우리 삶이 달라지고, 기쁨이 충만해진다.

한 달란트 받은 자의 오류에 빠지지 말라. 주인을 신뢰하기보다 주인을 악하게 보면 바른 신앙을 가질 수 없다. 맘마의 규칙은 행복을 창출하기 위해 아이들이 지켜야 할 것들이다. 지금은 귀찮겠지만 맘마의 생각이 옳았다고 말할 날이 올 것이다. 하나님도 우리를 보호하기 위해 여러 규칙들을 제시하셨다. 성경은 바로 하나님이 어떤 규칙을 세우셨는가를 보여주는 책이다. 그것을 따르면 열매를 거두지만 묻으면 준엄한 책망이 따른다. 선택은 우리에게 달려있다.

56

감동을 주는 사랑은 다르다

"아내들아 이와 같이 자기 남편에게 순종하라 이는 혹 말씀을 순종하지 않는 자라도 말로 말미암지 않고 그 아내의 행실로 말미암아 구원을 받게 하려 함이니(베드로전서 3:1)."

베드로는 아내를 향해 자기 남편에게 순종하라 가르쳤다. 이 순종은 일반적인 순종과 성격이 다르다. 참고 순종하면 믿지 않는 남편이 아내의 순종하는 마음과 태도를 보고 감명을 받아 하나님을 믿는 자리로 인도하고 구원을 받게 하기 때문이다. 구원에 이르게 하는 순종이다.

구원에 이르게 하는 아내의 순종은 단순한 순종이 아니라 감동을 줄 수 있어야 한다. '말로 말미암지 않고 그 아내의 행실로 말미암아'란 그냥 입으로만 하는 순종이 아니라 감동을 주는 행동을 말한다.

조선일보에 이재철 목사에 관한 기사가 실렸다. 그는 전립선암 수술을 받았다. 그는 암이라는 길벗을 만나 감사하다 했다. 그리스도인에게 죽음은 끝이 아니라 새로운 시작이기 때문이다. 암에도 불구하고 겸손하고 감사하는 마음이 부럽다.

글을 읽으면서 감명 깊었던 부분이 있다. 아내에 관한 대목이다. 목회자가 되기 전 홍성통상(현 홍성사)을 경영하면서 돈을 많이 벌었다 한다. 이 30대 갑부는 모태신앙이었지만 허랑방탕하게 밤마다 술

집을 순례했다. 심지어 성악을 전공한 아내를 술집에 불러내 노래까지 시켰다.

1984년 어느 새벽, 만취해 귀가한 그는 우연히 아내의 일기장을 보게 되었다. 자살까지 생각했던 아내의 글이었다. "주님이 믿고 맡기셨는데 그래도 사랑해야지." 글 주변엔 눈물이 번져 있었다. 이 글을 쓰며 아내는 얼마나 울었을까. 순간 사랑은 활자가 아니라 살아있는 실체라는 것을 느꼈다. 사랑이 무엇인가를 실감한 것이다. 그것은 하나님이 그에게 보내신 초대장이었다. 그는 신학교에 입학했고, 결국 목사가 되었다.

남편은 아내가 하나님을 섬기면서 얼마나 깨끗하고 순결한 삶을 사는지 지켜보고 있다. 베드로는 아내들에게 말한다. "너희의 단장은 머리를 꾸미고 금을 차고 아름다운 옷을 입는 외모로 하지 말고 오직 마음에 숨은 사람을 온유하고 안정한 심령의 썩지 아니할 것으로 하라 이는 하나님 앞에 값진 것이니라(베드로전서 3:3-4)." 겉모양만 화려하게 꾸미지 말고 속사람을 아름답게 하라는 말씀이다.

"주님이 믿고 맡기셨는데 그래도 사랑해야지." 이 짧은 글은 남편 이재철의 가슴에 깊이 새겨지고 변화를 일으켰다. 남편은 아내의 정결한 행실, 곧'그럼에도 불구하고'의 사랑을 실감했다. 말없이 사랑을 실천하는 아내의 행동, 속사람의 아름다움은 오늘도 남편을 감동시키고 하나님께 인도한다. 감동을 주는 순종은 다르다. 역사하는 힘이 있다.

57

모든 염려를 주께 맡기라

"너희 염려를 다 주께 맡겨 버리라 이는 저가 너희를 권고하심이니
라(벧전 5:7)."

기독교의 특징가운데 하나는 하나님
을 향한 전적의탁이다. 모든 염려와 근심을 주님께 맡기는 것이다. 이
것은 하나님의 주권을 전적으로 인정한다는 점에서 특이하다. 또한
주님의 가르침이라는 점에서 확실하다.

왜 염려하고 근심할까? 염려란 대부분 의심에서 나온다. 내일을 약
속할 수 없을 만큼 불안하기 때문이다. 염려는 헬라어로 '메림나우
(merimnau)'로, 그 뜻은 '나누어지다, 분열되다'는 뜻을 가지고 있다.
불안 때문에 마음이 갈라지고 평소보다 더 분주해진다. 염려는 결국
하나님께 집중하지 못하는 결과를 가져온다. 왜 그렇게 될까? 하나님
의 주권을 믿고, 그분을 전적으로 의지하지 않기 때문이다.

근심은 '메테오리조(meteorizo)'로 '높은 곳에서 내려다보며 궁리하
다', '들떠 있어 불안하다'는 뜻을 가지고 있다. 사람은 땅에 뿌리를
내리고 차분히 생각해도 불안한 터에 높은 곳에서, 곧 마음이 들뜬
상태에서 이것저것 생각하니 더 불안하다. 사람은 한 500년 앞을 내
다보아야 속이 풀린다고 한다. 그러나 한 치 앞도 알 수 없는 것이 인
간 아니던가. 주님 외에는 아무도 앞을 정확히 알 수 없다.

성경을 보면 해야 할 근심과 하지 말아야 할 근심이 있다. "하나님의 뜻대로 하는 근심은 후회할 것이 없는 구원에 이르게 하는 회개를 이루는 것이요 세상 근심은 사망을 이루는 것이니라(고린도후서 7:10)." 근심을 하려면 하나님 뜻대로 하는 근심을 하라는 말씀이다.

인간은 세상에 몸담고 살기에 누구나 염려하고 근심한다. 욥마저 이렇게 말한다. "내 눈은 근심 때문에 어두워지고 나의 온 지체는 그림자 같구나(욥기 17:7)." 근심 걱정을 피할 수 없다. 그러나 그리스도인은 소망 없는 자처럼 자포자기해서는 안 된다. 우리에게 주님이 있지 않는가.

주님을 사랑한다면 무엇보다 삶의 모든 것을 그분에게 전적으로 의탁할 줄 알아야 한다. 그분은 모든 것을 지은 분이요 우리의 모든 형편과 처지를 아는 분이시다. 결혼한 신부는 걱정하지 않는다. 든든한 신랑이 있기 때문이다. 믿고 그에게 의지하기만 하면 된다.

주님은 그분을 구주로 고백하는 우리 모두의 신랑이시다. 그 주님이 말씀하셨다. "수고하고 무거운 짐 진 자들아 다 내게로 오라 내가 너희를 쉬게 하리라(마태복음 11:28)." "그러므로 내일 일을 위하여 염려하지 말라 내일 일은 내일이 염려할 것이요 한 날의 괴로움은 그날로 족하니라(마태복음 6:34)."

바울도 빌립보 교인들에게 말한다. "아무것도 염려하지 말고 오직 모든 일에 기도와 간구로, 너희 구할 것을 감사함으로 하나님께 아뢰라 그리하면 모든 지각에 뛰어난 하나님의 평강이 그리스도 예수 안에서 너희 마음과 생각을 지키시리라(빌립보서 4:6-7)." 하나님의 모든 주권을 신뢰하라. 삶의 모든 것을 주님께 맡기고 기도하라. 주권자께서 응답하시고 평안을 주시리라.

58

순종하면 기적을 볼 수 있다

"연회장은 물로 된 포도주를 맛보고도 어디서 났는지 알지 못하되
물 떠온 하인들은 알더라(요한복음 2:9)."

혼인 잔치가 열렸던 가나에 가보면
그것을 기념하는 교회가 여럿이다. 그만큼 의미 있는 곳이기 때문이
다. 이적을 베푸시기 전 주님은 아직 때가 이르지 않았다고 하셨다.
하지만 마리아는 하인들에게 말했다. 무슨 말씀을 하시던지 그대로
하라. 절대 순종을 가르친 것이다. 순종할 때 기적을 볼 수 있다.

물이 포도주로 변한 사건은 우리가 익히 아는 주님의 첫 번째 이적
이다. 물이 포도주로 변한 것만 이적일까? 그 상황을 자세히 보면 기
적의 구석이 보인다. 얼마든지 이의를 달 수 있는 상황 전개에도 불
구하고 묵묵히 순종한 하인들의 모습도 기적이다. 하인들도 상식을
가진 사람들이다. 서빙의 전문가들 아닌가. 주님의 말씀이지만 이해
하기 어려운 부분, 자기들 생각과 맞지 않는 부분이 있을 수 있다. 하
지만 그들은 주님의 말씀에 기꺼이 순종했다.

구체적으로 들어가 보자. 주님은 "돌 항아리에 물을 채우라" 하셨
다. 포도주를 담그기 위한 것이 아니라 손과 발을 씻기 위해 물을 담
아두는 항아리다. 잔치 집에 많은 손님이 왔으니 항아리 물은 이미
다 쓰고 없다. 하인들은 물을 채우라는 말씀에 순종하여 아귀까지 가

득 채웠다. "그 독에 물을 채워 뭘 하시려고? 설마 그 물을 마시게 하는 것은 아니겠지. 그것을 어떻게 마셔." 하인들은 어떤 의심이나 토도 달지 않았다. 말씀에 전적으로 순종했다. 이것이 하인이 가져야 할 정체성이다. 하인은 누구인가? 무슨 말씀을 하시던지 그대로 하는 사람이다. 주님은 지금도 그런 사람을 일꾼으로 삼으신다. 의심하며 뒤로 빼는 사람이 아니라 능력이 좀 부족해도 믿고 따르는 사람이다.

이어 "이제 그것을 떠서 연회장에게 갖다 주라" 하셨다. 왜 물을 갖다 주라 하실까 의심할 수 있다. 그러나 성경을 보면 그런 구석이 통 보이지 않는다. 의심하지 않고 오직 하인으로서의 역할에 충실했다. 순종하여 연회장에게 보였을 때 물은 이미 포도주, 그것도 극상 포도주로 변해있었다. 어느 시점에 포도주로 변했는지는 알 수 없다. 시점이 하인들의 주요 관심사항은 아니다. 이해할 수 없는 명령에도 불구하고 그대로 순종했고 그러자 물이 포도주로 바뀌는 놀라운 기적이 일어났다. 순종하며 따르는 자에게 기적이 일어난다. 이것이 명백한 사건이다.

요한복음 2장은 "물 떠온 하인들만 알더라" 했다. 잔치 집에 많은 사람이 있었지만 오직 말씀에 순종한 하인들만 기적을 직접 체험할 수 있었다. 이 경험은 그들의 삶에서 내내 잊지 못할 사건이 되었을 것이다. 순종하면 기적을 볼 수 있다. 비록 내가 이해할 수 없을 때라도, 하신 말씀이 이치에 맞지 않아도 기쁨으로 순종하면 주의 놀라운 영광을 볼 수 있다.

59

지혜는 결코 먼 곳에 있지 않다

"지혜는 명철한 자 앞에 있거늘 미련한 자는 눈을 땅 끝에 두느니라(잠언 17:24)."

이 말씀에는 두 부류가 확실하게 드러나 있다. 명철한 자(a discerning man) 와 미련한 자(a fool)다. 그 구분은 그가 무엇을 중시하며 사는가에 달려있다. 관심분야가 다르다는 말이다.

명철한 자는 지혜에 관심을 둔다. 지혜도 슬기로운 자를 좋아하는지 그 앞에 있다. 이 말은 명철한 자는 분별력이 있어 멀리 가지 않아도 금방 찾아야 할 지혜가 무엇인지를 안다는 말이다. 이에 반해 미련한 자는 그 눈을 땅 끝에 둔다. 눈을 땅 끝에 둔다는 것은 눈으로 땅 끝을 더듬고 방황하는 것으로 온갖 잡다한 것에 눈을 돌린다는 말이다. 그러다 보니 지혜와는 거리가 멀다. 미련한 자는 나름대로 그것이 지혜로운 것이라 생각했을 수 있다. 하지만 그것은 겉만 그럴듯한 거짓 지혜다.

참된 지혜는 무엇일까? 야고보에 따르면 그것은 위로부터 난 지혜(야고보서 3:17), 곧 하나님으로부터 온 지혜다. 성결, 화평, 관용, 양순, 긍휼, 선한 열매가 가득하고 편견과 거짓이 없다. 이에 반해 거짓 지혜는 땅, 곧 아래로부터 온 것(야고보서 3:15)이다. 그 속에는 정욕, 시기, 다툼, 혼란, 귀신의 것, 모든 악한 일이 있다. 그것이 세상사는

데 유용할지 몰라도 진리도 아니고 평화도 없다. 물론 세상의 것이 다 나쁘다는 것은 아니다.

그리스도인은 선한 일에 열심을 내야하고 선한 열매를 가득 맺어야 한다. "우리는 그의 만드신 바라 그리스도 예수 안에서 선한 일을 위하여 지으심을 받은 자니 이 일은 하나님이 전에 예비하사 우리로 그 가운데서 행하게 하려 하심이니라(에베소서 2:10)." 행함으로 구원을 받는 것은 아니다. 그러나 구원을 받은 자, 곧 하늘의 것을 사모하는 자라면 착한 행실에 더 힘쓰게 된다.

성경은 세상을 바라보거나 신뢰하지 말고 그리스도를 바라보라 한다. 이 세상은 신뢰할만한 대상이 아니기 때문이다. 우리가 바라볼 것이 있다면 그것은 예수님 한분뿐이다. 왜 그럴까? "나를 따르는 자는 어두움에 다니지 아니하고"(요한복음 8:12)라는 말씀처럼 우리를 빛 가운데로 인도하기 때문이다.

그리스도인 당신이 위로부터 난 지혜를 실천하며 산다면 어두운 이 땅에 촛불 하나 켜질 것이다. 하나가 비록 작다 해도 그 촛불들이 이곳저곳에 켜진다면 이 세상도 하늘나라로 변할 것이다. 지혜는 결코 먼 곳에 있지 않다.

60

영생을 소유한 자는
삶의 모습이 달라야 한다

"믿음의 선한 싸움을 싸우라 영생을 취하라 이를 위하여 네가 부르
심을 받았고 많은 증인 앞에서 선한 증언을 하였도다
(디모데전서 6:12)."

이 말씀 중에 영생을 취하라 했다. 영
생은 '아이오니오우 조에스(aioniou zoes)'다. 영원한 생명이다.

신약에서 생명은 세 단어가 사용된다. 비오스, 프시케, 그리고 조에
다. 비오스(bios)는 생물학적 개념의 생명이다. 우리가 요즘 많이 사용
하고 있는 바이오도 여기에서 나왔다. 프시케(psyche)는 동물, 특히
인간이 소유한 정신 또는 마음의 개념이 담겨있다. 희랍철학자들은
인간의 정신에 대해 철학적 관심을 가졌고, 현대 심리학자들은 인간
의 마음을 보다 과학적으로 인식하는 데 관심을 가졌다. 심리학의 앞
글자 psycho는 바로 프시케를 말한다.

조에(zoe)는 가장 높은 영적인 생명으로, 주안에서 거듭난 신성한
생명이다. 이것은 동식물의 생명과는 아주 달라 진화론으로 설명될
수 없는 생명이다. 하나님과의 관계에서만 누릴 수 있는 생명이다. 예
수님이 우리에게 주시고자 한 생명은 한정적인 생물학적 생명 비오
스가 아니라 하나님과 뗄 수 없는 영원한 생명 조에다.

영생을 소유한 자는 삶의 모습이 달라야 한다 137

영생은 곧 유일하신 참 하나님과 그가 보내신 자 예수 그리스도를 아는 것이다(요한복음 17:3). 이 영생은 거짓이 없으신 하나님이 영원 전부터 약속하신 것(디도서 1:2)이요 예수를 그리스도로 고백할 때 얻는 것이다. "이는 그를 믿는 자마다 영생을 얻게 하려 하심이니라(요한복음 3:15)."주님은 우리에게 기꺼이 영생을 주시고자 하신다.

예수님은 말씀하신다. "아들을 믿는 자에게는 영생이 있고 아들에게 순종하지 아니하는 자는 영생을 보지 못하고 도리어 하나님의 진노가 그 위에 머물러 있느니라(요한복음 3:36)."믿지 않는 자는 영벌에, 믿는 자는 영생에 들어간다(마태복음 25:46).

달라스 윌라드에 따르면 영생은 참 하나님을 아는 것, 예수 그리스도를 아는 것이다. 안다는 것은 단지 머리로만 아는 것이 아니다. 지식의 소유가 아니라 주님과의 상관관계(interactive relationship)다. 십자가의 사랑을 통해 우리를 먼저 사랑하심을 보여주신 하나님, 지금도 나와 함께 걸으며 말씀하시는 하나님과 나의 관계다. 영생은 죽은 다음에 존재하는 것만 아니라 지금 우리가운데 있다. 지금, 영원한 생명을 사는 것이다.

바울은 왜 영생을 취하라 했을까? 하나님의 생명을 가지고 날마다 성령과 교통하며 주님의 가르침에 충실하게 살라는 것이다. 취한다는 것은 굳게 붙드는 것이다. 영생을 취한 자는 결코 믿음에 반하는 삶을 살지 않는다. 하나님을 생각하며 선으로 악을 이긴다. 믿음의 선한 싸움이다. 이것은 우리가 주안에서 남길 수 있는 증거다. 하늘에 계신 우리 아버지는 먼 우주나 달 뒤에 숨은 분이 아니다. 우리 삶에 개입하셔서 악과 싸워 이기도록 도우신다. 그런 하나님 아버지를 모시고 사는 사람들이라면 삶의 모습이 달라야 하지 않겠는가. 그런 생명을 가진 자라면 달라야 하지 않겠는가.

61

우리에겐 인내와 위로의 하나님이 필요하다

"이제 인내와 위로의 하나님이 너희로 그리스도 예수를 본받아 서로 뜻이 같게 하여 주사(로마서 15:5)."

그리스도들의 소망이 있다면 예수 그리스도를 본받는 삶을 사는 것이다. 이를 위해서는 하나님의 도우심이 필요하다. 바울은 하나님을 '인내와 위로의 하나님'이라 하였다. 그 하나님이 필요하다는 말이다. 서로 뜻을 같이 하는 일도 주의 도우심이 필요하다. 이 모든 일은 나 홀로 되는 일이 결코 아니다.

바울은 로마 교인들을 향해 그리스도를 본받는 사람을 살라고 했다. 로마서에만 이를 언급한 것이 아니라 고린도전서, 빌립보서, 디모데후서에서도 언급된다. "내가 그리스도를 본받는 자가 된 것 같이 너희는 나를 본받는 자가 되라(고린도전서 11:1)." "내가 그리스도와 그 부활의 권능과 그 고난에 참여함을 알고자 하여 그의 죽으심을 본받아(빌립보서 3:10)." "너는 그리스도 예수 안에 있는 믿음과 사랑으로써 내게 들은 바 바른 말을 본받아 지키고(디모데후서 1:13)."

이것을 보면 바울은 여러 교회와 목회자들에게 이 삶을 강조한 것을 알 수 있다. 본받는 것은 무엇일까? 로마서 15장 5절은 '카타(kata),' 곧 예수 그리스도를 '따르는(according to)' 것이라 했다. 나 자신이 아니라 주님의 삶에 주목하고 그분의 뜻을 따르는 것이다. 고린도전서

11장 1절은 '크리스토우(Christou),' 곧 '그리스도에 속한(of Christ)' 자가 되라 한다. 이것이 바로 주님을 본받는 자의 본성이다.

바울은 예수 그리스도를 본받아 서로 뜻을 같이 하라 한다. 뜻을 같이 한다는 것(to auto phronein)은 마음을 같이 하는 것(the same to be of mind)이다. 바울은 이를 위해 하나님께 간구하는 기도를 드리면서 아뢴다. "이제 인내와 위로의 하나님이 저희들로 그리스도 예수를 본받아 서로 뜻이 같게 하여 주십시오." 그는 하나님을 가리켜 인내와 위로의 하나님(God of endurance and encouragement)이라 했다. 왜 그랬을까? 주님을 본받기 위해선 인내(hypomonēs)와 하늘의 위로(paraklēseōs)가 절실하기 때문이다. 그냥 되는 일이 아니라는 것이다.

토마스 아 켐피스(Thomas a Kempis)는 「그리스도를 본받아」를 썼다. 이 책은 주님을 따르고자 하는 이 땅의 그리스도인에게 널리 알려져 있다. 그는 공동생활 형제단을 거쳐 아우구스티누스파의 수도원에 들어가 가난과 순결과 순종을 맹서하며 살았다. 70여 년 동안 말씀을 묵상하면서 성경은 물론 여러 원고를 필사하는 일을 했다. 오직 주님의 말씀에 집중하며 산 것이다. 수도원의 삶이 쉽지는 않았을 것이다. 주님이 주시는 위로가 없었다면 견디기 어렵다. 물론 수도원 생활만 주님을 본받는 것 아니다.

우리는 오늘도 주님을 본받는 삶을 살고자 한다. 이것은 입술로 본받는 삶이 아니다. 온 마음을 다해 행동으로, 삶으로 본받는 것이다. 이 일은 결코 쉽지 않다. 그러나 주님께 속한 자로서의 정체성을 확실히 하고, 진정 구별된 삶을 살고자 한다면 주께서 힘주시고 격려하실 것이다. 주님은 바로 '인내와 위로의 하나님'이시다. 로마서 15장 5절은 우리가 하고자 하는 이 모든 일들이 나 홀로가 아니라, 우리만이 아니라, 주님 안에서 주님과 함께 성취되기를 바라는 바울의 기도문이다. 그 주님이 우리와 함께 하시면 못할 일이 없다.

62

영원한 아름다움은 오직 하나님께 있다

"내가 여호와께 바라는 한 가지 일 그것을 구하리니 곧 내가 내 평생에 여호와의 집에 살면서 여호와의 아름다움을 바라보며 그의 성전에서 사모하는 그것이라(시편 27:4)."

사람들은 아름다움에 매료된다. 그런데 시편 27편의 저자는 그 아름다움을 여호와에게서 찾는다. 여호와의 아름다움, 곧 '야웨 버노암(Yahweh bənōam)'이다.

남성들은 여성에게서 아름다움을 느낀다. 하나님의 아들들이 사람의 딸들의 아름다움을 보고, 저마다 자기들의 마음에 드는 여자를 아내로 삼았다(창세기 6:2). 여인의 아름다움에 하나님의 아들들도 어찌할 수 없다. 여기서 아름다움은 '토브(towb)'다. 토브는 '좋은,' '선한,' '아름다운'이란 뜻을 가지고 있지만 여기선 겉으로 드러난 미모를 가리킨다. 다윗도 밧세바의 토브에 반했다. "저녁때에 다윗이 그의 침상에서 일어나 왕궁 옥상에서 거닐다가 그 곳에서 보니 한 여인이 목욕을 하는데 심히 아름다워 보이는지라(사무엘하 11:2)." 이 두 사례는 인간이 토브에 얼마나 약한가를 보여준다. 결국 남성들은 경고를 받는다. "네 마음에 그의 아름다움을 탐하지 말며 그 눈꺼풀에 홀리지 말라(잠 6:25)." 외모에 대한 경고다.

이 경고는 여성에게도 내려진다. "아름다운 용모는 잠깐 있다 스러지지만 야훼를 경외하는 여인은 칭찬을 듣는다(잠언 31:30 공동번역)." "아름다운 여인이 삼가지 아니하는 것은 마치 돼지 코에 금 고리 같으니라(잠언 11:22)." 분별력 있는 여자가 되라는 말씀이다.

성경은 아름다움의 초점을 인간에 맞추지 않고 하나님께 맞춘다. 이사야는 이스라엘의 회복에 대해 언급하며 말한다. "무성하게 피어 기쁜 노래로 즐거워하며 레바논의 영광과 갈멜과 사론의 아름다움을 얻을 것이라 그것들이 여호와의 영광 곧 우리 하나님의 아름다움을 보리로다(이사야 35:2)." 하나님은 이스라엘에 회복을 주신다. 거기에 여호와의 영광이 드러난다. 이사야는 여호와의 영광을 하나님의 아름다움으로 보았다.

시편 저자는 외친다. "존귀와 위엄이 그의 앞에 있으며 능력과 아름다움이 그의 성소에 있도다(시편 96:6)." 공동번역에선 다음과 같이 말한다. "그 앞에 찬란한 영광이 감돌고 그 계시는 곳에 힘과 아름다움이 있다."진정한 아름다움은 오직 하나님께만 있다는 것이다.

성경에서는 여인의 아름다움도 말하고 백발이 늙은 자의 아름다움(잠언 20:29)이라 기도 한다. 그러나 인간의 아름다움은 제한적이다. 세상의 아름다움에 미혹되지 말라. 영원한 아름다움은 오직 하나님께 있다. 성전에 있든 어디에 있든 그 찬란한 아름다움을 바라보며 찬양하라. 인간의 아름다움이 아니라 '야웨 버노암'이다.

하나님이 귀히 여기시는 일을 하라

> "오직 마음에 숨은 사람을 온유하고 안정한 심령의 썩지 아니할 것
> 으로 하라 이는 하나님 앞에 값진 것이니라(베드로전서 3:4)."

마음에 숨은 사람은 사람 마음의 깊
은 곳(ho krptos), 곧 속마음을 말한다. 그곳을 썩지 않을 것(ta aphtharto)
으로 아름답게 장식하라는 것이다. 어떻게 장식할까? 바로 온유하고
정숙한 마음이다. 하나님께서 이 마음을 귀하게 여기신다.

여인들은 외출할 때 머리단장, 장식, 옷에 신경을 쓴다. 베드로는
아내들을 향해 교훈하면서 겉모양만 화려하게 꾸미려 하지 말고 속
사람을 아름답게 하라 한다. 만일 아내가 겉 못지않게 내적으로 깨끗
하고 정결하게 신앙생활을 하고 있다면 얼마나 기뻐하겠는가. 이것은
아내에만 해당되는 말씀이 아니다. 그는 이 말씀을 통해 우리로 하여
금 하나님이 귀하게 여기시는 것이 무엇인가에 주목하도록 한다.

그것이 무엇일까? 무엇보다 주님을 따르고 섬기는 것이다. "누구든
지 나를 섬기고자 하면 나를 따라야 한다. 내가 있는 곳에 내 종도 있
을 것이다. 누구든지 나를 섬기면 내 아버지께서 그를 귀하게 여기실
것이다(요한복음 12:26 현대인의성경)."

이사야서를 보면 주님은 이 땅에서 멸시를 받았다. "그는 사람들에
게 멸시를 받고, 버림을 받고, 고통을 많이 겪었다. 그는 언제나 병을

앓고 있었다. 사람들이 그에게서 얼굴을 돌렸고, 그가 멸시를 받으니, 우리도 덩달아 그를 귀하게 여기지 않았다(이사야 53:3)."주님은 모욕을 당하고 십자가에 달리셨다. 그럼에도 불구하고 그 주님은 우리를 귀하게 여기신다. "내가 너를 지명하여 불렀나니 너는 내 것이라 [---] 네가 물 가운데로 지날 때에 내가 너와 함께 할 것이라 [---] 내가 너를 보배롭고 존귀하게 여기고 너를 사랑하였은즉(이사야 43:1, 2, 4)." 그런 사랑이 없다.

우리가 바르게 신앙생활을 하면 주님께서 어찌 기뻐하지 아니하시겠는가. 그 주님께서 안식일을 거룩히 지키라, 성도들을 귀히 여기라 하신다.

"만일 안식일에 네 발을 금하여 내 성일에 오락을 행하지 아니하고 안식일을 일컬어 즐거운 날이라, 여호와의 성일을 존귀한 날이라 하여 이를 존귀하게 여기고 네 길로 행하지 아니하며 네 오락을 구하지 아니하며 사사로운 말을 하지 아니하면(이사야 58:13)."

"이러므로 너희가 주 안에서 모든 기쁨으로 그를 영접하고 또 이와 같은 자들을 존귀히 여기라(빌립보서 2:29)."

어찌 이뿐이랴. 주님의 가르침에 귀 기울이고, 기뻐하시는 일을 하면 어찌 우리를 귀히 여기지 아니하시겠는가. 우리 마음을 가다듬고 주님의 가르침에 집중할 일이다.

설교자는 설교만 하는 사람이 아니다

"그러면 다른 사람을 가르치는 네가 네 자신은 가르치지 아니하느냐 도둑질하지 말라 선포하는 네가 도둑질하느냐(로마서 2:21)."

이 말씀은 어조가 강하다. 남은 가르치는 자가 왜 자기 자신은 가르치지 않는가 묻는다. 도둑질을 하지 말라고 설교하면서 왜 자신은 도둑질을 하느냐 묻는다. 이 말씀은 설교자의 말과 행동에 일치가 있어야 할 것을 가르친다.

'리옹의 빈자'라 불리는 왈도는 원래 부자였다. 하지만 어느 날 크게 깨닫고 재물과 멀리하며 가난의 삶을 택했다. 사람들은 달라진 그를 성인이라 불렀다. 사람들이 몰려들자 그는 교황에게 자신이 설교할 수 있는 권리를 달라고 했다. 재산을 버렸는데 왜 설교가 탐이 났을까 싶다. 교황은 그 요구를 거부했다. 왈도는 완전히 돌아서 교황은 말세의 적그리스도라고 주장했다. 왈도파는 결국 이단으로 몰리고 중세 최대의 이단 종파가 되었다. 성인이 급기야 이단의 수괴가 되고만 것이다.

요즘처럼 설교가 풍성한 시대도 없다. 그런데 설교에 대한 현대인의 반감이 높아지고 있다. 심지어 설교의 시대는 끝났다고 말하는 사람이 있다. 설교를 왜 혐오하고 반대할까? 여러 가지 이유가 있겠지만 권위주의에 대한 반동이 강하다. 설교를 권위주의의 표상으로 인식하는 성향이 높아지고 있는 것이다. 설교는 매우 고답적이고 억압적이라는 것이다.

사실 더 큰 이유는 설교자의 말과 행동이 일치하지 않기 때문이다. 청중은 설교자도 성경이 요구하는 삶에 모범이 될 것을 요구한다. 실천이 따르지 못할 때, 특히 설교자가 윤리적으로 문제될 때 그의 설교뿐 아니라 설교자의 인격까지 거부된다.

한국교회의 교인수가 크게 줄어들고 있다. 몇 년 전만 해도 1200만이라 했는데 지금은 800만이라 한다. 왜 이런 지경이 되었을까? 이런데는 설교자들의 모범되지 못한 행동 때문이라는 지적이 높다. 목회자들이 오히려 교회 발전에 걸림돌이 되고 있는 것이다. 설교만 잘한다고 되는 일이 아니다.

현대는 설교하기 어려운 시대다. 그렇다고 설교를 중단할 수는 없다. 설교는 기본적으로 성경에 있는 하나님의 말씀을 성령의 인도하심에 따라 잘 이해할 수 있도록 풀어주는 것이다. 말씀을 잘 이해시키는 것도 중요하지만 청중들이 설교자의 행동에 주목한다는 것을 잊어서는 안 된다, 교인은 설교만 듣는 사람이 아니다.

무리들이 예수님을 따랐던 것은 말씀에 힘이 있었지만 행동에도 흠이 없었기 때문이다. 그래서 주님은 당당하게 말씀을 전하셨다. 지금 이 시대는 설교를 싫어한다기보다 흠 없이 당당하게 설교할 수 있는 목회자를 갈망하고 있다. 어데 그런 사람 어디 없는가.

65

박해는 더 큰 변화의 시작이다

"나로 말미암아 너희를 욕하고 박해하고 거짓으로 너희를 거슬러
모든 악한 말을 할 때에는 너희에게 복이 있나니(마태복음 5:11)."

주님은 박해가 너희에게 복이 있다고 하셨다. 하늘에서 받을 상이
있기 때문이다. 그 상은 과연 무엇일까.

오늘 아침 '오늘의 양식'을 읽으니 한 신학생의 경험담이 쓰여 있
었다. 신학생 때였으니 주님을 향한 열정이 대단했을 터. 사람을 만나
면 하나님에 대해 담대하게 말하기 시작했고, 그것이 습관이 되었다.
그런데 종종 마찰을 빚게 되었다. 하루는 고등학교 동창 모임에서 한
여성에게 전도를 했는데 그 여성이 비웃는 것이었다. 그 자리에 그를
잘 아는 친구도 함께 있었는데 그 친구가 이런 농담을 했다. "낡아빠
진 십자가를 위해 건배!"

그 말을 듣는 순간 낙담했고 따돌림 당한 느낌마저 들었다. 하지만
그는 "원수를 사랑하며 너희를 핍박하는 자를 위하여 기도하라"는 말
씀을 묵상하면서 주님의 십자가를 조롱했던 친구를 위해 간절히 기
도했다. 눈물어린 기도도 드렸다.

1년쯤 지나자 그 친구로부터 만나자는 연락이 왔다. 둘이 만났을
때 친구는 놀랍게 변해 있었다. 자신의 죄를 회개했고, 어떻게 예수를
영접했는가를 말해주었다. 더 놀라운 것은 훗날 그 친구가 브라질 선

교사로 파송된 것이었다.

이 글을 읽으면서 마펫(Samuel A. Moffett) 선교사 생각이 났다. 그는 평양에서 전도를 하다 깡패에 맞았다. 그 깡패가 바로 김익두였다. 선교사는 그에게 맞으면서도 전도를 그치지 않았다. 김익두는 훗날 스왈렌(W. L. Swallen) 선교사를 만나 예수를 믿고 목사가 되었다. 어디 그뿐이랴. 이기풍은 마펫 선교사에게 돌을 던져 피를 흘리게 하고 그 집에 불을 지르며, 건축 중인 교회를 부술 만큼 반기독교적이었다. 그런 그가 청일전쟁으로 원산에 피난 가 있을 때 스왈렌 선교사 전도를 받고 결국 기독교인이 되었다. 훗날 그는 마펫 선교사를 찾아가 과거 일을 회개했다. 평양신학교가 개교되자 마펫은 그를 신학교에 입학시켰다. 그리고 그는 최초 제주 선교사가 되었다. 하나님의 섭리는 놀랍다.

'오늘의 양식'은 이런 기도로 끝을 맺었다. "주여, 당신을 미워하고 등을 돌리는 사람들에게 그들과 같은 방법으로 대응하지 않도록 도와주소서. 대신 언젠가 그들이 진리를 받아들이도록 사랑하고 기도할 수 있도록 도와주소서." 사람들은 우리를 조롱할 수는 있다. 하지만 우리의 기도에 대항할 힘은 없다.

주님은 박해 받은 자가 받을 상이 있다 하셨다. 하늘에서 받을 상은 과연 무엇일까? 그 무엇보다 예수를 욕하고 반대하며 핍박하던 자가 주께 돌아오는 것 아니겠는가. 이보다 더 큰 기쁨과 더 큰 상은 없다. 그런 의미에서 박해는 더 큰 변화의 시작이다.

66

권징과 치리가 바로 서야 교회가 선다

"범죄한 자들을 모든 사람 앞에 꾸짖어 나머지 사람으로 두려워하게 하라(디모데전서 5:20)."

교회는 모든 것에서 모범이 되어야 한다. 모범을 세우기 위해서는 교회규범이 확실하게 시행되어야 한다. 교회가 권징과 치리를 중시하는 이유도 여기에 있다. 교회가 바로 서지 못하면 사회로부터 지탄을 받는다. 전도도 어렵다.

초대교회는 엄격했다. 아나니아와 삽비라의 죽음도 엄밀히 따지면 권징에 속한다. 성령을 속인 죄를 물은 것이다. 그런데 현대 교회는 권징이 상실되었다. 당회가 존재하는 이유도 권징과 치리 때문인데 이것은 어디가고 최고 의결기관으로서의 행정 조직화한지 오래다. 교인들도 권징을 무서워하지 않는다. 치리가 사라졌기 때문이다. 치리를 한다 해도 두렵지 않다. 교회를 옮기면 그만이다. 그래서 치리회로서 당회는 사실상 유명무실하다.

요즘 한국교회가 시끄럽다. 상당수 대형교회가 교회와 교인들 사이의 소송사건에 휘말려있다. 왜 세상 법정으로 끌고 갈까. 당회가 더 이상 기능하지 못하기 때문이다. 그것이 담임목사와 관련되었다면 더욱 그렇다. 그래서 세상 법정이 치리회 역할을 하고 있다. 슬픈 일이 아닐 수 없다.

부산진교회에서 2005년 그 교회 초대목사인 왕길지(Gelson Engel) 선교사에 관한 책을 내놓았다. 그런데 홍미로운 것은 당회조직 100주년을 기념하면서 내놓은 것이라는 점이다. 그 안에 당회록이 있는데 당회가 얼마나 엄격하게 치리했는가를 소개하고 있다.

교인이 술 취하거나 술집에 다닌 경우, 교회에 오랫동안 나오지 않은 경우, 주일을 거룩히 지키지 않은 경우, 예배를 경건하게 드리지 않은 경우, 믿지 않은 사람과 결혼한 경우, 이혼한 사람과 결혼한 경우, 혼인 전에 몸을 조심하지 않은 경우, 빚을 갚지 않은 경우, 아내를 때린 경우, 첩을 둔 경우 모두 치리했다. 그 안에 소개된 교인들은 모두 가명으로 했다. 본인이나 후손들에게 영향을 줄 수 있기 때문이다.

지금도 잊히지 않는 치리 건이 있다. 서구의 한 교회에서 일어난 일이다. 모 교인이 범죄하자 당회는 그를 입구에 서서 예배드리도록 했다. 얼마나 창피한 일이겠는가. 그래도 그는 교회의 결정을 따랐다. 결정에 순종할 때 교회의 질서도 바로 세워진다.

"이치화 당회 앞에서 그 전에 사람을 속여 빚내었다가 도망하고 또 방탕한 일 하였으니 행실 다 고치기까지 입교인의 지위아래 두기로 작정하고." 1905년 7월 부산진교회 당회록이다. 신학교 때 권징과 치리는 교회의 핵심적인 표지라 배웠다. 성경도 그렇게 가르친다. 권징은 어디 당회에만 있는 것인가. 욥기 7장 18절에 이 말씀이 있다. "아침마다 권징하시며 순간마다 단련하시나이까." 주님은 우리를 순간순간 권징하신다.

67

주님이 주시는 좋은 것,
영원한 것을 바라보라

"너희가 악한 자라도 좋은 것으로 자식에게 줄 줄 알거든 하물며
하늘에 계신 너희 아버지께서 구하는 자에게 좋은 것으로 주시지
않겠느냐(마태복음 7:11)."

우리는 좋은 것을 바란다. 성경을 보
면 하나님은 우리에게도 좋은 것을 주시고자 하신다. 아니, 벌써 주셨
다. 그 좋은 것은 세상의 그것과 비교가 되지 않는다.

시편을 보면 "여호와 하나님은 해요 방패이시라 여호와께서 은혜
와 영화를 주시며 정직하게 행하는 자에게 좋은 것을 아끼지 아니하
실 것임이니이다(시편 84;11)," "여호와께서 좋은 것을 주시리니 우리
땅이 그 산물을 내리로다(시편 85:12)." 하였다. 하나님은 우리에게 좋
은 것을 주시는 분이시다.

좋은 것도 여러 가지가 있다. 사람들은 물질이나 행운, 성공 등을 바
란다. 그러나 그것은 세상적인 것이요 금방 지나갈 것들이다. 하나님
은 그보다 더 좋은 것, 곧 영원하고 썩지 아니할 것을 주고자 하신다.

이사야 52장 7절에 "좋은 소식을 전하며 평화를 공포하며 복된 좋
은 소식을 가져오며 구원을 공포하며 시온을 향하여 이르기를 네 하
나님이 통치하신다 하는 자의 산을 넘는 발이 어찌 그리 아름다운

가." 하였다. 여기서 좋은 것은 구원의 좋은 소식이다. 히브리서 기자는 말한다. "사랑하는 자들아 우리가 이같이 말하나 너희에게는 이보다 더 좋은 것 곧 구원에 속한 것이 있음을 확신하노라(히브리서 6:9)."

마태복음 7장 11절에서 좋은 것은 성령이다. 누가복음 11장 13절에 명시되어 있다. "너희가 악할지라도 좋은 것을 자식에게 줄 줄 알거든 하물며 너희 하늘 아버지께서 구하는 자에게 성령을 주시지 않겠느냐 하시니라." 하나님의 영이 우리 안에 있으면 우리는 늘 성령님의 이끄심을 받으며 산다. 이 땅에서도 하나님 나라의 삶을 사는 것이다.

이렇듯 좋은 것을 주시는 주님께 우리는 감사하지 않을 수 없다. 그 감사가 시편 103편에 있다.

"내 영혼아 여호와를 송축하라 내 속에 있는 것들아 다 그의 거룩한 이름을 송축하라 내 영혼아 여호와를 송축하며 그의 모든 은택을 잊지 말지어다 그가 네 모든 죄악을 사하시며 네 모든 병을 고치시며 네 생명을 파멸에서 속량하시고 인자와 긍휼로 관을 씌우시며 좋은 것으로 네 소원을 만족하게 하사 네 청춘을 독수리 같이 새롭게 하시는도다(시편 103:1-5)."

그 좋은 것이 우리를 새롭게 하고 가슴 뛰게 한다.

바울은 범사에 헤아려 좋은 것을 취하라(데살로니가전서 5:21) 했다. 세상에 우리의 눈과 마음을 빼앗는 좋은 것은 많다. 그러나 그것들보다는 주님이 주시는 좋은 것, 궁극적으로 좋은 것을 늘 사모하며 살아야 한다. 우리는 그리스도의 사람들이기 때문이다.

68

그리스도를 알면 버려야 할 것이 있다

"그러나 무엇이든지 내게 유익하던 것을 내가 그리스도를 위하여 다 해로 여길뿐더러(빌립보서 3:7)."

이 말은 율법주의자들에 대한 포고 이자 더 이상 세상의 가치에 매이지 않겠다는 바울의 자기선언이다.

과거 그가 추구해온 것들은 같은 장 5절과 6절에 있다. "나는 팔일 만에 할례를 받고 이스라엘 족속이요 베냐민 지파요 히브리인 중의 히브리인이요 율법으로는 바리새인이요 열심으로는 교회를 박해하고 율법의 의로는 흠이 없는 자라."

8일 만에 할례를 받았다는 것은 정통 아브라함 직계요 개종한 이방인이 아니라는 것이다. 당시엔 신분에 따라 할례를 받는 날짜가 달랐다. 이스마엘 족속이나 서자 출신은 13일에 할례를 받았고, 이방인은 개종할 때 할례를 받았다.

이스라엘 족속이라는 말은 야곱의 자손으로 하나님과 특별한 관계에 있음을 드러낸다. 하나님의 선택받는 유대인이지 이스마엘 족속이나 에돔 족속이 아니란 말이다. 베냐민 지파라는 것은, 자신은 야곱의 12지파, 특히 야곱이 사랑한 라헬의 소생, 그것도 약속의 땅에서 출생한 출신이라는 것이다. 모르드게와 사울은 베냐민 지파사람이었다. 베냐민 지파라 할 땐 자신도 엘리트 그룹이자 귀족계급에 속했음을 드러낸다.

히브리인 중의 히브리인이라는 말은 유대인들의 강한 자부심이 담겨 있다. 원래 그들은 아람사람이었다. 아람어와 히브리어의 차이는 세련됨의 차이라고 말한다. 히브리어가 아람어보다 세련되고, 그만큼 다르다 생각했다. 훗날 유대인들은 이스라엘 사람이라기보다 히브리인이라 불리기를 좋아했다. 바울이 자신을 히브리인 중에 히브리인이라고 한 것은 유대인들의 이 같은 사고방식을 반영하고 있다.

바리새인은 원래 '분리,' '구별'의 뜻을 가지고 있다. 정치가 아니라 종교의 순수성 지키려 했고, 율법과 전통 그리고 규칙을 중시했음을 말한다. 그는 바리새인으로서 누구보다 앞서 그리스도인들을 핍박했고, 흠 없이 율법을 지켰다.

그러나 예수님을 만난 뒤 이젠 완전히 달라졌다. 그는 그런 것을 다 해로 여길 뿐 더러 배설물로 여겼다(빌립보서 3:7-9). 8일 만에 받은 할례도, 히브리인 중의 히브리인이라 자부하던 것도, 그 어떤 것도 예수 그리스도에 비교할 수 없다.

바울은 예수를 얻은 뒤 변화되었다. 세상 것을 자랑하던 과거의 바울이 아니다. 그가 모든 것을 버려서라도 얻고 싶은 것은 오직 예수였다. 예수는 모든 기쁨과 소망의 원천이 되기 때문이다. 예수를 알면 이처럼 달라진다.

그리스도를 알면 버려야 할 것이 있다. 세상 것들이다. 그것을 버리지 않고선 예수를 얻을 수 없다. 세상 것을 자랑하지 말라. 율법으로도 예수를 얻을 수 없다. 오직 그를, 그의 은혜를 자랑하라.

69

겸손한 마음으로 자기보다 남을 낮게 여길 때

"아무 일에든지 다툼이나 허영으로 하지 말고 오직 겸손한 마음으로 각각 자기보다 남을 낮게 여기고(빌립보서 2:3)."

빌립보서 2장은 그리스도인은 자신을 높이는 자가 아니라 낮추는 자이며 섬김을 받으려 하는 자가 아니고 섬기는 자임을 강조하고 있다.

우선 같은 장 1절에서 4절의 말씀을 보면 그리스도 안에서 권면을 하던 사랑의 위로를 하던 성령의 교제나 긍휼이나 자비를 행하든 먼저 마음을 같이하여 같은 사랑을 가지고 뜻을 합하라 했다. 나아가 다툼이나 허영이 아니라 오직 겸손한 마음을 가지고 자기보다 남을 낮게 여기고, 각각 자기 일을 돌 볼뿐 아니라 다른 사람들의 일도 돌보라 했다. 그러면 내가 아주 기뻐할 것이라 했다.

바울은 그 모델로 예수 그리스도를 들었다. 가장 높으신 하나님이 스스로 낮아져 우리를 섬기셨다. 겸손의 모범이다. 바울은 이 예수의 마음을 품으라 한다.

"너희 안에 이 마음을 품으라 곧 그리스도 예수의 마음이니 그는 근본 하나님의 본체시나 하나님과 동등 됨을 취할 것으로 여기지 아니하시고 오히려 자기를 비워 종의 형체를 가지사 사람들과 같이 되셨고 사람의 모양으로 나타나사 자기를 낮추시고 죽기까지 복종하셨으니 곧 십자가에 죽으심이라(빌립보서 2:5-8).”

'자기를 비어'는 하나님이신 예수님이 자기를 낮추셨음을 말한다. 가장 높으신 자의 솔선수범이다. 주님이 이렇게 낮아지셨는데 우리가 낮아지지 않을 이유가 없다. 겸손은 자기를 주장하는 것이 아니라 오히려 자기를 버리는 것이다.

'죽기까지 복종하셨으니'는 십자가에 죽기까지 철저히 낮아지셨음을 말한다. 낮아지는 것은 힘들고 어려우며 고통이 수반된다. 부끄러움을 느끼기에 충분하다. 그럼에도 주님은 이 모든 것을 감수하고 낮아지셨다. 예수님의 낮아지심은 하나님의 뜻에 복종하시기 위한 것이다. 그렇다면 주님의 가르침을 우리 삶에 이루어야 할 우리는 더 낮아져야 하지 않겠는가.

바울이 예수를 겸손의 모범자로 소개한 것은 겸손이 그리 쉬운 것이 아님을 보여준다. 우리는 일시적으로, 부분적으로 겸손할 수 있다. 그러나 불변적, 전인적 겸손을 하긴 어렵다. 하지만 하나님의 형상을 가진 우리는, 비록 그분의 완전하심에 미치지 못한다 할지라도 매일 더 낮아짐의 길로 나아가야 한다. 그 첫걸음이 바로 오직 겸손으로 자기보다 남을 낮게 여기는 것이다.

링컨은 “사람이 나이 40이면 얼굴에 책임을 질 줄 알아야 한다.”고 했다. 우리는 주님의 자녀요 그리스도인이다. 그렇다면 그 자녀로서 그리스도인으로서 얼굴에 책임을 질 줄 알아야 하지 않겠는가. 그 얼굴에 겸손이 충만하다면, 섬김을 실천하는 삶이라면 그것을 보는 사람들뿐 아니라 하나님께서도 아주 기뻐하실 것이다.

70

우리의 눈물을 닦아주는 분이 있다

"이는 보좌 가운데에 계신 어린 양이 그들의 목자가 되사 생명수 샘으로 인도하시고 하나님께서 그들의 눈에서 모든 눈물을 씻어 주실 것임이라(요한계시록 7:17)."

주님이 우리의 목자가 되시고 우리 눈의 모든 눈물을 씻어주신다는 약속의 말씀은 언제나 위안을 준다. 이 말씀을 듣는 순간 하늘의 평안을 느끼고, 마음속에 위로가 넘친다.

"그 사람을 욕하기 전에 그 사람이 지금 지고 있는 짐을 헤아려 보라." '위대한 개츠비'에 나오는 구절이다. 주님은 우리가 얼마나 무거운 짐을 지고 있는 것을 아신다. 오죽하면 "수고하고 무거운 짐 진 자들아 다 내게로 오라 내가 너희를 쉬게 하리라(마태복음 11:28)." 하셨을까. 그 주님이 목자가 되어 우리를 생명 수 샘으로 인도하고 눈물을 씻어주신다.

성경을 보면 눈물을 닦아 주시는 장면이 여러 곳 있다. 하갈은 아들 이스마엘을 데리고 브엘세바 광야에서 방황하며 울었다. 물도 떨어지고 죽을 것 같았기 때문이다. 아이도 울었다. 그 때 하나님은 그들에게 자비를 베푸시고, 눈을 열어 샘물을 볼 수 있게 하셨다(창세기 21:14-19). 그들의 눈물을 씻어주신 것이다. 하나님의 은혜가 아닐 수 없다.

엘리야도 이세벨의 분노와 보복이 두려워 브엘세바 광야로 도망했다. 그리고 로뎀 나무 아래에 앉아서 죽기를 소원했다. "여호와여 넉넉하오니 지금 내 생명을 거두시옵소서 나는 내 조상들보다 낫지 못하니이다."그리고 그 나무 아래 누워 잤다. 기진한 것이다. 그 때 하나님은 천사를 보내 그를 어루만지며 일어나 먹으라 하셨다. 이 모습은 엘리야를 향한 주님의 은혜다.

이 사건 모두 브엘세바 광야에서 일어났다는 점이 우리의 주목을 끈다. 우리도 광야의 길을 걷는다. 지치고 쓰러진다. 이젠 죽을 것 같은 그 막다른 고비에서 주님은 우리에게 다가오신다.

브엘세바의 은혜를 받으려면 하나님을 떠나지 않아야 한다. 예레미야는 "딸 내 백성의 파멸로 말미암아 내 눈에는 눈물이 시내처럼 흐르도다(예레미야애가 3:48)"하였다. "이로 말미암아 내가 우니 내 눈에 눈물이 물 같이 흘러내림이여 나를 위로하여 내 생명을 회복시켜 줄자가 멀리 떠났음이로다 원수들이 이기매 내 자녀들이 외롭도다(예레미야애가 1:16)."하나님을 떠난 자에게는 하늘의 위로가 주어지지 않는다. 더 이상 선지자의 눈에서 눈물이 흐르지 않도록 하라.

야곱도 브엘세바에 거하면서 하나님의 은혜를 체험했다. 하나님이 함께 하시는 은혜는 주를 믿고 의지하는 자의 것이다. 요한계시록을 보자. "모든 눈물을 그 눈에서 닦아 주시니 다시는 사망이 없고 애통하는 것이나 곡하는 것이나 아픈 것이 다시 있지 아니하리니 처음 것들이 다 지나갔음이러라(요한계시록 21:4)."은혜의 하이라이트는 눈물을 닦아주심에 있다. 그 분 앞에서 삶의 모든 고통이 벗겨진다. 그 주님이 있기에 우리는 행복할 수 있다.

71

주인의 마음을 시원하게 하는 자

"충성된 사자는 그를 보낸 이에게 마치 추수하는 날에 얼음냉수 같아서 능히 그 주인의 마음을 시원하게 하느니라(잠언 25:13)."

　　　　　　　　이 말씀은 충성된 사자가 얼마나 주인을 기쁘게 하는가를 단적으로 보여준다. 얼마나 좋았으면 마음이 시원하다 했을까. 주님의 마음을 시원하게 하는 삶을 살아야겠다는 다짐을 해본다.

　충성된 사자에서 사자는 히브리어로 '시르(sir)'다. 메신저(messenger)를 가리킨다. 충성스러운 사절(현대인의성경), 또는 믿음직한 심부름꾼(새번역)으로 번역되기도 한다. 사자는 누구일까? 영적으로 보면 하나님의 구원 사역에 부르심을 받은 주님의 일꾼이다. 주의 일에 요구되는 것은 변함없고, 끊임없는 충성과 헌신이다.

　추수하는 날은 구원받아야 할 곡식들이 많은 때다. "너희 눈을 들어 밭을 보라 희어져 추수하게 되었도다(요한복음 4:35)."일꾼이 절실히 필요한 시기에 주의 말씀을 전할 신실한 일꾼이 왔으니 추수 밭의 주인은 얼마나 마음이 기쁠까.

　그런 일꾼은 한 마디로 한 여름 무더운 추수 때 얼음냉수와 같다. 얼음은 '신나트(sinnat)'다. 아주 차다(cold)는 뜻이다. 냉수는 '세레그(seleg)'로 눈(snow)을 가리킨다. 무엇 때문에 시원하게 느낄까. 주의 일에 대한 온전한 성실이다. 신나트엔 '성실'이란 뜻이 있고, 세레그엔 눈처럼 '깨끗하고 신선하다'는 뜻도 있다. 종들의 뛰어난 성실과 깨끗한 헌신에 주인의 마음이 진정 시원한 것이다. 주인의 마음이 얼마나 기쁠까 싶다.

주님의 마음을 시원하게 하는 것은 꼭 성실한 일처리에만 있지 않다. "네가 옳은 말을 하면 내 속이 시원하다(잠언 23:16 공동번역)." 이것은 바른 말과 행동이 중요함을 가르쳐준다. 인테그리티(integrity)가 있어야 한다는 것이다.

바울은 고린도교회에 전하는 서신 말미에 여러 잊을 수 없는 헌신자들을 하나씩 들며 말했다. "그들이 나와 너희 마음을 시원하게 하였으니 그러므로 너희는 이런 사람들을 알아주라(고린도전서 16:18)." 그들 모두가 우리의 마음을 시원하게 한 자라는 것이다. 그들의 노고를 잊지 않고 기억할 일이다.

그러나 우리가 잊어선 안 될 분이 있다. 바로 주님이다. 우리는 연약하여 넘어지기 쉽다. "그러나 주는 나를 들소처럼 강하게 하시고 주의 축복으로 내 마음을 시원하게 하셨습니다(시편 92:10 현대인의성경)." 주님은 늘 우리의 마음을 지키고 시원하게 하는 분이시다. 우리는 그런 주님이 있어서 좋고, 주님은 충성된 사자가 있어서 좋다. 주님의 마음뿐 아니라 서로의 마음을 시원하게 하는 사람이 될 일이다.

72

주님은 우리 속에 빛과 기쁨을 뿌리신다

"의인을 위하여 빛을 뿌리고 마음이 정직한 자를 위하여 기쁨을 뿌리시는도다(시편 97:11)."

이 말씀을 읽는 순간 우리는 큰 위로를 얻는다. 하나님께서 의인의 편에 서시기 때문이다.

시편 97편은 의인과 악인이 대비해 나온다. 여기서 의인은 여호와를 사랑하고, 악을 미워하며, 그 말씀대로 사는 자를 말한다. 이에 반해 악인은 우상을 섬기고, 하나님의 길에 선 사람들을 훼방한다. 시편 1편도 의인과 악인을 선명하게 구별하고 있다. 여기서도 의인은 오직 여호와의 율법을 즐거워하며 죄인의 길에 서지 않는다.

시편 97편 기자는 호소한다. "여호와를 사랑하는 너희여 악을 미워하라 그가 그의 성도의 영혼을 보전하사 악인의 손에서 건지시느니라(10절)." 악을 미워하며 끝까지 의인의 길에 선 성도의 영혼을 하나님께서 보호해주신다는 약속이다.

하나님은 의인의 영혼을 어떻게 보호하실까? 그 답이 11절에 있다. 하나님은 의인을 위해 두 가지를 주신다. 하나는 빛(light)이요 다른 하나는 기쁨(joy)이다. 이것을 '뿌린다' 하였다. 뿌림은 빛을 밝게 비추는 것(shed)으로, 씨를 뿌리는 것(sown like seed)으로 묘사된다.

빛은 그저 태양빛이 아니다. 주님의 빛이다. 그 빛이 내 안에 비추면 어두운 것들이 다 도망한다. 빛이 씨앗처럼 마음에 심겨지면 점점 자란다. 시간이 갈수록 달라진다. 빛 되신 주님을 바라봐야 할 이유가 여기에 있다.

기쁨은 하늘의 기쁨이다. 이것은 세상이 줄 수 없는 기쁨이다. 요셉은 애굽으로 팔려간 처지에서도 이 기쁨을 소유했다. 하박국은 나라의 운명이 풍전등화 같은 데도 "외양간에 소가 없을지라도 나는 여호와로 말미암아 즐거워하며 나의 구원의 하나님으로 말미암아 기뻐하리로다(하박국 3:17-18)" 하였다. 전혀 기뻐할 수 없는 환경에서도 기뻐할 수 있는 것은 주님이 그 기쁨을 주시기 때문이다. 이 기쁨을 소유한 자는 하나님께 감사한다. 기쁨은 감사와 함께 간다.

이 빛과 기쁨, 두 가지 모두는 세상이 줄 수 없고, 세상에서 얻을 수 없는 것들이다. 그러나 하나님은 의인의 마음에 빛과 기쁨을 종자처럼 심어주셨다. 심어진 종자는 언젠가 열매를 맺는다. 주님은 우리 생활 속에서 주렁주렁 열릴 신앙의 열매를 기다리신다. 그것을 보실 하나님의 기쁨은 어떠하실까 싶다.

그래서 시편 97편 기자는 단호히 말한다. "의인이여 너희는 여호와로 말미암아 기뻐하며 그의 거룩한 이름에 감사할지어다(12절)." 지금 당신의 마음속에 얼마나 큰 빛과 기쁨이 있는지 찾아보기 바란다.

73

하나님이 기뻐하시는 제사는 다르다

"오직 선을 행함과 나누어주기를 잊지 말라 하나님은 이 같은 제사
를 기뻐하시느니라(히브리서 13:16)."

여기서 말하는 제사는 우리의 생활
제사다. 생활 예배에서 하나님께 기쁨을 드려야하는 데 그것이 바로
선을 행하는 것과 나눔의 삶을 사는 것이다. 이것이 진정한 예배라는
것이다. 교회에 나가 설교를 듣는 것만으로는 충분치 않다는 말씀이다.

바울은 말한다. "너희는 이 세대를 본받지 말고 오직 마음을 새롭
게 함으로 변화를 받아 하나님의 선하시고 기뻐하시고 온전하신 뜻
이 무엇인지 분별하도록 하라(로마서 12:2)."그 는 하나님이 기뻐하시
는 것이 무엇인지를 아는 분별력 있는 삶을 강조하였다. 멋대로, 자기
생각대로 살지 말라는 말이다.

그 중에 하나가 예배에 관한 것이다. "그러므로 형제들아 내가 하
나님의 모든 자비하심으로 너희를 권하노니 너희 몸을 하나님이 기
뻐하시는 거룩한 산제사로 드리라 이는 너희의 드릴 영적 예배니라
(로마서 12:1)."우리가 드려야 할 영적 예배는 우리 몸, 곧 삶에서 거
룩함을 드러내는 것이어야 하고, 그것을 하나님이 기뻐하신다는 말씀
이다.

잠언에 이런 말씀이 있다. "악인의 제사는 여호와께서 미워하셔도

정직한 자의 기도는 그가 기뻐하시느니라(잠언 15:8)." 하나님은 정직한 자의 기도를 왜 기뻐하실까? 그 이유는 간단하다. 의의 하나님은 정직을 기뻐하시기 때문이다. "나의 하나님이여 주께서 마음을 감찰하시고 정직을 기뻐하시는 줄을 내가 아나이다 내가 정직한 마음으로 이 모든 것을 즐거이 드렸사오며 이제 내가 또 여기 있는 주의 백성이 주께 자원하여 드리는 것을 보오니 심히 기쁘도소이다(역대상 29:17)."정직을 삶에서 드러내라는 것이다. 그것이 참 예배가 되고, 하나님께 영광을 돌리는 삶이 된다.

바울은 우리를 위해 이렇게 기도한다. "이러므로 우리도 항상 너희를 위하여 기도함은 우리 하나님이 너희를 그 부르심에 합당한 자로 여기시고 모든 선을 기뻐함과 믿음의 역사를 능력으로 이루게 하시고(살로니가후서 1:11)."그가 우리에게 바라는 것은 하나님의 부르심에 합당하게 살 것, 모든 선을 기뻐할 것, 그리고 성령이 주시는 능력으로 믿음의 역사를 이룰 것이다.

그리스도인은 오늘도 어떻게 하면 하나님을 기쁘시게 할까를 생각하는 사람들이다. 그렇다면 삶의 모습이 달라야 하지 않겠는가. 하나님은 우리에게 바라는 제사도 다르다. 모든 일에 선을 행하고, 나눔의 삶을 살며, 정직을 드러내며 사는 것이다. 이것이 하나님이 기뻐하시는 제사요 참다운 영적 예배다.

74

손과 발, 그리고 눈을 불 소금에 절이라

"사람마다 불로써 소금 치듯 함을 받으리라(마가복음 4:49)."

이 말씀은 매우 이해하기 어렵다. 공동번역을 보니 "누구나 다 불 소금에 절여질 것이다" 했다. 소금에 절이듯 불 소금에 절여진다 한다. 불 소금이라 하니 더 이해가 안 된다. 새번역은 "모든 사람이 다 소금에 절이듯 불에 절여질 것이다" 했다. 불에 절여진다니 과연 무슨 뜻일까.

이 말씀을 알려면 먼저 그 앞 절에 대한 철저한 묵상이 필요하다. 43, 45, 그리고 47절이다. 43절을 보자. "만일 네 손이 너를 범죄하게 하거든 찍어버리라 장애인으로 영생에 들어가는 것이 두 손을 가지고 지옥 곧 꺼지지 않는 불에 들어가는 것보다 나으니라." 손은 몸의 작은 지체다. 그 손이 범죄했다면 그것을 찍어버리라 한다. 실제로 그렇게 하라는 것은 물론 아니다. 무서운 경고의 말씀이다.

45절은 발에 관한 경고다. "만일 네 발이 너를 범죄하게 하거든 찍어버리라 다리 저는 자로 영생에 들어가는 것이 두 발을 가지고 지옥에 던져지는 것보다 나으니라." 그리고 47절은 눈에 대한 경고다. "만일 네 눈이 너를 범죄하게 하거든 빼버리라 한 눈으로 하나님의 나라에 들어가는 것이 두 눈을 가지고 지옥에 던져지는 것보다 나으니라."

경고는 손, 발, 그리고 눈에 한정되지 않는다. 철저한 회개와 다짐,

그리고 실행이 필요하다는 말이다. 찍어버리고, 빼버리는 것이다. 왜 그럴까? 그렇지 않을 경우 지체의 작은 죄 때문에 온몸이 구더기도 죽지 않고 불도 꺼지지 아니하는 지옥형벌을 받게 되기 때문이다.

이 절들에 앞서 "누구든지 나를 믿는 이 작은 자들 중 하나라도 실족하게 하면 차라리 연자맷돌이 그 목에 매여 바다에 던져지는 것이 나으리라"는 42절의 말씀이 있다. '누구든지 나를 믿는 이 작은 자들'에는 주께 나아오는 어린아이들(37절)과 비록 12제자는 아니지만 그리스도를 믿고 주의 이름으로 병을 고치는 자들(38절)도 있다. 이 작은 자들을 무시하거나 핍박하지 말라는 것이다. 그것도 죄라는 말씀이다.

49절을 현대인의성경은 이렇게 적었다. "제물이 소금으로 정결하게 되듯 모든 사람은 불로 정결하게 되어야 한다." KJV도 비슷하다. "모든 제물이 소금으로 절이게 되듯 모든 사람이 불로 절이게 되리라." 절인다는 것은 정결하게 됨을 의미한다. 오늘 삶에서 혹시 남을 실족하게 한 일은 없는가? 작은 자라고 무시한 적은 없는가? 그렇게 했다면 우리 눈이, 우리 입이, 우리의 마음이 소금에 절여져야 한다. 불에 절여져야 한다. 그래야 천국의 삶을 살 수 있다.

75

세상 인기에 목숨 걸지 말라

"그 때부터 그의 제자 중에서 많은 사람이 떠나가고 다시 그와 함께 다니지 아니하더라(요한복음 6:66)."

이 말씀은 예수를 따르던 제자들 중에 많은 수가 예수를 떠났다는 말이다. 인기가 푹 떨어졌다는 말이다. 왜 이런 일이 일어났을까? 예수님은 과연 인기에 연연하셨을까? 그것이 궁금하다.

요한복음 6장은 예수님의 인기가 아주 높이 올랐다가 심하게 떨어진 것을 보여준다. 인기의 절정은 오병이어로 5천명 이상을 먹이던 때였다. 사람들은 그를 왕으로 삼고 싶어 했다. 예수님은 자기를 억지로 왕으로 삼으려는 줄 아시고 혼자 산으로 떠나가셨다. 그만큼 인기가 높았다는 말이다.

무리들도 가만히 있지 않았다. 사라진 예수를 찾고 또 찾다가 가버나움에서 예수를 만났다. "랍비여 언제 여기 오셨나이까?" 하며 반갑게 맞았다. 예수님은 그들이 왜 자기를 그토록 찾는지 알고 계셨다. "내가 진실로 진실로 너희에게 이르노니 너희가 나를 찾는 것은 표적을 본 까닭이 아니요 떡을 먹고 배부른 까닭이로다(26절)."

그 다음부터 주님은 육신의 떡이 아니라 생명의 떡을 먹으라 하셨다. "썩을 양식을 위하여 일하지 말고 영생하도록 있는 양식을 위하여 하라 이 양식은 인자가 너희에게 주리니(27절)." 양식을 준다는 말에 무리들은 감격했다. 그리고 이스라엘 민족이 광야에서 먹었던 만나를 상기했다. 주님은 계속 말씀하셨다. "모세가 너희에게 하늘로부터 떡을 준 것이 아니라 내 아버지께서 너희에게 하늘로부터 참 떡을 주시나니 하나님의 떡은 하늘에서 내려 세상에 생명을 주는 것이니라." 그래도 사람들은 광야의 떡만 생각하며 그것의 재현을 기대했다. "주여 이 떡을 항상 우리에게 주소서." 예수님의 인기는 여기까지 좋았다.

주님이 주시겠다는 떡은 그것이 아니었다. "나는 생명의 떡이니 내게 오는 자는 결코 주리지 아니할 터이요 나를 믿는 자는 영원히 목마르지 아니하리라(35절)." 자기가 하늘에서 내려온 떡이라니 무슨 말인가? 내가 곧 생명의 떡이라니 무슨 말인가? "내 살은 참된 양식이요 내 피는 참된 음료로다." "인자가 이전에 있던 곳으로 올라가는 것을 본다면 어떻게 하겠느냐." 도저히 이해할 수 없는 말씀을 하셨다. 혼란스러워하던 그들은 "이 말씀은 어렵도다 누가 들을 수 있느냐" 했다. 그 때부터 예수 곁을 떠나는 수가 늘어났다.

예수님은 남아있는 제자들에게 물으셨다. "너희도 가려느냐?" 세상인기에 연연하지 않겠다는 말씀이다. 그 때 베드로가 단호히 말한다. "주여 영생의 말씀이 주께 있사오니 우리가 누구에게로 가오리이까(68절)." 우리가 주님을 따르는 것은 인기가 높아서가 아니다. 그분에게 생명이 있기 때문이다. 세상 인기에 목숨 걸지 말라.

76

고통 속에서 주님을 만나라

"밤이 되면 내 뼈가 쑤시니 나의 아픔이 쉬지 아니하는구나(욥기 30:17)."

욥이 고통을 호소하는 장면이다. 이와 유사한 장면은 욥기 곳곳에 등장한다. "아무리 말을 해보아도, 이 괴로움 멎지 않고 입을 다물어보아도, 이 아픔 가시지 않는구나(욥기 16:6 공동번역)." "근심과 고통으로 마음이 갈기갈기 찢어지고, 하루도 고통스럽지 않은 날이 없이 지금까지 살아왔다(욥기 30:27 새번역)." 욥이 아니면 느낄 수 없는 아픔이다.

질병으로 고통을 당한 사람이 한둘이 아니다. 다산 정약용은 질병의 종합병원이라는 말을 들었다. 입가엔 언제나 침이 흘렀고, 왼쪽 다리엔 마비 증세가 있었다. 혀가 굳어 말이 어긋나기도 했다. 선비 체면에 말이 아니다. 그는 평생 옴, 치통, 폐병, 중풍 등 온갖 병과 싸우면서도 학문을 이뤘다.

프로이트는 후두암 수술을 10년에 걸쳐 32번이나 받았다. 먹지도 못하고 마시지도 못했고 끝내는 말도 하지 못하게 되었다. 이런 무서운 고통가운데서 그는 겸손하고 묵묵하게 참아냈다. 스토아 사상의 영향을 받아 고통을 운명으로 받아들이며 조용히 살았다. "인간의 고통은 우리의 한계를 벗어나 있다." 오죽 아팠으면 그런 말을 했을까.

칼빈은 젊었을 때 먹지 못한데다 밤새우기를 자주했다. 그로 인해 두통으로 고생했다. 일생동안 왼쪽을 사용하는데 어려움을 느꼈다. 늑막염, 폐병, 치질, 종양, 학질, 위경련, 악성장염, 담석증, 관절염과 싸웠다. 기관지 계통의 질병으로 강단에서 설교를 오래할 땐 피가 솟구치는 고통을 겪기도 했다. 그는 위장병으로 고통스러울 때 이렇게 부르짖었다. "오, 하나님, 당신은 나를 씹으시는군요."

「빙점」의 작가 미우라 아야코(三浦綾子), 그도 움직이는 종합병원이었다. 24세부터 13년간 각종 병을 앓아 침대생활을 했다. 직장암, 파킨슨병, 척추카리에스. 24세에 폐결핵과 척추 카리에스로 투병생활을 시작해 결혼과 함께 다소 회복되기도 했지만 60세에 다시 직장암이 발병해 긴 고통의 터널을 지나야 했다. 말년엔 파킨슨병을 앓았다.

그런 가운데 「빙점」이 아사히신문 소설공모전에 당선되었고, 일본 최고 소설가로 성장했다. 그는 병상에서 주님을 만나 깊은 신앙을 갖게 되었다. "내가 잃는 것은 질병이고, 내가 얻은 것은 신앙과 생명이다." 그 후 사랑과 평화를 주제로 한 기독교 작품 집필을 내놓아 홋카이도 문화상을 받았다. 1999년 복합장기부전으로 소천 했다. 그의 나이 77세였다.

사람들은 생각할 것이다. 이렇듯 아픔에 시달리는 것보다는 죽는 것이 더 낫다. 하지만 그 몸부림 속에 우리가 알 수 없는 더 큰 은혜가 있다. 주님은 우리의 아픔과 슬픔 속에 계시고, 그 속에서 우리를 일으키신다. 욥도, 칼빈도, 미우라도 그렇게 세우셨다. 고통 속에서 주님을 만나라.

주님이 바라는 것은 아름다운 결실이다

"좋은 땅에 있다는 것은 착하고 좋은 마음으로 말씀을 듣고 지키어
인내로 결실하는 자니라(누가복음 8:15)."

이 말씀을 보면 좋은 땅은 좋음 마음
밭이다. 나아가 말씀을 듣고 지키며 인내로 결실을 맺는다. 결실을 위
해선 땅도 좋아야 하고, 인내도 중요하다.

주님은 우리 마음 밭에 씨를 뿌린다. 그것도 좋은 씨다(마태복음
13:37). 그것도 복음의 좋은 것을 골라 뿌리셨다. 씨앗에는 우리를 향
한 주님의 비전이 담겨 있다. 하나의 밀알이지만 엄청난 미래, 꿈, 생
명력이 담겨 있다. 그것이 열매로 나타난다. 주님이 좋은 열매를 기대
한 것은 당연하다. "좋은 땅에 뿌려졌다는 것은 곧 말씀을 듣고 받아
삼십 배나 육십 배나 백배의 결실을 하는 자니라(마가복음 4:20)." 삼
십 배, 육십 배, 백배의 결실이다. 선하고 아름다운 결실이다.

좋은 땅 대신 좋은 나무로 표현되기도 한다. "못된 열매 맺는 좋은
나무가 없고 또 좋은 열매 맺는 못된 나무가 없느니라(누가복음
6:43)." 다시 말하면 좋은 나무마다 아름다운 열매를 맺고 못된 나무
가 나쁜 열매를 맺는다(마태복음 7:17).

주님이 우리에게 바라시는 것은 좋은 열매다. 그런데 이스라엘은
그렇지 못했다. 그래서 이런 말을 들었다. "내가 내 포도원을 위하여

행한 것 외에 무엇을 더할 것이 있으랴 내가 좋은 포도 맺기를 기다렸거늘 들 포도를 맺음은 어찌 됨인고(이사야 5:4)." 바라는 열매를 얻지 못했다는 말이다. 우리도 예외가 아니다.

바울은 그리스도의 좋은 병사가 되라고 한다. "너는 그리스도 예수의 좋은 병사로 나와 함께 고난을 받으라(디모데후서 2:3)." 고난을 받으라는 것은 인내하라는 말이다. 병사가 해야 할 일은 명확하다. "범사에 헤아려 좋은 것을 취하고(데살로니가전서 5:21)." 무엇을 하든지 주님의 가르침에서 벗어나지 않고, 지켜 행하는 것이다.

좋은 병사는 그리스도의 좋은 일꾼이 되어 형제를 말씀으로 깨우치는 것이다. "네가 이것으로 형제를 깨우치면 그리스도 예수의 좋은 일꾼이 되어 믿음의 말씀과 네가 따르는 좋은 교훈으로 양육을 받으리라(디모데전서 4:6)." 양육을 받는 자도 그 좋은 것을 함께 한다. "가르침을 받는 자는 말씀을 가르치는 자와 모든 좋은 것을 함께 하라(갈라디아서 6:6)." 좋은 열매를 맺기 위함이다.

예수님은 꽃이 아니라 열매를 보여 달라고 하신다. 꽃은 잠시의 인기요 성공이요 재미요 성공이다. 하지만 열매는 인격과 성품으로, 의미와 성숙으로, 섬김으로 나타난다. 꽃이 떨어져야 그 자리에 열매가 맺힌다. 내가 아니라 예수의 성품으로 가득할 때 열매를 맺을 수 있다. 열매는 인내를 요구한다. 언제까지 견디어야 할까? 열매를 맺을 때까지다. 천국 가는 그 순간까지다. 우리 힘으로는 할 수 없다. 주님이 우리와 함께 할 때 열매를 맺을 수 있다. 아름다운 열매, 좋은 열매다.

78 하나님을 가까이하라
그리하면 너희를 가까이하시리라

"너희 중에 누구든지 지혜가 부족하거든 모든 사람에게 후히 주시고 꾸짖지 아니하시는 하나님께 구하라 그리하면 주시리라 (야고보서 1:5)."

야고보서를 보면 "--하라 그리하면"이라는 구절을 여러 곳에서 볼 수 있다. 1장에선 먼저 "하나님께 구하라 그리하면 주시리라" 한다. 하나님은 우리를 외면하지 않으신다는 말씀이다. 왜 그럴까? 부모가 자녀를 생각하듯 하나님이 우리를 생각하시기 때문이다. 우리는 그분의 자녀가 아닌가. 더욱이 다른 것도 아니고 지혜를 더 달라고 하니 정말 기특하지 않는가.

4장에는 두 가지 경우가 등장한다. 하나는 "하나님을 가까이하라 그리하면 너희를 가까이하시리라 죄인들아 손을 깨끗이 하라 두 마음을 품은 자들아 마음을 성결하게 하라(약 4:8)." 하나님을 가까이 하면 하나님께서도 우리를 가까이 하시리라는 말씀이다. 하나님을 가까이하려는 마음만 가져도 우리의 손과 발, 마음이 더 순결해지는 것 같다. 죄를 싫어하는 분이시니 우리도 그것으로부터 멀리하고 싶어 할 것이다.

다른 하나는 "주 앞에서 낮추라 그리하면 주께서 너희를 높이시리라(약 4:10)."는 말씀이다. 주 앞에서 겸손하라는 것이다. 주님은 우리 마음이 낮아지는 것을 기뻐하신다. 그 속에 우리 자신보다 하나님을 갈망하는 마음이 크기 때문이다. 하나님의 속성이 우리 마음에 채워지니 점점 칭찬받을 존재가 되지 않겠는가. 자연히 그렇게 된다는 말씀이다.

5장에는 "형제들아 서로 원망하지 말라 그리하여야 심판을 면하리라 보라 심판주가 문 밖에 서 계시니라(약 5:9)."는 말씀이 있다. 서로 원망하는 것은 인내심이 부족한 탓이다. 사람이 사는 데 왜 원망과 불평이 없겠는가? 하지만 꾹 참고 더 인내하고 참고 견디면 좋은 결과를 얻을 때가 있다. 농부의 인내를 배우라 하지 않으시는가. 원망하지 않고 참으면 심판을 면한다. 하나님이 보시고 기뻐하신다는 말씀이다. 인내의 결실을 맺는 것이다. 야고보는 심판주가 문밖에 서 계신다는 사실을 명심하라 한다. 이것은 우리가 이웃에 대해 어떤 태도를 가지고 살아야 하는가를 보여준다.

이 말씀은 야고보서에만 있는 것이 아니다. 역대하 20장을 보자. "여호사밧이 서서 이르되 유다와 예루살렘 주민들아 내 말을 들을지어다 너희는 너희 하나님 여호와를 신뢰하라 그리하면 견고히 서리라 그의 선지자들을 신뢰하라 그리하면 형통하리라(역하 20:20)." 모압과 암몬의 연합군이 유다를 침공하자 여호사밧은 금식을 선포하고 하나님의 도우심을 간구했다. 그리고 "하나님을 신뢰하라 그리하면 견고히 서리라." 했다. 얼마나 멋진 말인가. 오직 하나님을 바라는 마음을 읽을 수 있다. 하나님이 그들을 도우셨음은 물론이다.

하나님을 신뢰하고, 그분께 가까이 가며, 지혜를 구하라. 형제를 원망하지 말고 주님 앞에서 자신을 낮추라. 그리하면 주님이 도우실 것이다.

주님께 찬양하라 셀라

"땅의 왕국들아 하나님께 노래하고 주께 찬송할지어다.
셀라(시편 68:32)."

성경을 읽다 보면 셀라라는 단어가
종종 나온다. 기쁨과 평화를 뜻하는 셀라(shellah, shelah)도 있고, 무기를
뜻하는 셀라(Salah)도 있다. 거기에서 이름을 따오기도 한다. 그러나 성
경에서 가장 많이 나오는 셀라(selah)가 있다. 시편에 71번, 하박국에 3
번 나온다. 시편 68편에 나오는 이 셀라는 과연 무슨 의미를 가지고 있
을까? 아쉽게도 아직까지 정확한 의미는 밝혀지지 않았다. 여러 가지로
추정할 뿐이다. 하지만 뜯어보면 그 하나하나에 의미가 있어 좋다.

가장 많이 거론되는 것은 히브리인들의 음악전문용어(musical
nomenclature) 중 어떤 뜻을 가진 것으로 보는 것이다. 특히 음을 높이
는 것으로 해석한다. 이 경우 셀라는'높이다'는 뜻의 히브리어'솔라
(sollah)'에서 파생된 것으로 본다. 유대인들은 시편을 음악에 맞춰 찬
송했다. 주악에 맞춰 찬양할 때 이 부분에서 리듬을 올린다. 또한 이
어질 내용은 관심을 두어야 할 대목이므로 악기의 음을 다시금 조정
하라는 단순한 표시라는 주장도 있다. 악기의 줄이 느슨해졌을 경우
다잡는 기회도 된다.

셀라를 '멈추다'는 의미로 해석하기도 한다. 시편을 읽다가 셀라가

표시된 지점에서 잠시 멈춰 지금까지 읽은 말씀을 생각하는 것이다. 이것은 말씀을 되새기기 위한 멈춤이라는 점에서 의미가 있다. 이 때 셀라는 쉼표 역할을 한다. 우리도 말씀을 읽다가 잠시 묵상하는 시간이 필요하다.

셀라를 '달다'는 뜻을 가진 히브리어'칼라(calah)'로 해석하는 사람도 있다. 칼라는 무게를 다는 것을 의미한다. 유대인들은 귀중한 것을 달아 그 가치를 측정했는데, 마찬가지로 읽은 말씀을 귀히 여기고 마음의 저울에 담는 것이다. 말씀의 가치를 높이 사는 모습을 담고 있다.

그밖에도 '영원히'를 뜻한다는 주장도 있고, '받듦'이라 주장하기도 하며, '아멘'처럼 공감하고 화답하는 단어라는 주장도 있다. 간주라는 주장도 있다.

지금까지 여러 가지로 생각해보았지만 셀라의 정확한 의미는 아직 없다. 바른 의미를 찾을 때까지 우리는 시편이나 하박국에서 셀라를 만날 때 여러 형태로 마음가짐을 다시 할 필요가 있다. 음을 높여 하나님께 감사하고 찬양하거나 말씀을 마음에 담아 잠시 묵상해 본다. 어떤 형식이든 말씀에 대한 우리의 태도가 새로워진다는 점에서 좋다.

"구원은 여호와께 있사오니 주의 복을 주의 백성에게 내리소서. 셀라(시편 3:8)." "주의 백성의 죄악을 사하시고 그들의 모든 죄를 덮으셨나이다. 셀라(시편 85:2)." "영광의 왕이 누구시냐 만군의 여호와께서 곧 영광의 왕이시로다. 셀라(시편 24:10)."

탐욕은 그 이름조차 부르지 말라

"그들에게 이르시되 삼가 모든 탐심을 물리치라 사람의 생명이 그 소유의 넉넉한 데 있지 아니하니라 하시고(누가복음 12:15)."

예수님이 가르치실 때 한 사람이 찾아와 부탁을 한다. "선생님 내 형을 명하여 유산을 나와 나누게 하소서." 그러자 주님은 "이 사람아 누가 나를 너희의 재판장이나 물건 나누는 자로 세웠느냐" 하시고 삼가 모든 탐심을 물리치라 하셨다. 한두 탐심이 아니다. 모든 탐심이 제침의 대상이다.

마더 테레사가 죽자 인도 정부는 국장으로 치렀다. 예포 3발을 소총 3발로 바꿨다. 그의 청빈정신을 기리기 위해서다. 그는 큰 사랑을 베푼 사람이다. 사람들로부터 버림받아 쥐가 자신의 몸을 파먹고 있을 정도의 사람도 마다하지 않고 기쁨으로 받아 섬겼다. 이웃에게 사랑을 베풀면서도 자신에게 철저한 것이 있다. 바로 청빈이다. 그는 자신에게 옷 두벌도 많다 했다. 그만큼 가난하게 산 것이다. 한 마디로 세상 욕심을 버렸다.

가룟 유다는 예수님을 팔았다. 예수님은 이를 미리 아시고 그에 대해 이렇게 말씀하셨다. "인자는 자기에 대하여 기록된 대로 가거니와 인자를 파는 그 사람에게는 화가 있으리로다 그 사람은 차라리 태어나지 아니하였더라면 제게 좋을 뻔하였느니라(마태복음 26:24)." 물질에 실패한 그를 두고 한 말씀이다.

사단은 이 순간도 우리를 물질로 시험 들게 한다. 그리스도인은 누구의 말을 들어야 할까? 우리는 거룩한 하나님의 사람들이다. 세상에 속한 사람들이 아니다. 그리스도인은 자기 배만 채우기 위해 돈을 쌓는 사람이 아니다.

김세윤은 예수를 믿으면 건강 얻고 출세하고 부자 된다는 신학을 '번영신학'이라 하고 이것은 맘몬(재물)에 대한 우상숭배와 다름없다고 한다. 탐욕으로 과도한 부를 추구하면 결국 남의 것을 빼앗게 된다. 월스트리트의 물신숭배가 수억 명의 삶을 곤경에 빠뜨리지 않는가. 돈을 더 쌓아놓으려 하면 결국 이웃을 착취하게 된다. 가난한 사람을 거둬 먹이고 함께 살았던 초대교회의 정신에 주목해야 한다. 돈 많이 벌어 헌금 많이 하라고 교회가 있는 게 아니다. 그는 한 마디로 탐심의 복음을 버리라 한다.

어디 그뿐일까? 바울은 강하게 말한다. "음행과 온갖 더러운 것과 탐욕은 너희 중에서 그 이름조차도 부르지 말라 이는 성도에게 마땅한 바니라(에베소서 5:3)." 탐욕은 그 이름이라도 부르지 말라는 것이다.

성경은 왜 탐심을 버리라 할까? 물질 없이 어떻게 살 수 있다는 말인가? 주님도 우리의 필요를 아신다. 중요한 것은 자제할 줄 알아야 한다는 것이다. 사자는 자기가 먹을 만큼 사냥한다. 그러나 인간은 자제하지 못하고 '좀 더' 갖고자 한다. 갖는 것이 나쁜 것은 아니지만 자제력을 잃고 그것에 몰두한다면 문제가 있다. 바울은 탐심을 우상숭배라 한다(골로새서 3:5). 죄라는 말이다. 날마다 그 정욕과 탐심을 십자가에 못 박으라.

81

위로조차 거부하고 싶을 때

"그의 모든 자녀가 위로하되 그가 그 위로를 받지 아니하여 이르되
내가 슬퍼하며 스올로 내려가 아들에게로 가리라 하고 그의 아버
지가 그를 위하여 울었더라(창세기 37:35)."

성경을 보면 위로를 거부한 사람들
이 있다. 야곱과 욥이다. 야곱은 사랑하는 아들 요셉의 피 묻은 옷을
보자 그의 죽음을 직감했다. 다른 자식들 모두가 나아와 위로했다. 하
지만 그는 위로받기를 거절했다.

"내가 슬퍼하며 스올로 내려가 아들에게로 가리라." 스올(Sheol)로
내려가겠다는 것은 죽겠다는 말이다. 그곳은 깊이를 알 수 없는 음부,
곧 죽은 자의 곳이다. 그는 이 말을 하며 울었다. 야곱도 답답했겠지
만 당사자인 요셉은 얼마나 마음이 답답했을까.

욥이 고통 속에 있을 때 친구들이 찾아와 위로했다. 하지만 그는
그 위로를 거부했다. "어찌하여 내가 태에서 죽어 나오지 아니하였던
가 어찌하여 내 어머니가 해산할 때에 내가 숨지지 아니하였던가(욥
기 3:11)." 욥은 자신의 태어남을 저주하며 차라리 낙태되어 땅에 묻
힌 아이 같았으면 좋겠다 했다. 죽고 싶다는 말이다. 극심한 절망과
좌절 앞에서 위로받기보다 죽음을 생각할 때가 있다.

해마다 자살하는 사람들이 늘어가고 있다. OECD가입국가 중 한국

이 자살률 1위라 한다. 불명예다. 왜 자살을 할까? 사업실패로, 소외감에, 가난해서, 우울증이 심해서, 성적이 좋지 않아서, 억울해서. 이유가 다 있다.

헤밍웨이 가문은 우울증, 알코올 중독, 자살문제로 시달렸다. 헤밍웨이는 61세에 자살했다. 그의 여동생은 5년 후 자살했고 남동생은 16년 후 자살했다. 그의 손녀딸은 1996년에 자살했다. 그런데 그의 아버지는 이미 1928년에 자살했었다. 가정적으로 안타깝고, 사회적으로도 손해다.

하나님은 야곱과 욥을 그렇게 하도록 내버려두셨을까? 그렇지 않았다. 오히려 극한상황을 벗어나 그 다음을 준비케 하셨다. 자살로 삶을 마감하는 것은 하나님이 바라는 것이 아니다. 하나님은 우리 각자에 대한 소망을 가지고 계신다. 적어도 이 땅에 우리를 보내실 때는 비록 고난이 있다 하더라도 그것을 극복하고, 또 극복해서 아름답게 마무리하기를 바라신다. 삶이 아무리 고달프다 해도 자신을 그것에 내어주어선 안 된다.

삶의 과정에서 위로를 거부할 만큼 마음상하는 일이 왜 없겠는가. 사건도 일어나고, 이유도 다 있다. 그러나 그 순간이 올 때 다시 한번 생각해보자. 그것이 진정 자신의 생명을 내어줄 만큼 가치 있는 일인가? 그 길 이외에 다른 길은 없는가? 하나님께 무엇이라 말할 수 있겠는가? 하나님은 우리에게 우리의 삶을 끝낼 수 있는 권한을 주신 적은 결코 없다. 오직 고통을 극복할 수 있는 특권을 주셨다. 이제 그 특권을 아름답게 사용할 때다.

82

형제를 무시하면 이미 살인한 것이다

"나는 너희에게 이르노니 형제에게 노하는 자마다 심판을 받게 되고 형제를 대하여 라가라 하는 자는 공회에 잡혀가게 되고 미련한 놈이라 하는 자는 지옥 불에 들어가게 되리라(마태복음 5:22)."

주님의 이 말씀은 우리가 형제에 대해 어떤 태도를 가져야 하는가를 보여준다. 형제는 미움보다 사랑의 대상이어야 한다는 것이다.

형제에게 노한다는 것은 화를 내는(angry) 것을 말한다. 분노하게 되면 심판을 받는다 하신다. 이 때 심판은 '호 크리시스(ho krisis)로 지방재판소(the court)를 말한다. 이곳에 넘겨져 재판을 받게 된다는 것이다. 세 경우에서 가장 낮은 단계에 속한다.

형제에게 라가(raca), 곧 '어리석은 놈,' '골빈 놈'이라 말하는 자는 최고재판소(the supreme court)에 잡혀간다. 유대 사회에서 최고재판소는 산헤드린, 곧 공회를 뜻한다. 라가를 바보(공동번역), 얼간이(새번역)로 해석하기도 한다. 무시하는 말을 하면 중죄에 처한다는 것이다.

끝으로, 형제에 대해 미련한 놈, 곧 '모레(more)'라 하는 자는 지옥불에 던져진다. 여기서 미련한 놈이란 앞의 경우처럼 그저 '바보'라며 무시하는 수준이 아니라 '미친 놈(공동번역)'이라 경멸하며 모욕을 주는 수준이다. 라가보다 정도가 심하다. 이런 경우 게헨나(gehenna),

곧 불길이 타오르는 지옥(the fiery hell)에 던져진다는 것이다.

사람은 화를 낼 수 있고, 욕도 할 수 있다. 그런데 예수님은 왜 이렇게 말씀하실까? 그것은 그 마음속에 사랑과 배려가 아니라 미움과 질시, 무시와 멸시가 자리 잡고 있기 때문이다. 주님이 보시기에 이것은 살인행위다. 살인행위에 해당되기 때문에 재판소에 넘겨지고, 최고재판소에 가야하며, 심한 경우 지옥 불에 던져지는 것이다. 주님은 이 모든 행위를 죄가 있다고(guilty) 하신다. 심판을 피할 수 없다는 것이다.

여기서 형제는 피붙이 형제만 의미하지 않는다. 주안에서의 형제까지 포함되는 넓은 개념의 형제다. 아니 이웃 모두에게 해당되는 개념이다. 공동체 안에서 모함하고 무시하고 욕하는 행위는 살인행위란 말이다. 이것은 그리스도인으로서 바람직하지 않다. 그 속에 사랑이 없기 때문이다. 무지한 말로 상대방을 중상 모략한다든지, 있지도 않는 말을 지어내 곤경에 빠뜨린다든지, 의도적으로 그를 죽음의 자리에 몰아넣는 것도 살인이다.

악한 말을 하는 것은 이미 그 마음에 하나님이 자리하고 있지 않다는 것을 의미한다. 악이 그 자리를 차지하고 있어 선이 설 자리가 없다. 사람만 죽여서 살인이 아니다. 그 마음에 상대에 대한 미움과 분노, 멸시가 자리한다면 이미 살인한 자다. 이것이 바로 주님의 살인관이다. 주님은 드러난 행위보다 마음의 중심을 보신다. 모든 죄는 거기에서 비롯되기 때문이다. 주님의 법정신은 율법을 넘어선다. 형제를 존중하고 사랑하라.

83

하나님의 전신갑주를 입으라

"그러므로 하나님의 전신 갑주를 취하라 이는 악한 날에 너희가 능
히 대적하고 모든 일을 행한 후에 서기 위함이라(에베소서 6:13)."

전신갑주(the whole armor)는 전투를
위한 완전 복장이다. 같은 장 11절엔 "마귀의 궤계를 능히 대적하기
위하여 하나님의 전신갑주를 입으라" 했다. 일반전투가 아니라 악한
날에 마귀를 대적하기 위한 것이다. 사단에 맞서 싸우기 위해선 완벽
한 대비가 필요하다. 철저함이 없으면 무너진다.

에베소서 6장에 소개된 전신갑주에 튼튼한 가죽 벨트, 가슴을 보호
하는 플레이트, 신발, 방패, 화살, 투구, 검 등이 소개되어 있다. 모두
옛 군사의 모습이다. 현대전은 아니다. 하지만 사단도 무기를 발전시
켰을 것이니 완전무결한 대비는 필수다.

바울은 이 갑주를 입은 영적 군사의 모습을 다음과 같이 그리고 있
다. "진리로 너희 허리띠를 띠고 의의 호심경을 붙이고 평안의 복음
이 준비한 것으로 신을 신고 모든 것 위에 믿음의 방패를 가지고 이
로써 능히 악한 자의 모든 불화살을 소멸하고 구원의 투구와 성령의
검 곧 하나님의 말씀을 가지라(에베소서 6:14-17)." 사단을 대비한 우
리의 영적 무기는 예나 지금이나 변함이 없다. 진리와 의, 깨어있음과
믿음, 구원, 그리고 하나님의 말씀이다. 이것은 철통같은 하나님의 전

하나님의 전신갑주를 입으라 183

신갑주다. 지금 우리가 이런 전신갑주를 입고 있는지 철저히 살펴볼 일이다. 하나님 나라에 소망을 둔 사람이라면 이 땅에서도 그 나라의 차림새로 살아야 하지 않겠는가.

이것 외에 꼭 필요한 것은 기도다. "모든 기도와 간구를 하되 항상 성령 안에서 기도하고." 기도는 하나님과 늘 소통하는 것이다. 전투 수행 중 부대원들은 상부의 지시를 받으며 순간순간 무전기로 소통하지 않는가. 하나님과 소통하지 않고, 우리 자신의 힘만 믿으면 패한다. 나아가 "여러 성도를 위하여 구하라." 했다. 함께 하는 우리의 영적 동지들도 늘 깨어있도록 기도하라는 것이다. 마귀의 궤계를 이기기 위해서는 협동작전이 필요하다.

나아가 그는 이 전신갑주를 '빛의 갑옷'이라 했다. "밤이 깊고 낮이 가까웠으니 그러므로 우리가 어둠의 일을 벗고 빛의 갑옷을 입자(로마서 13:12)." 이 복장을 하지 않으면 어둠의 권세를 이길 수 없다는 말이다.

이 땅은 늘 사단의 공격을 받는 곳이다. 단순한 위험지대가 아니라 영적 전쟁터다. 지금 이 순간에도 사단의 공격에 넘어지고, 피 흘리며, 죽어가고 있는 사람이 부지기수다. 오늘 당신의 복장은 어떤가? 사단의 세력과 단호히 맞서는 전투복인가, 아니면 한가하게 놀러가는 차림인가? 진지하게 답할 일이다. 사단은 당신의 차림새만 보아도 어떤 영적 상태인지 금방 안다. 공격의 틈새를 주지 말라. 하나님은 우리가 사단의 먹이가 되는 것을 원치 않으신다. 하나도 잃지 않고 싶은, 그분의 귀한 자녀이기 때문이다.

84

주님의 일을 사람이 막을 순 없다

"우리가 다 땅에 엎드러지매 내가 소리를 들으니 히브리말로 이르되 사울아 사울아 네가 어찌하여 나를 박해하느냐 가시 채를 뒷발질하기가 네게 고생이니라(사도행전 26:14)."

바울이 아그립바 왕 앞에서 자신이 어떻게 그리스도인이 되었는가를 설명하는 시간이 있었다. 사울은 바울의 옛 이름이다. 그는 원래 골수 바리새인으로 예수 믿는 자를 핍박하는 일에 가장 앞장섰던 인물이었다. 스데반이 순교를 당할 때 그는 그곳에 있었고, 다메석까지 수색할 정도였다. 오죽 열심이었으면 예수님이 그에게 나타나 말씀을 하셨을까.

예수님이 그에게 나타나신 것은 단지 핍박을 그치기 위한 것이 아니다. 그를 예수의 증거자로 삼기 위한 것이었다. 핍박자에서 증거자로 180도 전환이다.

예수님은 그에게 말씀하셨다. "사울아 네가 어찌하여 나를 박해하느냐?" 사실 사울이 예수님을 직접 박해한 일은 없다. 하지만 예수님은 예수 믿는 자를 핍박하는 일은 곧 자신에 대한 박해라 말씀하셨다. 예수님 자신이 예수 믿는 자와 동일시하신 것이다. 이것은 놀라운 말씀이다. 그리고 믿는 자로서 가슴 뿌듯한 말씀이다.

나아가 "가시 채를 뒷발질하기가 네게 고생이니라" 하셨다. 가시

채(goad)는 동물을 후려치는 채찍을 말한다. 짐승, 특히 소나 말을 몰기 위해 뾰족한 나무 막대기의 한쪽 끝에 쇠(spike)나 뼈를 박아 사용했다. 그것으로 사람을 치면 살점도 묻어나고 피가 주르르 흐를 만큼 무서운 채찍이다. 말이 가지 않으려 할 때 주인이 뒤에서 후려치면 아파서 막 뛰어간다. 가시채로 맞는 것이 싫은 말은 가시 채를 쳐내고자, 가시 채를 쥔 사람을 밀어내고자 힘껏 뒷발질을 한다. 말은 아무리 그렇게 해봐야 헛것이다. 그럴수록 더 심한 채찍을 받는다. 고통이 이만저만 아니다. 포기하고 갈 수밖에 없다.

주님은 왜 사울에게 이 말씀을 하셨을까? 그것은 사울이 아무리 그리스도인을 박해하고 대적할수록 자신에게 고통만 더할 뿐이라는 말씀이다. 그러니 황소처럼 쓸데없이 고집피우지 말고 핍박을 접으라는 것이다. 그렇게 한다고 복음이 전파되는 것을 막을 수 있을 것 같으냐? 하나님의 일을 사람이 막을 수 있다고 생각하느냐는 말씀이다. 박해가 심할수록 복음의 불길은 오히려 타오른다. 교회사가 이것을 증명하고 있다.

다음 절은 사울의 질문과 예수님의 답이 소개된다. "내가 대답하되 주님 누구시니이까 주께서 이르시되 나는 네가 박해하는 예수라(행 26:15)." 예수님을 이미 주로 시인한 것이다. 놀라운 전환이다. 주님의 말씀 한 마디에 사울의 그 질긴 고집도 꺾였다. 주님을 만나면 더 이상의 뒷발질은 무의미하다. 주님은 그를 소명자로 부르셨고, 그는 주님의 충실한 종이 되었다. 말씀의 증거자로 살았다. 주님이 쓰시겠다 하면 순종 외에 다른 길은 없다.

85

하영인은 축복받은 사람이다

"무릇 하나님의 영으로 인도함을 받는 사람은 곧 하나님의 아들이 라(로마서 8:14)."

아내가 카카오톡으로 로마서 8장 14절을 보내면서 제목을 '하영인'이라 했다. '하나님의 영으로 인도함을 받는 사람'의 준말이다. 그런 사람이 되라는 뜻이다. 고맙다. 그런데 같은 날 친구와 함께 교회 얘기를 하면서 자기 교회 부목사였다며 '하영인'목사 얘기를 꺼낸다. 갑자기 '하영인'이라니. 우연치곤 너무 놀랐다. 알고 보니 본명은 아니란다. 사역을 하다보면 가명을 써야 할 때가 있다.

바울이 말하는 '하나님의 영'은 성령을 뜻한다. 성령의 인도함을 받는 사람은 바로 하나님의 아들이라는 말이다. 예수님은 하나님 아버지께서 성령을 자신의 이름으로 보내실 것이라(요 14:26) 하셨고, 또한 '내가 아버지께로서 너희에게 보낼 보혜사(요 15:26)'라 하심으로 이를 재확인해주셨다. 예수님이 원 보혜사이고, 성령은 제2의 보혜사이다. 성령은 영원히 우리와 함께 하며 예수 그리스도를 증거하고, 그 영광을 드러낸다. 우리로 하여금 하나님의 자녀로 살게 한다. 하나님의 사람은 주안에서 성령님의 인도함을 받고 사는 행복한 사람이다.

C. S. 루이스는 늦은 나이에 장가를 갔다. 그런데 아내가 암에 걸려

죽게 되자 크게 낙심했다. "하나님, 그러실 수 있습니까? 나름대로 믿음으로 살고 있는데." 맥그라스(A. McGrath)는 이런 그를 보며 위험스럽게 생각했다. "그가 믿음에서 떨어지면 어쩌나!" 안타까움을 보이기도 했다. 하지만 그는 성령의 힘으로 이 모든 과정을 극복했다. 그런 때 성령께서도 말할 수 없는 탄식으로 그를 붙드셨을 것이다.

이것이 바로 예수 그리스도의 영광을 드러내는 성령의 사역 모습이다. 우리는 연약하다. 하지만 성령이 우리 안에 계시면 예수님과 인격적인 사랑의 교통을 누리게 하고, 예수님을 닮은 인격으로 변화되게 하며, 땅 끝까지 이르러 예수 그리스도의 증인이 되게 한다. 넘어질 때 일어서게 한다. 그래서 우리는 늘 성령의 도우심이 필요하다. 방황할수록, 힘들수록 성령님의 인도함을 받으며 주님을 만나야 한다. 그래야 승리할 수 있다.

하나님의 영은 우리의 생각이 잘못될 때 고쳐주시고, 삶의 우선순위도 잡아주신다. 기도가 잘못된 경우도 마찬가지다. 성령은 우리로 하여금 하나님 뜻대로 살며 기도하게 하신다. 그 영이 우리 안에 역사하기 때문이다. 이 모두 우리가 하나님의 자녀임을 보여주시는 증거이자 주안에 사는 기쁨이다.

악한 우리가 스스로 하나님의 자녀라 주장할 순 없다. 하지만 이런 우리를 기꺼이 자녀 삼아주신 분은 하나님이시다. 그분의 깊고 너른 사랑이 우리를 품고, 지금도 성령을 통해 힘을 공급해주신다. 주님이 아니면 모두 불가능한 일이다. 하영인은 참으로 축복받은 사람이다.

86

독생자는 우리를 기이한 빛에 들어가게 하신 분이다

"하나님이 세상을 이처럼 사랑하사 독생자를 주셨으니
이는 그를 믿는 자마다 멸망하지 않고 영생을 얻게 하려 하심이라
(요한복음 3:16)."

성경에서 예수님에 관해 '메시야,' '나사렛 예수,' '그리스도,' '임마누엘,' '주님'등 여러 표현이 있지만 아주 독특한 표현으로 '독생자'가 있다. 독생자란 과연 무슨 뜻일까?

한문으로 독생자(獨生子)는 외아들이라는 뜻이다. 하나님의 외아들로 예수를 가리키는 말이다. 그렇다면 하나님은 아버지시고, 예수님은 그분의 외아들이라는 말인가? 예수님이 기도하실 때 하나님을 아버지라 부르신 적도 있기 때문에 틀린 말은 아니다. 하지만 하나님과 예수님을 부자관계로만 인식하는 것은 문제가 있다. 성부 하나님, 성자 하나님, 그리고 성령 하나님은 한분이시기 때문이다.

그렇다면 독생자는 무슨 뜻일까? 헬라어로 '모노게네스(monogenes)'다. 모노(mono)는 '하나의,' '유일한,' '특이한'이란 뜻을 가지고 있다. 그리고 게네스(genes)는 '분,' '존재'라는 뜻을 가지고 있다. 그러므로 모노게네스는 유일하신 분, 특유하신 존재라는 뜻이다. 하나님께서 우리를 사랑하고 영생을 얻기 위해 아주 특유하고, 유일하신 분을 이

땅에 보내셨다는 것이다. 그분이 바로 예수님이고, 하나님 자신이다. 세례 요한은 '독생하신 하나님(요 1:18)'이 나타나셨다 했다.

영어로는 여러 표현이 있다. 그 중 하나가'the only begotten Son'이다. KJV 성경이나 NASB 성경은 이 단어를 사용했다. 여기서 'begotten Son'은 '태어난 아들'이란 의미가 아니다. 물론 이 땅에 태어나시긴 (born) 했다. 하지만 '생성' 또는 '낳다'는 뜻이 아니다. 하나님의 본체시지만 스스로 낮아지셔서 이 땅에 오셨기 때문에 피조물과는 차원이 다르다. NIV 성경은'one and only Son'이라 했다. 한분이자 유일하신 성자, 특유하고 유일하신 성자 하나님이란 말이다. 독생자는 예수님이 하나님 그 자체이자 하나님과 하나로 존재하는 분이라는 것이다. 한 마디로 예수님과 하나님의 독특한 관계를 강조하고 있다. 하나님은 그런 자신을 우리를 위해 내주셨다. 우리를 지극히 사랑하셨기 때문이다.

베드로전서에 이런 말씀이 있다. "성경에 기록되었으되 보라 내가 택한 보배로운 모퉁잇돌을 시온에 두노니 그를 믿는 자는 부끄러움을 당하지 아니하리라 하였으니(벧전 2:6)." '내가 택한 보배로운 모퉁잇돌'은 'a chosen and precious cornerstone'으로 예수님을 가리킨다. 그를 믿는 자는 부끄러움을 당하지 않으리라 했다. 독생자는 하나님이 택한, 유일하신 분(a chosen one, an only one), 곧 성자 하나님이시다. 요한복음은 "그를 믿는 자마다 멸망하지 않고 영생을 얻게 하려 하심이라."했다. 예수님을 믿어야 할 근거가 뚜렷하다. 베드로전서는 그를 믿는 자를 가리켜 "택하신 족속(a chosen generation)'이라 했다. 하나님이 우리를 어두운 데서 불러내어 그의 기이한 빛에 들어가게 하셨기(벧전 2:9) 때문이다. 독생자는 바로 그런 분이시다.

87

왜 최선을 다하지 않는가

"너는 말씀을 전파하라 때를 얻든지 못 얻든지 항상 힘쓰라 범사에
오래 참음과 가르침으로 경책하며 경계하며 권하라(디모데후서 4:2)."

이 말씀은 바울이 디모데에게 하신
말씀이다. 전도에 힘쓰라는 것이다. 이 말씀 중 '때를 얻든지 못 얻든
지'라는 부분이 강조되었다. 예수님의 삶은 전도의 삶이었다. 자신이
복음을 직접 전했을 뿐 아니라 제자들을 전도자로 파송했다. 바울도
전도에 열심을 다했다. 그리스도인에겐 전도의 사명을 가지고 있다.
하지만 전도는 생각보다 쉽지 않다. 이런저런 일로 게으름을 부린다.

카터 대통령이 쓴 글에 "왜 최선을 다하지 않는가?"(Why Not the
Best?)가 있다. 그 글에 이런 고백이 있다. 조지아 주지사가 되기 전
그는 14년 동안 140가정을 방문해 전도를 했다. 그는 그 일을 늘 자랑
스럽게 생각하고 있었다. 그런 그가 주지사가 되기 위해 출마를 하고
사람들을 찾아다니며 악수를 했다. 그 수는 3개월 만에 무려 30만 명
이나 되었다. 훗날 그는 그것을 놓고 자기를 위한 일에는 그토록 많
은 사람을 만났으면서도 주님을 위해서는 그토록 적은 사람을 만난
것을 놓고 심한 가책을 느꼈다는 것이다.

김구, 서재필, 김규식, 이승만 다 기독교인이다. 김구는 처음엔 믿
지 않았으나 믿음이 좋은 어머니의 권유로 예수를 믿게 되었다. 어머

니는 말했다. "가족도 짐을 나눌 수 없다. 예수님을 붙잡으라!" 후에 그는 예수를 믿고 경찰서 10개를 세우는 것보다 교회 하나 세우는 것이 좋다고 했다.

창조과학회의 지도자 역할을 담당했고 한동대 총장을 지낸 김영길 박사는 원래 유교집안의 사람이었다. 그가 결혼을 계기로 교회에 다니기 시작한 다음 주님을 영접하고 독실한 그리스도인이 되어 한국에 돌아왔다. 그는 부모를 주님 앞으로 인도해야 하겠다고 생각하고 전도한 결과 어머니를 인도하는 데는 성공했다. 그러나 아버지는 어려웠다. 자식의 권유에도 막무가내였던 아버지가 주님을 영접하게 되었다. 그런데 그것은 다름 아닌 한 택시기사의 말 때문이었다.

아버지가 86년 아시안게임을 보러 택시를 탔다. 그 때 택시기사가 전도를 하면서 이렇게 말했다. "아저씨, 입장권이 없으면 입장할 수 있습니까? 없습니까?" "그야 없지." "천국에도 입장권이 없으면 못 들어갑니다. 아저씨, 예수님을 꼭 믿으세요." 이 말을 들은 아버지는 깊이 깨닫고 예수님을 믿게 되었다. 때로는 전도에 실패할 수 있다. 그러나 하나님은 또 다른 기회를 만드신다. 우리가 생각지 못한 방법으로.

바울은 말한다. "또한 우리를 위하여 기도하되 하나님이 전도할 문을 우리에게 열어 주사 그리스도의 비밀을 말하게 하시기를 구하라 내가 이 일 때문에 매임을 당하였노라(골로새서 4:3)." 전도에 최선을 다하자.

88

주여 나를 버리지 마소서

"하나님이여 내가 늙어 백발이 될 때에도 나를 버리지 마시며 내가 주의 힘을 후대에 전하고 주의 능력을 장래의 모든 사람에게 전하기까지 나를 버리지 마소서(시 71:18)."

요즘 노인과 죽음에 대한 주제들이 심심찮게 거론된다. 어제 뉴스엔 중국의 한 거리에서 갑자기 죽어가는 아내를 두어 시간이나 끌어안고 있던 남편이 화제가 되었다. 영하의 날씨에도 불구하고 아내를 놓지 못하는 남편을 보며 사람들은 눈시울을 붉혔다. 구급차가 왔을 땐 그의 아내는 이미 숨을 거두었다. 사랑하는 사람을 차마 그저 보낼 수 없다. 그것이 부부다.

진모영 감독이 만든 영화 '님아, 그 강을 건너지 마오'는 노부부의 사랑을 다룬 다큐멘터리다. 98세의 남편 조병만과 89세의 아내 강계열은 76년을 해로했다. 그런데도 아내는 남편을 보내며 주저앉아 울음을 터트린다. "당신은 나밖에 모르는데. 나와 함께 손잡고 저기 재 너머 같이 가요." 관객들은 노부부의 애틋한 사랑에 그만 눈물을 훔친다.

일본에서는 엔딩노트(ending note)가 유행이라고 한다. 미야자키 시가 '내 마음을 전하는 노트'를 고령자에게 나눠주었다. 이 노트는 일반 엔딩노트와는 달리 연명 치료 여부에 초점을 맞추고 있다. 의식이 없어 판단이 불가능하고 회복 가능성이 없을 때를 대비해 의사에게 치료범위를 작성자가 제시하는 것이다. 연명 치료 여부를 서면으로 미리 작성해두어 훗날을 대비한다.

사람들은 죽음을 피할 수 없다. 나이가 들면 더 그렇다. 아프면 어떻게 될까? 사랑하는 사람이 가면 어떻게 될까? 걱정이 한두 가지 아니다. 그것이 사람이다. 그래서 미리 준비도 하고, 부부가 서로 다짐도 한다.

시편 71편의 저자도 걱정이 크다. 백발노인이 되면 어떻게 될까? 버림은 받지 않을까? 그런데 그의 걱정은 일반 사람들과는 달리 하나님과의 관계에 초점이 맞춰있다. 그는 먼저 하나님께 호소한다. "하나님, 내가 늙어 백발이 될 때에도 나를 버리지 마세요." 강하게 호소한다. 여기까진 쉽게 이해할 수 있다.

그 다음이 감동이다. "내가 주의 힘을 후대에 전하고 주의 능력을 장래의 모든 사람에게 전하기까지 나를 버리지 마세요." 죽기까지 주님을 위해 일하다 죽겠다는 것이다. 늙어 버림을 받는 것이 두려운 것이 아니라 죽는 순간까지 후대에 주님을 전하고, 모든 사람에게 주의 능력과 위대하심을 전하고 싶은 마음이 더 크다는 것이다.

부부가 열심히 사랑하며 살다가 죽는 모습도 아름답다. 먼저 보내는 마음이야 오죽하겠는가. 갑자기 혼수상태에 빠질 때 연명치료를 받으며 구차하게 생명을 연장해야 하는가 하는 것도 생각해봐야 할 문제다. 하지만 이보다 더 중요한 것은 우리의 생명이 다하는 그 순간까지 주님의 일을 하는 것이다. 최후까지 주를 위해 최선을 다하겠다는 사람, 하나님은 이런 사람을 보며 감동하신다.

일어나라 창조적인 삶을 살라

"너는 알지 못하였느냐 듣지 못하였느냐 영원하신 하나님 여호와,
땅 끝까지 창조하신 이는 피곤하지 않으시며 곤비하지 않으시며
명철이 한이 없으시며(이사야 40:28)."

이사야 40장의 끝 부분을 읽으면 하
나님과 인간이 얼마나 다른가를 보여준다. 인간은 피곤하고 곤비한
존재이지만 하나님은 그렇지 않다. 인간은 무능하지만 하나님의 명철
은 한이 없으시다.

이사야는 하나님을 '영원하신 하나님'이시고 '땅 끝까지 창조하신
이'라 하였다. 영존하신 분이시자 창조의 주체이심을 말한다. '땅 끝
까지'는 세상의 어느 것도 하나님의 창조물이 아닌 것이 없음을 보여
준다. 하나님은 창조를 멈추었을까? 그렇지 않다. 지금도 창조하시고
주관하시고 섭리하신다. 우리 하나님은 영원한 창조주시다. 하나님의
창조는 영원히 계속 된다. 그래도 피곤하거나 곤비치 않다. 명철과 지
혜도 한이 없으시다.

말씀을 묵상하면서 '창조'를 더 깊이 생각하게 되었다. 현대의 키워드
는 창조다. 국가도 창조를 말하고, 기업도 창조를 말한다. 개인도 창조적
이어야 한다고 한다. 그만큼 창의력과 창조력이 필요하다는 말이다.

하나님은 우리로 하여금 창의력을 발휘하며 살도록 하셨다. 하지

만 그것은 그저 머리를 쥐어짠다고 나오는 것이 아니다. 진정 창조력은 어디에서 올까? 이사야는 그것은 하나님으로부터 온다고 한다. 하나님께서 힘을 주셔야 한다는 것이다. "피곤한 자에게는 능력을 주시며 무능한 자에게는 힘을 더하시나니(29절)."

능력을 발휘한다고 하지만 인간은 피곤하고 곤비하며 쓰러진다. 그 때마다 이사야는 우리에게 '여호와를 앙망하라' 한다. "소년이라도 피곤하며 곤비하며 장정이라도 넘어지며 쓰러지되 오직 여호와를 앙망하는 자는 새 힘을 얻으리니 독수리가 날개 치며 올라감 같을 것이요 달음박질하여도 곤비하지 아니하겠고 걸어가도 피곤하지 아니하리로다(29-31절). 새 힘을 주시면 삶이 달라지기 때문이다. 여호와를 앙망해야 할 이유가 충분하다.

우리 모두는 이 땅에서 창조적인 일을 하도록 임무를 부여받았다. 창조적인 삶의 구현에 있어서 그리스도인의 책무는 더 무겁다. 가정도 창조적으로 꾸리고, 일도 창조적으로 해야 한다. 주님이 허락하신 모든 일에서 주의 영광이 드러나도록 한다. 더 긍정적으로 생각하고, 더 유연하게 산다.

하지만 우리는 육적으로도 약하고 지적으로도 한계가 있다. 그 때마다 우리가 해야 할 것은 여호와를 더욱 앙망하는 것이다. 그 때 그 때 주님은 새 힘을 주신다. 다시 일어서게 하고, 걷게 하고, 달음질하게 하고, 날게 하신다. 주 같으신 이 없다. 힘이 드는가? 여호와를 앙망하라. 새 힘을 주실 것이다. 우리 주님은 바로 그런 분이시다. 일어나라, 걸으라, 달리라, 날라. 창조적인 삶을 살라.

당신의 격려가 헐몬의 이슬이 된다

"보라 형제가 연합하여 동거함이 어찌 그리 선하고 아름다운고
(시편 133:1)."

133편은 다윗의 시로, 성전에 올라가
며 부른 노래다. 3절기, 곧 유월절, 칠칠절, 장막절에 예루살렘에 올라
가며 불렀다. '연합하여'는 '하나 되어(in unity),' '조화를 이루어(in
harmony)'라는 뜻을 가지고 있다. 그 여정이 힘들지만 하나님 안에서
하나 되는 것을 확인하며 기쁨으로 올라간다. 우리의 인생 여정도 마
찬가지다. 힘들다 할지라도 주 안에서 격려하며 하나 될 때 하늘의
위로와 기쁨을 누릴 수 있다. 그것이 하나님 보시기에 좋고(good) 마
음을 푸근하게(pleasant) 한다.

영화 '리멤버 타이탄(Remember The Titans)'이 있다. 버지니아 주
알렉산드리아에 있는 티씨 윌리엄스(T. C. Williams) 고등학교 미식축
구팀 이야기다. 2000년 보아즈 야킨 감독이 내놓았다. 타이탄은 그리
스 신화에 나오는 거인을 말하지만 여기선 축구팀 이름이다.

흑백갈등 통합 정책에 따라 흑인감독이 들어오고, 백인감독이 코
치가 되었다. 흑인감독 허만 분(H. Boone)은 선수들을 데리고 게티스
버그에 가서 연설을 한다. 흑백의 갈등을 넘지 못하면 이 역사를 뛰
어넘을 수 없다. 하나 됨을 강조한 것이다. 그렇지 않으면 타이태닉호

처럼 침몰한다. 팀 주장인 게리 버티어(G. Bertier)가 교통사고를 당해 하반신 불구가 되자 남은 시즌을 뛸 수 없게 되었다. 하지만 남은 선수들이 오히려 하나가 되어 이긴다. 하나가 될 때 결과는 달라진다.

시편기자는 이 하나 됨의 아름다운 모습을 두 가지로 표현했다. 하나는 "머리에 있는 보배로운 기름이 수염 곧 아론의 수염에 흘러서 그의 옷깃까지 내림 같고(2절)," 다른 하나는 "헐몬의 이슬이 시온의 산들에 내림 같도다(3절)."

'머리에 있는 보배로운 기름(precious oil)'은 아론을 성결케 한 기름을 말한다. "모세가 관유를 취하여 장막과 그 안에 있는 모든 것에 발라 거룩하게 하고 또 단에 일곱 번 뿌리고 또 그 단과 그 모든 기구와 물두멍과 그 받침에 발라 거룩하게 하고 또 관유로 아론의 머리에 부어 발라 거룩하게 하고(레위기 8:10-12)."

시편기자는 형제애를 아론을 거룩하게 한 관유에 비유했다. 기름 부음 받은 자가 가는 곳이면 어디나 그 향유로 인해 주위가 향기로 퍼진다. 서로 사랑하며 섬길 때 온 가족과 교회에 은혜가 넘친다. 예수 십자가에서 흘러내리는 보혈이 적실 때 우리가 주 안에서 하나 된다. 주님의 사랑 때문이다. 그 향기가 깊고 넓다.

헐몬의 이슬(dew of Hermon)은 나무들에게 생명을 주는 헐몬 산의 신선한 물을 말한다. 이스라엘은 열대라 강우량이 적다. 2800미터의 높은 산, 눈 쌓인 헐몬 산에서 흘러내린 물이 이스라엘 땅을 포근히 적신다. 그 모습을 '헐몬의 이슬이 시온의 산들에 내림 같다' 한 것이다. 순례자들도 풍성한 하나님의 말씀으로 서로 격려하고 다독일 때 새 힘이 난다.

시편기자는 "거기서 여호와께서 복을 명령하셨나니 곧 영생이로다(3절)." 하였다. 바로 그 모습이 참으로 보기에 좋고 아름답기 때문이다.

성전에 오르는 길은 험하고 힘들다. 우리의 신앙여정도 마찬가지다. 하나님은 왜 우리를 고난가운데 두실까? 그 과정에서 우리가 주

안에서 사랑으로 하나 되고, 하나님의 생명이 열방으로 흘러가게 하기 위함이다. 그 길에 바로 영생의 축복이 있다. 하나님이 숨겨두신 하늘나라의 축복이다. 주님은 오늘도 그 좋은 것을 순례를 통해 얻게 하신다. 힘을 내라. 주님이 우리와 함께 하신다.

91

그리스도를 본받아

"그리스도께서는 우리를 사랑하시고 우리를 위해 자기를 바쳐 하나님께 향기로운 예물과 희생의 제물이 되셨습니다. 이와 같이 여러분도 그분을 본받아 사랑으로 생활하십시오
(에베소서 5:2 현대인의 성경)."

　　　　　　　　이 말씀을 한 마디로 요약하면 '그리스도를 본받으라.'는 것이다. 사도 바울은 그 중심에 그리스도를 본받아 살고자 하는 마음을 가지고 있었다. 빌립보서 3장 10절 말씀은 그 마음을 잘 보여주고 있다. "내가 원하는 것은 그리스도를 바로 알고 그분의 부활의 능력을 체험하며 그의 고난에 참여하고 그분의 죽음을 본받아." 그뿐 아니다. 성도들도 그리스도를 본받도록 했다. 에베소서의 말씀이 바로 그것이다.

　'그리스도를 본받아.' 하면 생각나는 것이 있다. 토마스 아 켐피스(Thomas a Kempis)가 쓴 책이다. 이 책은 오랫동안 저자가 누구인가를 놓고 논란이 일었다. 일반적으로 토마스 아 켐피스가 저자로 간주되고 있지만 아직도 원저자에 대한 의문이 완전히 가신 것은 아니다.

　토마스 아 켐피스는 1471년 92세를 일기로 주님의 품에 안겼다. 「그리스도를 본받아」는 중세 수도원에 대한 비판에서 보듯 현실의

삶에서 그리스도를 드러내기보다 현실도피적인 성격을 담고 있어 문제가 있다는 지적을 받아왔다. 그럼에도 불구하고 이 책이 시대를 뛰어넘어 그리스도인들로부터 사랑을 받고 있는 것은 묵상에 대한 열매가 부족한 현대에 길잡이 역할을 하기 때문이다.

이 땅의 그리스도인이라면 그리스도를 본받는 삶이 얼마나 중요한가는 다시금 강조할 필요가 없다. 예수를 닮자는 의미에서 교회명칭도 '예닮'이라 하지 않는가. 예수님이 우리의 구세주일 뿐 아니라 삶의 모든 면에서 기준이요 정답이 되기 때문이다.

토마스 아 켐피스는 이 책을 통해 짧지만 많은 주제를 다루었다. 마치 잠언서의 속편을 읽는 듯 하고, 삶의 멘토가 우리에게 찬찬히 들려주는 황금 같은 언어 같기도 하다. 존 웨슬리는 이 책을 가리켜 '묵상의 씨앗'이라 하였다. 읽어도, 읽어도 고갈되는 법이 없다는 말도 했다. 로욜라의 이그나티우스가 평생 하루도 거르지 않고 이 책을 읽었다고 한다. 지금도 많은 사람들이 그리스도를 본 받기 위해 이책을 읽는다.

아무리 위대한 사람들이 '그리스도를 본받아'라는 책을 썼다 해도, 우리가 몇 번이나 그 책을 읽고 또 읽었다 해도 진정 그리스도를 본받는 삶을 살지 않았다면 그것은 의미가 없다. 본이 되는 삶을 사는것이 중요하다.

바울은 "내가 그리스도를 본받는 자가 된 것 같이 너희는 나를 본받는 자가 되라(고전 11:1)" 했다. 자신이 그러한 삶을 사는 것 같이 너희도 그리하라는 말씀이다. 하나님보다 세상을 더 중시하는 현대인들에게 그의 외침이 이 아침 아주 강한 울림이 되고 있다. 오늘 하루 우리의 소망이신 예수 그리스도를 더 깊이 만나자. 그리고 그리스도를 본받아 그 삶을 아름답게 살아내자.

92

주님은 참 예배자를 찾으신다

"하나님은 영이시니 예배하는 자가 영과 진리로 예배할지니라
(요한복음 4:24)."

예수님은 유대를 떠나 사마리아 땅
으로 들어갔다. 그리고 그곳의 한 여인을 만났다. 사마리아 여인이다.
사마리아는 앗수르 침공 이후 이민족의 이주정책으로 혼혈이 많았다.
이주는 사마리아에 국한 되지 않았다. 다른 도시에도 이주되었다. 하
지만 유대인들은 유독 사마리아인을 천시했다. 편견이 작용한 것이
다. 예수님이 사마리아 지역에 들어간 것이나 그곳 여인을 만난 것은
이런 세상의 편견을 뛰어넘으셨음을 보여준다. 주님은 그만큼 열린
분이셨다.

사마리아 여인은 물을 길러 멀리서 우물에 왔지만 주님 보시기에
그보다 인생의 갈증을 풀어줄 생수가 필요했다. 물가에서 그 생수의
근원되시는 주님을 만난 것이다. 대화는 예배문제로 이어졌다. 여인
은 예배장소에 대해 관심을 표명했다. 그러나 주님은 말씀하신다.
"이 산(그리심산)에서도 말고 예루살렘에서도 말고 너희가 아버지께
예배할 때가 이르리라." 장소가 문제가 아니라는 말씀이다. 예배는
공간을 초월한다.

더 중요한 것은, 하나님은 진정으로 예배하는 자들을 찾으신다는

사실이다. "아버지께 참되게 예배하는 자들은 영과 진리로 예배할 때가 오나니 곧 이 때라 아버지께서는 자기에게 이렇게 예배하는 자들을 찾으시느니라(요 4:23)." 영과 진리로 예배를 드려야 한다는 것이다. 예배의 태도가 중요하다는 말씀이다.

"영으로(in spirit) 예배하라."이 영은 성령(the Spirit)을 의미하는 것이 아니라 우리의 영(spirit)을 뜻한다. 하나님은 영이시므로 우리도 영으로 예배를 드려야 한다. 우리는 하나님의 형상대로 만들어졌기 때문에 우리의 영은 하나님과 소통할 수 있게 되어 있다. 예배를 드리는 것은 우리의 영이 하나님의 영에 반응하는 것이다. 예수님이 온 마음을 다해 하나님을 사랑하라 하지 않으셨는가.

예수님은 우리의 드리는 예배가 진정으로 마음에서 우러나와야 한다는 의미로 이 말씀을 하셨다. 하나님은 우리가 예배를 드릴 때 입술의 말이 아니라 마음의 진정성을 보신다. 조작된 감정이나 위선이 아니라 우리의 솔직함과 진정한 사랑을 원하신다. 정성을 다해 예배를 드려야 할 이유가 충분하다.

"진리로(in truth) 예배하라."예배는 진리에 바탕을 두어야 한다. 세상이 말하는 진리가 아니다. 하나님에 대한 우리의 생각에 바탕을 두어서도 안 된다. 진리로 예배드리는 것은 성경에 거짓 없이 드러나신 하나님을 예배하는 것이다. 성령은 우리에게 진리이신 주님을 조명해 주시고, 그 진리로부터 벗어나지 않게 하신다. 예배는 온전히 그분에게 초점을 맞추는 것이다. "내가 그라."하신 바로 그 주님께 경배하는 것이다.

예배는 하나님의 자녀가 하나님 앞에 나아가는 거룩한 시간이다. 예수 보혈의 피로 우리의 몸과 마음을 정결하게 씻은 자가 충만한 감사로 주께 나아가는 것이다. 온 마음과 뜻과 정성을 다해 주님을 경배한다. 우리의 삶 자체를 주께 올려 드린다. 참 예배자가 되는 것이다. 주님은 예배가 무너진 이 시대에 참 예배자를 찾으신다.

93

주신 기회를 결코 잃지 말라

"그에게서 그 한 달란트를 빼앗아 열 달란트 가진 자에게 주라
(마태복음 25:28)."

이 말씀은 한 달란트를 받은 자가 그
것을 더 나은 것을 얻으려 계발시키지 않고 땅에 묻어두었다가 주인
으로부터 질책 받는 장면의 말씀이다. 주인의 말에 순종하지 않았을
때 어떤 결과를 얻게 되는가를 보여준다.

한 달란트 받은 사람은 자기에게 주어진 달란트가 적은 것을 보고
그는 주인을 악하다 생각했다. "다른 사람에겐 몇 배나 더 주고, 나는
이것으로 열매를 맺으라고? 어림없지." 불공평하다 생각되고, 화가
났다. 그래서 주어진 달란트를 활용할 생각을 전혀 하지 않고 땅에
감추었다. "잃어버리지 않은 것만 해도 감사한 줄 아시오."

한 달란트가 그렇게 적은 것인가? 결코 그렇지 않다. 1달란트는 약
6천 데나리온이고, 1 데나리온은 노동자의 하루 수입이다. 그날그날
먹고사는 노동자의 경우 20년 일해 벌 수 있는 큰돈이다.

때가 되자 주인이 돌아왔다. 주인은 종들을 불러 얼마나 남겼는지
계산을 하기 시작했다. 자기 차례가 되자 한 달란트 받은 자는 불만
부터 털어놓았다. "당신은 굳은 사람이라 심지 않은 데서 거두고
(24)." "당신은 착취하는 사람이요 구두쇠입니다. 나는 희생자입니다"

라는 말이다. 주인을 나쁘게 보며 비난부터 시작한 것이다.

주인이 그를 미워해서 그랬을까? 그렇지 않다. 15절을 보면 '각각 그 재능대로' 주었다고 했다. 주인이 그 종의 능력을 따라 나름대로 책임을 부여한 것이다. 그런데 한 달란트 받은 자는 남과 비교만 하고 남길 생각은 전혀 하지 않았다. 주인의 말을 듣지 않음으로써 보복하고자 하는 심리마저 가지고 있었다.

결국 그 종은 주인으로부터 '악하고 게으른 종'이라는 평가를 받았다. 주인은 그 한 달란트도 빼앗아 다른 종에게 주었다. 그리고 외쳤다. "바깥 어두운 데로 내 쫓으라 거기서 슬피 울며 이를 갈리라."

하나님은 우리 각자에게 가장 적합한 달란트를 주셨다. 달란트는 하나님이 우리 각자에게 주신 기본적인 능력(basic ability), 곧 지능, 창의력, 적성 등이다. 이것은 하나님 나라 완성에 기여할 수 있는 모든 것에 해당한다. 그것은 시간, 재능, 기회, 생업, 건강, 재물, 성공, 목숨 등 여러 형태를 지닌다. 그 달란트는 우리 각자에게 맞는 달란트요 주님이 우리 각자에게 허락하신 가장 아름다운 것이다. 그것은 모두 다양하고 서로 다를 만큼 차별성이 있다. 하나님이 나에게 주신 것이 각자에게 최고의 달란트이다. 그 주어진 달란트를 활용하여 하나님의 영광을 위해 사용하는 일만 남았다.

하나님은 오늘도 우리 각자에게 달란트를 주시고 하나님 나라를 위해 사용하도록 하신다. 그럼에도 불구하고 "왜 나는 다른 친구보다 적은 달란트를 받았을까?" 불만하며 일하기 싫어한다면 한 달란트 받은 종과 무엇이 다를까?

문제는 얼마나 많은 달란트를 받았느냐에 있지 않다. 양이 적을 지라도 받은 은혜에 더 감사하고 하나님 보시기에 최선의 삶을 사는 것이 더 중요하다. "주님, 지금은 이해하지 못해도 순종하겠습니다. 비록 작은 열매라도 귀히 보아주옵소서." 이런 자세가 중요하다. 주님은 힘들고 약한 가운데서 맺은 그 작은 열매를 더 귀히 보실 것이다.

하나님은 오늘도 복을 받되 그 복을 하나님의 뜻에 합당하게 사용하는 사람을 기뻐하고, 그 사람에게 더 많은 복을 주신다. 복을 복되게 하기 위함이다. 주신 기회를 결코 잃지 말라. 주님이 우리에게 주신 것은 결코 작지 않고, 주님을 위해 우리가 하는 일도 결코 작지 않다.

94

더딜지라도 기다리라

"이 묵시는 정한 때가 있나니 그 종말이 속히 이르겠고 결코 거짓
되지 아니하리라 비록 더딜지라도 기다리라 지체되지 않고 반드시
응하리라(하박국 2:3)."

　　　　　　　　　　선지자 하박국 이름은 '끌어안다'
(embrace)는 뜻을 가지고 있다. 문제를 안고 몸부림치는 인물임을 보
여준다. 그는 여호야김 왕 초기에 활동했다. 성경을 보면 그가 살던
시대는 악이 공의를 삼키는 암울한 시대, 율법마저 해이진 시대, 갈대
아인의 침입 위험이 있던 시대, 그리고 소출도 넉넉하지 않은 사면초
가의 시대였다. 이런 시대 상황에서 하박국이 붙든 것은 무엇일까?
오직 하나님을 향한 믿음과 비전이었다.

그는 "내가 파수하는 곳에 서며 성루에 서리라(1절)" 한다. 이것은
문자적으로 "망루에 오르리라(climb my watchtower)"는 말이다. 망루
는 적의 동태를 살피는 곳이다. 보통의 기도처소와는 차원이 다르다.
삶의 현장과도 거리가 있다. 그 높고 적막한 처소에서, 위험상황에서
오직 하나님의 말씀을 듣겠다는 것이다. 결연함이 보인다.

"그가 무엇이라 말씀하실는지 기다리고(1절)." 그는 이미 하나님께
여러 질문을 던진 바 있다. "어찌하여 악인이 의로운 자를 삼키는데도
잠잠하시나이까?" "그가 계속하여 여러 나라를 무자비하게 멸망시키는

것이 옳으니이까?" 그는 이제 하나님이 무엇이라 말씀하실 것인가 기다리고 바라보며 보리라 결심한다. 기도하는 자는 시간을 가지고 주님이 말씀하실 때까지 답을 기다려야 한다. 그것이 바른 자세다. "아침에 주께서 나의 소리를 들으시리니 아침에 내가 주께 기도하고 바라리이다(시 5:3)." "너희는 가만히 있어 내가 하나님 됨을 알지어다(시 46:10)."

하나님은 하박국에게 묵시, 곧 계시를 주셨다. 그리고 몇 가지 언급하셨다. 첫째, 하나님은 그로 하여금 계시한 모든 말씀을 명확하게 기록하고 달려가면서도 읽을 수 있도록 하셨다. 이것은 우리가 하나님의 말씀을 언제 어디서나 명확히 받고 마음에 새길 수 있도록 하신 것을 의미한다. 둘째는 하나님이 그 일을 이루실 정한 때, 곧 하나님의 때가 있을 것이니 참고 기다리라는 것이다. '비록 더딜지라도 기다리라.' 하나님은 기다리지 못하는 인간의 마음을 아셨다. 오죽하면 그 말씀을 하셨을까? 셋째, 의인은 믿음으로 살아야 한다는 것이다. 여기서 의인은 악에 서지 않고 하나님의 주신 삶의 원칙대로 올곧게 사는 사람을 말한다. 그런 사람은 믿음에 터를 잡고 흔들림 없이 살아야 한다는 것이다. 하나님이 주신 계시가 이루어질 것을 확고히 믿고 그 때를 기다리는 것이다.

하박국은 그 묵시를 받고 놀라며 그 때를 기다렸을 것이다. 결국 예언하신 대로 갈대아(바벨론) 인들의 침입이 있었다. 심판의 도구로 사용하신 것이다. 우리는 갈대아보다 하나님의 말씀이 이루어진 사실에 주목할 필요가 있다. "결코 거짓되지 아니하리라."

우리도 주님이 다시 오실 날을 기다린다. 혹시 더디다고 생각되는가? 주님은 말씀하신다. "묵시는 다 정한 때가 있다. 그 날이 곧 온다. 거짓말이 아니야. 더디다고 생각되겠지만 기다려. 지체하지 않고 반드시 이루어질 거야." 그리스도인은 하나님이 약속하신 것을 기다리는 사람들이다. 희망이 사라져 버린 세상에서라도 하늘의 소망을 갖고 사는 사람들이다. 그리스도인에게 기다림은 또 다른 소망이다.

95

남은 자를 두렵게 할 자는 아무도 없다

"이스라엘의 남은 자는 악을 행하지 아니하며 거짓을 말하지 아니
하며 입에 거짓된 혀가 없으며 먹고 누울지라도 그들을 두렵게 할
자가 없으리라(스바냐 3:13)."

이 말씀 속에 주목해야 할 단어는 바
로 '남은 자'다. 남은 자에 대해서는 신학적으로 여러 해석이 있다.
"내가 곤고하고 가난한 백성을 네 가운데에 남겨 두리니 그들이 여호
와의 이름을 의탁하여 보호를 받을지라(12절)." 남은 자를 두시고, 하
나님의 보호를 받게 하는 것은 전적으로 하나님이 주권적 행위다. 인
간이 뭐라 할 수 없다.

그런데 13절을 보면 이스라엘의 남은 자의 성격을 말해주고 있다.
악을 행하지 않고, 거짓이 없는 자다. 아무나 남은 자로 택하지 않는
다는 말씀이다. 이런 사람은 보호 받을 가치가 충분하다.

하나님이 남은 자를 말씀하시는 것은 경고와 소망을 담고 있다. 11
절을 보면 수치를 당할 날이 언급된다. "그 날에 네가 내게 범죄 한
모든 행위로 말미암아 수치를 당하지 아니할 것은 그 때에 내가 네
가운데서 교만하여 자랑하는 자들을 제거하여 네가 나의 성산에서
다시는 교만하지 않게 할 것임이라(11절)." 수치를 당할 날은 하나님
의 심판이 가혹하게 임하는 날이다. 교만한 자가 제거 대상이다. 이런

사람은 남은 자가 될 수 없다. 경고다. 하지만 그 가운데서도 남은 자를 두신다. 하나님께서 택한 자기 백성은 보호하신다. 이것은 소망이다. 하나님께서 남은 자까지 멸망시키신다면 자기의 약속을 지키실 수 없게 된다.

그렇다면 스바냐서에 언급된 '곤고하고 가난한 백성'은 어떤 사람들일까? 킹제임스(KJV) 성경을 보면 '고난을 받고 가난한 사람들(an afflicted and poor people)'이다. NASB 성경을 보면 '겸손하고 마음을 낮춘 사람들(a humble and lowly people)'이고, NIV 성경을 보면 '온유하고 겸손한 사람들(the meek and humble)'이다. 그들에게 공통된 점이 있다면 하나님을 믿고 신뢰하는 사람들이다. 그러니 그들에 대한 하나님의 보호가 신실할 수밖에 없다.

구약에 남은 자들이 있다면 신약의 남은 자는 누구일까? 예수님은 산상수훈 첫 부분에서 이 말씀을 하셨다. "심령이 가난한 자는 복이 있나니 천국이 그들의 것임이요(마태복음 5:3)." 누가복음엔 '너희 가난한 자는 복이 있나니 하나님의 나라가 너희 것임이요(누가복음 6:20)'하였다. 스바냐서의 말씀과 비교해 볼 때 '심령이 가난한 자'가 될 것이다.

심령이 가난한 자(the poor in spirit)란 그저 물질적으로 가난한 자를 의미하지 않는다. 하나님 앞에 철저히 겸손한(humble) 자, 자기의 의를 자랑하기는커녕 자기는 아무것도 아니라며 철저히 자기를 낮추는(rating themselves insignificant) 자다. 한 마디로 교만한 자가 아니란 말이다. 하나님을 최고로 생각하고, 오늘도 하나님의 말씀을 그 무엇보다 사랑하는 자다. 세상은 이런 삶을 무시한다. "그것이 무슨 소용이 있는데?" 하지만 영적으로 풍요로운 사람은 다르다. 주님은 오늘도 이 세상에서 남은 자로 살아가는 그리스도인에게 주목하신다. 남은 자는 하나님의 보호아래 있다. 그를 두렵게 할 자는 아무도 없다.

잠언의 말씀이다. "겸손한 자와 함께 하여 마음을 낮추는 것이 교만한 자와 함께 하여 탈취물을 나누는 것보다 나으니라(잠언 16:19)."
겸손한 자는 교만한 자와 반대된다. 겸손한 자는 마음을 낮춘다(lowly
in spirit). 하나님은 이런 사람을 좋아하신다.

세상과 차원이 다른 기쁨을 경험하라

"그러면 무엇이냐 겉치레로 하나 참으로 하나 무슨 방도로 하든지
전파되는 것은 그리스도니 이로써 나는 기뻐하고 또한 기뻐하리라
(빌립보서 1:18)."

빌립보서의 키워드는 기쁨이다. 교인
들을 생각하니 기쁘고, 복음이 전파되는 것을 보니 기쁘다. 그런데 이
글을 쓸 때 바울은 감옥에 있었다. 인간적으로 볼 때 도저히 기뻐할
수 없는 처지다. 그런데 왜 기뻐한다고 할까? 그것은 그리스도가 날
로 전파되기 때문이다.

바울은 자신이 옥에 갇히게 된 것이 오히려 복음의 진보(advance),
곧 복음 전파에 도움이 되었다고 말한다. "나의 당한 일이 도리어 복
음의 진보가 된 줄을 너희로 알기를 원하노니." 자신이 옥에 갇히게
됨으로 복음전파가 끝난 것이 아니라 오히려 복음이 더 전파되는 계
기가 된 것이다. 진보란 장애물을 없애고 계속 전진하는 것을 의미한
다. '도리어'는 그리스어로 '말론(mallon)'이다. 예상과 달리 정 반대의
결과가 나타날 때 사용한다. 바울의 갇힘과 매임이 예상과는 달리 복
음의 진보가 되었으니 어찌 기쁘지 아니할까.

온 시위대 안과 기타 모든 사람에게 변화가 일어났다. 시위대는 왕
궁수비대로 가이사의 정예 군대이다. 바울은 그 감옥에서도 병사들에

게 복음을 전했다. 바울은 다른 사람과 달리 평온함과 침착함을 유지하는 가운데 복음을 전했다. 시위대원들은 바울이 여느 잡배와는 달리 도덕적인 너비와 영적인 깊이가 있는 것을 알았고, 그가 전하는 복음을 듣고 감동했을 것이다.

하나님은 감옥에 있는 바울, 쇠사슬에 묶인 바울을 사용하셨다. 그는 비록 몸이 묶여 있었지만 하나님의 말씀은 묶여있지 않았다. 바울의 고백을 들어보자. "복음을 인하여 내가 죄인과 같이 매이는 데까지 고난을 받았으나 하나님의 말씀은 매이지 아니하니라(딤후 2:9)."

형제 중 다수도 겁 없이 전파했다. 감옥 밖에 있는 성도들 가운데 상당수가 그의 매임을 인하여 더욱 강해져 겁 없이 복음을 증거 했다. 그의 매임이 전도의 열을 떨어뜨리는 것이 아니라 오히려 믿음의 형제들에게 용기를 주고 담대히 복음을 전하게 만들어 준 것이다.

어떤 이들은 투기와 분쟁으로 했다. 바울의 지도력을 시기하는 마음으로, 곧 자신들의 영향력을 확보하기 위해 열심히 전도한 것이다. 이와 달리 어떤 이들은 바울을 이해하며 착한 뜻으로 전도했다. 순전치 못하게 파당을 만들어 가며 전도하는 사람들과는 대조적이다. 바울은 전자를 '저들'이라 하고, 후자를 '이들'이라 했다. 그만큼 성격이 달랐다는 말이다.

바울은 결론적으로 말한다. "외모로 하나 참으로 하나 무슨 방도로 하든지 전파되는 것은 그리스도니 이로써 나는 기뻐하고 또한 기뻐하리라." 외모로 하는 것은 가식적으로(pretense) 하는 것을 말한다. 참(true)과는 반대된다. 외모로 하든 참으로 하든 무슨 방도로 하든 전파되는 것은 그리스도니 기쁘지 아니한가. 바울은 이 역설을 믿음의 눈으로 보았다.

바울이 옥에 갇혔을 때도 복음은 전파되고, 모함을 받고 돌팔매질을 당해도 복음은 전파된다. 어떤 방도로든 복음은 진보한다. 복음은 매이지 않는다. 이것이 바로 살아있는 복음의 비밀이다. 전도자는 이

복음이 전파되는 것을 기쁨으로 여겼다. 복음으로 인해 영적으로 죽은 자들이 생명을 얻기 때문이다. 이 기쁨은 세상의 기쁨과는 차원이 다르다. 당신의 삶에서 세상이 줄 수 없는 이 기쁨을 경험하라.

97

하나님의 꿈과 비전에 초점을 맞추라

"그 후에 내가 내 영을 만민에게 부어 주리니 너희 자녀들이 장래일을 말할 것이며 너희 늙은이는 꿈을 꾸며 너희 젊은이는 이상을볼 것이며(요엘 2:28)."

요엘서의 주요 주제는 '주의 날'이다.요엘서의 전반부는 폐허가 소개되어 있다. 죄악에 대한 징벌이다. 심한가뭄과 메뚜기 떼의 침입이 있다. 메뚜기 떼의 침입은 적의 침입을 말한다. 포도나무가 시들고 무화과나무가 말랐다. 인간의 희락도 말라버렸다. 전혀 희망이 없어 보인다. 인간이 죄를 범하면 인간만 괴로운 것이 아니다. 자연도 신음을 한다. 요엘 선지자는 말한다. "제사장들아 너희는 굵은 베로 동이고 슬피 울지어다. 단에 수종드는 자들아 너희는곡할지어다." 금식하고 회개하라는 말이다. 형식적인 회개가 아니다."너희는 옷을 찢지 말고 마음을 찢으라." 철저히 회개하라는 말이다.

하나님은 요엘로 폐허만 선포하지 않는다. 요엘서의 후반부는 구원을 선포하게 만든다. 그들을 향한 즉각적인 구원의 약속도 있고 미래, 곧 종말적인 구원의 약속도 있다. 회개하지 않는 자들에게는 주의날은 저주의 날일뿐이다. 그러나 주의 날이 두렵게 임할지라도 언약가운데 있는 주의 백성은 회개를 통해 구원을 받는다.

"내가 내 영을 만민에게 부어 주리니." 성령을 부어주심을 의미한다. 성령의 기름부음을 받으면 삶이 달라진다. 자녀들은 장래 일을 말한다. 늙은이는 꿈을 꾸고, 젊은이는 이상을 보게 된다. 폐허의 모습과는 전혀 다르다.

장래 일, 꿈, 이상은 무엇일까? 우리도 얼마나 미래에 대해 말하고 꿈을 꾸며 비전을 말하는가. 그러나 여기서 말하는 장래 일과 꿈과 이상은 부어주신 성령으로 인해 나타나는 하나님의 일, 하나님의 꿈, 그리고 하나님의 비전이다. 나의 일, 나의 꿈, 나의 비전이 아니다. 나의 생각이 아니라 하나님이 우리에게 보여주시고자 하신 미래의 일이요 하나님의 꿈과 비전이다. 주님이 우리에게 보여주시는 그것을 우리가 보게 되는 것이다. 그것을 성령이 충만한 사람들이 성령을 통해 보고 말하게 되는 것이다. 그것은 하나님께서 우리를 어떻게 인도하실 것인가에 대한 하나님의 비전이다.

우리는 오늘도 미래에 대한 꿈을 꾸고, 비전을 말한다. 꿈과 비전, 얼마나 좋은 말인가. 그러나 그것이 하나님에 속한 것이 아니라면, 그속에 하나님이 없다면 소용이 없다. 예레미야서에 이런 말씀이 있다. "그들이 서로 꿈 꾼 것을 말하니 그 생각인즉 그들의 조상들이 바알로 말미암아 내 이름을 잊어버린 것 같이 내 백성으로 내 이름을 잊게 하려 함이로다(예레미야 23:27)." 이들의 꿈에는 하나님이 없다. 자기의 꿈을 붙들고 있을 뿐이다. 꿈은 히브리어로 '하룸(chlm)'이다. '강하게 하다'는 뜻을 가지고 있다. 문제는 하나님의 뜻을 강하게 할 것인가 나의 뜻을 강하게 할 것인가이다. 자기의 꿈과 비전만 강하게 내세운다면 승산은 없다. 폐허가 계속될 뿐이다. 그러나 하나님의 꿈과 비전을 붙든다면 결과는 다르다. 한 사람이 하나님의 꿈을 가지면 수많은 사람의 인생이 바뀐다. 하나님의 꿈과 비전에 초점을 맞추라.

98

빛나고 높은 보좌와 그 위에 앉으신

"미가야가 이르되 그런즉 왕은 여호와의 말씀을 들으소서 내가 보니 여호와께서 그의 보좌에 앉으셨고 하늘의 만군이 그의 좌우편에 모시고 섰는데(역대하 18:18)."

통일찬송가 27장은 "빛나고 높은 보좌와 그 위에 앉으신 주 예수 얼굴 영광이 해같이 빛나네 해같이 빛나네."로 시작한다. 사무엘 스테닡(S. Stennett) 목사님이 쓰신 찬송 시로, 널리 알려져 있다. 그런데 오늘 아침 아내가 새벽 기도회에서 돌아와 기쁨으로 부르고 또 불렀다. 보좌에 앉으신 주님을 생각하니 너무나 영광스럽고 감격스럽다는 것이다. 같은 찬송도 때에 따라 다른 감격을 준다. 성령님께서 주시는 감동이니 얼마나 좋을까.

마침 성경을 읽고 있었는데 역대하 18장이었다. 선지자 미가야는 하나님이 보좌에 앉으셨고, 그 좌우편에 하늘의 만군이 둘러 선 모습을 보았다. 하나님을 의지하는 자에게 하늘 보좌에 앉으신 하나님의 모습은 찬란하고 위엄하고 영광스럽다. 그 모습에 그는 얼마나 감격했을까? 그 모습에 아합 왕의 강요나 위세에 눌리지 않고 담대하게 하나님의 말씀을 전할 수 있었다. 아내의 찬송과 역대하의 말씀이 같은 시간에 내 안에서 교차된다. 참으로 절묘하다.

미가야는 이스라엘 아합 왕 때 하나님의 선지자였다. 아합은 유다 왕 여호사밧과 혼인관계를 맺었고, 나아가 동맹하여 아람, 곧 길르앗 라못을 공격하는데 뜻을 같이 했다. 그런데 여호사밧이 제안한다. "여호와의 말씀이 어떠한지 오늘 물어보소서." 신탁을 얻고자 한 것이다. 아합 왕은 선지자 400명을 향해 물었다. "우리가 길르앗 라못에 가서 싸우랴 말랴?" 그들은 하나같이 말했다. "올라가소서. 이기리이다." 거짓의 영이 그들을 장악한 것이다.

여호사밧이 다시 요청한다. "이 사람들 외에 우리가 물을 만한 여호와의 선지자가 여기에 더 없습니까?" 아합은 미가야 한 사람이 있다고 했다. 하지만 그는 미가야를 싫어했다. 자기에 대해 평소 좋은 말을 하지 않았기 때문이다.

아합은 내시를 미가야에게 보냈다. 내시는 미가야에게 분위기를 알려주고 다른 예언자와 똑 같이 좋게 예언하도록 압력을 가했다. 하지만 미가야는 누군가? 하나님의 선지자다. 그는 하나님이 주신 바대로 말했다. "여호와께서 왕에 대하여 재앙을 말씀하셨나이다."

미가야는 두려워하지 않았다. 거짓선지자가 자기의 뺨을 때리고 조롱해도, 왕이 그에게 고난의 떡과 고난의 물을 먹게 하라 해도 참았다. 미가야는 보좌에 앉으신 하나님을 보았다. 사람을 압제하며 힘과 위용을 앞세우는 세상 임금과는 차원이 다르다. 아합은 전장에서 변장을 하는 등 갖은 방법을 다 사용했지만 결국 죽게 된다.

스데반도 순교의 현장에서 주님을 보았다. "보라 하늘이 열리고 인자가 하나님 우편에 서신 것을 보노라(사도행전 7:56). 요한도 유배지에서 주님을 보았다. "그의 오른손에 일곱별이 있고 그의 입에서 좌우에 날선 검이 나오고 그 얼굴은 해가 힘 있게 비치는 것 같더라(요한계시록 1:16)." 우리도 언젠가 보좌에 앉으신 주님을 볼 것이다. 다음은 찬송가 27장 끝 절이다. "주님의 보좌 있는데 천한 몸 이르러 그 영광 몸소 뵈올 때 내 기쁨 넘치리 내 기쁨 넘치리." 이 세상이 아무리 험하고 악해도 우리에겐 그 주님이 있어 기쁘다. 그 보좌를 향해 머리를 들 때마다 주님으로 인해 기쁨이 넘친다. 세상이 줄 수 없는 감격이다.

99

거친 비바람에도 견고히 서도록 하라

"그러므로 누구든지 나의 이 말을 듣고 행하는 자는 그 집을 반석 위에 지은 지혜로운 사람 같으리니(마태복음 7:24)."

　　　　　　　　　　믿는 자에게 있어서 가장 부족한 것 중의 하나가 말씀의 실천이다. 알고는 있지만 실행력이 부족한 것이다. 예수님은 산상수훈 끝부분에서 반석 위에 집은 자은 자와 모래 위에 지은 자를 대비하여 말씀하셨다. 우리는 그 말씀을 받으면서 흔히 반석 위에 집을 짓자 다짐한다. 믿음이 반석처럼 견고해야 하지 않겠는가. 하지만 이 말씀의 초점은 행함에 있다.

　우리는 좋은 설교도 듣고, 성경도 읽는다. 성도로서 좋은 대화도 한다. 그런데 그렇게 많이 들었으면서도 그대로 살지 못한다면 열매를 맺을 수 없다. 설교자도 예외가 아니다. 강단에서 아무리 좋은 설교를 했다 해도 설교한 대로 살지 못하면 설교에 그칠 뿐이다. 사람들은 말한다. "제발 설교한 대로 사세요."

　주님의 말씀은 명확하다. "나의 이 말을 듣고 행하지 아니하는 자는 그 집을 모래 위에 지은 어리석은 사람 같으리니 비가 내리고 창수가 나고 바람이 불어 그 집에 부딪치매 무너져 그 무너짐이 심하니라(26, 27절)." 모래 위에 집을 지은 자의 결국은 무너짐이다. 하지만 반석 위는 다르다. "비가 내리고 창수가 나고 바람이 불어 그 집에 부덮치되 무너지지 아니하나니(25절)." 주추가 튼튼하기 때문이다.

이 말씀은 그저 무너짐과 무너지지 않음의 차이가 아니다. 말씀에 따라 순종하며 사는가 하는 것이다. 산상수훈의 마지막 말씀은 순종이다. "듣기만 하지 말라. 말씀을 행하라."는 것이다. 아무리 열심히 말씀을 듣고 감동해도 실행에 옮기지 않으면 열매는 없다. 주님은 말씀하신다. "열매로 그들을 알리라 나더러 주여 주여 하는 자마다 다 천국에 들어갈 것이 아니요 다만 하늘에 계신 내 아버지의 뜻대로 행하는 자라야 들어가리라(20, 21)." 행함이 강조되어 있다.

머리로는 그렇게 살아야지 하는데 손과 발이 좀처럼 움직이지 않는다. 영적인 장애자가 된 것이다. 이 한계를 극복하기 위해 과감한 변환이 필요하다. 자리에 앉아 "나는 안 돼." 자탄만 해서는 안 된다. 주님을 의지해 자리에서 벌떡 일어나 걸어야 한다.

"너희는 택하신 족속이요 왕 같은 제사장들이요 거룩한 나라요 그의 소유가 된 백성이니 이는 너희를 어두운 데서 불러내어 그의 기이한 빛에 들어가게 하신 이의 아름다운 덕을 선포하게 하려 하심이라(베드로전서 2:9)." 주님이 우리를 그 백성으로 삼으신 것은 주의 아름다운 덕을 선포하게 하기 위함이다. 선포는 말로만 하는 것이 아니다. 선포자의 착한 행실이 따라야 한다. "이같이 너희 빛을 사람에게 비취게 하여 저희로 너희 착한 행실을 보고 하늘에 계신 너희 아버지께 영광을 돌리게 하라"(마5:16)." 우리가 말씀대로 살아야 하나님께 영광을 돌릴 수 있다. 주님은 오늘도 우리 행동에 주목하고 있다. 우리 이웃도 마찬가지다. 집이 거친 비바람에 무너지도록 내버려둘 것이 아니라 견고히 서도록 우리의 행동을 다잡을 때다.

100

하나님을 배고파하라

"심령이 가난한 자는 복이 있나니 천국이 그들의 것임이요
(마태복음 5:3)."

　　　　　　　　예수님의 산상수훈 가운데 첫 번째
로 소개되는 부분이다. 하나님의 나라의 삶이 어떤 것인가를 보여주
는 말씀에서 첫 번째 말씀이라는 점에서 이 가르침의 중요성은 크다.

하나님 나라가 우리의 것이 되려면 무엇보다 심령이 가난해야 한
다고 하신다. 심령이 가난하다(poor in spirit)는 말은 과연 무슨 뜻일
까? 한 가지 확실한 것은 물질적 가난함을 의미하지 않는다는 것이
다. 그 가난은 하나님을 향한 나의 영적인 마음 상태가 어떠한가를
가리킨다.

어떤 영적 상태일까? 무엇보다 하나님을 향한 갈망이 큰 상태다.
하나님이 없으면 죽을 것 같은 상태다. 순간순간 하나님을 배고파하
며 갈망하고 찾고 또 찾는 것이다. 왜 하나님을 찾을까? 영적으로 파
산상태에 있기 때문이다. 탕자가 진정으로 회개하며 아버지를 찾는
것과 같다. 그 영적인 갈망 상태가 바로 심령이 가난한 자의 상태다.
죄를 가볍게 여기지 말라. 돌아온 탕자의 마음에는 오직 아버지밖에
없듯 심령이 가난한 자의 마음엔 하나님밖에 없다. 우리 속에 하나님
을 향한 공간이 없다면(no space for God) 심령이 가난하다 말할 수 없

다. 진리를 배고파하라. 하나님을 배고파하라. 그러면 하나님 나라가 보인다.

심령이 가난하다는 것은 하나님 앞에서 자신을 철저히 낮추는 것이다. 단순한 겸손이 아니라 하나님 앞에서의 겸손이다. 하나님 앞에서 나는 정말 아무것도 아니라(nothing) 고백하는 겸손이다. 하나님 앞에서 그 무엇(something)이 된 양 자신을 드러내려 한다면 교만한 사람이다. 아브라함이나 바울은 하나님 앞에서 자신을 티끌로 여겼다. 그들이 그런 자세를 취했다면 과연 우리는 어떠해야 할까. 예수님도 강조하셨다. "너희가 돌이켜 어린 아이들과 같이 되지 아니하면 결단코 천국에 들어가지 못하리라 그러므로 누구든지 이 어린 아이와 같이 자기를 낮추는 사람이 천국에서 큰 자니라(마 18:3,4)." 낮추는 자가 큰 자다.

나는 진정 마음이 가난한 자인가 살펴보라. 물질보다 영적인 만족을 구하며 살고 있는가? 언제나 하나님만 의지하고 도움을 구하는가? 오직 예수님만 구하며 살고 있는가? 도움이 필요한 사람에게 당장 나의 것을 나눌 수 있는가? 심령이 가난한 사람은 영적으로 성숙한 사람이다. 하나님을 알고, 나를 아는 사람이다. 하나님 앞에서 가난한 사람만이 올바른 자아상을 가질 수 있다. 그런 사람은 온유하고 애통하며 하나님을 사모하고 남을 불쌍히 여기며 핍박의 자리까지 나갈 수 있다. 교회도 마찬가지다. 서머나교회가 심령이 가난한 교회라면 라오디게아교회는 교만한 교회였다.

주님은 심령이 가난한 자는 복이 있다 하셨다. 자신을 죄인이라 고백하며 겸손히 주께 나아가면 주님이 기뻐하신다. 그런 사람은 이 땅에 살면서 천국을 소유할 뿐 아니라 하나님으로부터 사랑을 받고 쓰임을 받는다. 히브리서 기자는 말한다. "믿음이 없이는 하나님을 기쁘시게 하지 못하나니 하나님께 나아가는 자는 반드시 그가 계신 것과 또한 그가 자기를 찾는 자들에게 상 주시는 이심을 믿어야 할지니라(히 11:6)."

101

그리스도와 함께 십자가에 못 박힌 사람

"내가 그리스도와 함께 십자가에 못 박혔나니 그런즉 이제는 내가 사는 것이 아니요 오직 내 안에 그리스도께서 사시는 것이라 이제 내가 육체 가운데 사는 것은 나를 사랑하사 나를 위하여 자기 자신을 버리신 하나님의 아들을 믿는 믿음 안에서 사는 것이라 (갈라디아서 2:20)."

예수님이 우리 죄를 대속해 주기 위해 십자가에 못 박혀 죽으신 것을 모르는 그리스도인은 없다. 그런데 바울은 갈라디아서를 통해 "내가 그리스도와 함께 십자가에 못 박혔나니"라고 선언했다. "내가"란 말은 자신이 두 강도처럼 그 십자가 현장에서 못 박혔다는 말이 아니다. 주님이 십자가에 못 박혀 죽으신 것처럼 바울 자신도 주님과 함께 이미 죽었다 선언하는 말이다. 그동안 율법을 좇아 살던 자신을 과감히 못 박고, 이젠 주님의 사람으로 살고 있다는 것이다.

그는 갈라디아서 2장 16절에서 말한다. "사람이 의롭게 되는 것은 율법의 행위로 말미암음이 아니요 오직 예수 그리스도를 믿음으로 말미암는 줄 알므로 우리도 그리스도 예수를 믿나니 이는 우리가 율법의 행위로써가 아니고 그리스도를 믿음으로써 의롭다 함을 얻으려 함이라 율법의 행위로써는 의롭다 함을 얻을 육체가 없느니라." 그러므로 자신은 더 이상 율법을 따라 사는 사람이 아니라 주님을 믿는 믿음으로 살고 있다는 것이다.

이젠 과거의 나는 죽었고, 내 안에 그리스도가 새로운 나로서 살고 있다. 주님이 내 안에 들어오셔서 내 삶의 주인이 되었다. 더 이상 나로서 살아가는 것이 아니라 내 안에 주인으로 계신 주님을 신뢰하며 믿음과 사랑으로 살아가고 있다는 말이다.

갈라디아서의 이 말씀은 오늘 우리로 하여금 바로 '내가' 십자가 못 박혔는가를 묻고 있다. 우리의 매일의 삶 속에서 우리는 우리로 하여금 예수를 따르지 못하게 하는 죄악 된 욕망들을 매순간 십자가에 못 박아야 한다. 이것이 바로 주님과 함께 십자가에서 죽는 것이다.

나아가 매일의 삶에서 우리는 예수 부활의 능력을 힘입고 계속해서 죄와 싸워야 한다. 그럴 때 우리는 더 이상 혼자가 아니다. 우리 안에 살아계신 주님께서 때마다 힘을 주시고 격려하며 이기게 하신다. 예수의 생명이 강물처럼 우리 안에 밀려와 적을 대적하고 이기게 하신다. 예수님만이 우리 삶에 능력이시며, 우리 미래의 희망이시다.

그리스도인은 그리스도의 사람이란 뜻이다. 바울의 말처럼 이제는 내가 아니라 내안에 오직 그리스도께서 사신다. 그럼에도 불구하고 그리스도인답게 살지 못했다면 주님의 피 묻은 십자가로 나가야 한다. 더 이상 내 힘과 능력을 의지하지 않고 주님의 힘으로, 그의 팔에 의지하여 세상의 흐름을 거슬러 올라가야 한다. 그 믿음으로 이겨나 가라. 주가 우리의 삶 속에서 승리하게 하라. 당신은 그리스도인이다.

102

하나님은 교활한 자의 계교를 성공이라 하지 않는다

"하나님은 교활한 자의 계교를 꺾으사 그들의 손이 성공하지 못하
게 하시며 (욥기 5:12)."

사람들은 성공을 기대하고, 기뻐한다.
성공을 싫어하는 사람이 누가 있을까? 거듭거듭 실패해도 결국 성공
하면 그것으로 그동안의 아픔을 씻는다. 성공처럼 묘한 약도 없다. 목
회자는 어떨까? 목회자도 성공을 좋아한다. "목회에 성공하셨습니
다."는 말을 들으면 흐뭇하다. 인간이기 때문이다. 그러나 그것이 진
짜 성공이냐 하는 것은 또 다른 문제다. 외형적으로 성공했다 할지라
도 하나님이 아니라 하시면 그것은 성공이 아니기 때문이다. 성공 여
부는 오직 하나님만 아신다.

유진 피터슨은 성공주의 목회 신화를 포기하라 한다. 그가 말하는
성공주의 목회신화는 시장경제원리에 물든 목회다. 목회자들이 쇼핑
몰 개발업자처럼 성급하게 성공을 바라고 거칠게 경쟁한다. 말로는
하나님을 말하지만 실상은 자기성공을 목표로 하고 있다. 그것이 안
타깝다는 말이다. 그는 목회자를 향해 쇼핑몰 개발업자가 아니라 토
지를 경작하는 농부가 되라 한다. 근면과 성실로 주의 일에 헌신하는
종이 되라는 말이다.

피터슨은 요나서를 통해 성공주의 목회의 부당함을 지적했다. 요나는 니느웨가 아니라 다시스로 향하는 배를 탔다. 불순종이다. 현대의 목회자들이 진정한 목회의 부르심을 따르지 않고 직업적으로 성공을 추구하는 사람이 되어가는 것에 대한 안타까움이 배어있다. 변질된 목회자들은 지금 다시스로 가는 배를 타고 있다. 풍랑을 만난 후 요나는 바다에 던져진다. 종교적 직업에 빠져 소명을 상실하면 바다에 던져진다. 요나는 자신의 잘못을 알았다. 목회는 사업관리가 아니라 영적인 탐구이다.

물고기 뱃속에서 요나는 기도한다. 목회자는 하나님과 독대할 묵상의 시간과 장소가 필요하다. 개인의 신앙과 공적인 사역 사이에 틈이 생기면 목회자 본인은 물론 주변 사람까지 파멸시킬 수 있다. 그러므로 순간순간 하나님께 나가라. 요나는 느니웨에 가서 선포한다. 하지만 사명감 없는 억지 사역에 기쁨과 감동이 있을까? 껍데기뿐인 명목적 설교라면 과연 무슨 의미가 있을까? 목회 사역은 시설을 키우는 것이 아니라 영적으로 성숙하도록 가르치고 양육하는 것이다. 요나는 박 넝쿨 아래서 하나님께 대적했다. 신학을 했다 해도 하나님의 뜻을 이해하지 못하는 목회자라면 하나님이 과연 기뻐하실까? 영적인 지도자는 사람들에게 그저 지식을 부어주는 것이 아니라 하나님의 사랑을 느끼게 해주는 사람이다.

피터슨은 요나서를 통해 세속문화에 영향을 받은 성직자들이 하나님의 뜻보다 자신의 성공을 위해 노력하는 모습을 보며 그 성공의 우상을 버리라 말한다. 그는 교회의 외형적 성장이나 다양한 프로그램 자체까지 무시하진 않았다. 목회의 본질이자 핵심인 하나님의 부르심에 철저한 목회가 진짜 성공적인 목회라는 것을 말해주고 싶었다. 욥기서의 말씀처럼 하나님은 교활한 자의 계교를 결코 성공이라 하지 않는다.

103

주는 것이 받는 것보다 복이 있다

"범사에 여러분에게 모본을 보여준 바와 같이 수고하여 약한 사람들을 돕고 또 주 예수께서 친히 말씀하신 바 주는 것이 받는 것보다 복이 있다 하심을 기억하여야 할지니라(사도행전 20:35)."

이것은 우리로 이웃을 도우며, 받는 것보다 주는 삶을 살 것을 강조하신 말씀이다. 그리스도인의 삶은 한마디로 내어주는 삶이라는 말이다.

영국의 간호사로 윌 풀리가 있다. 시에라리온에서 의료봉사를 하다 그만 에볼라 바이러스에 감염되었다. 본국에 후송돼 치료를 받은 뒤 완치되자 다시 환자들을 돕겠다며 두 달 만에 시에라리온으로 돌아갔다. 다시 사지에 들어간 것이다. 주는 삶으로의 회귀다. 쉽지 않은 일이다.

그의 부모는 어찌 했을까? 그가 행복해 보여 말리지 않았다. 간호사가 되고자 한 것도, 봉사를 하러 간 것도 아들이 기쁨으로 선택한 일이라 기쁨으로 옆에서 지켜보기만 했다.

풀리는 고등학교를 졸업한 후 혼자서 세계 곳곳을 여행했다. 특히 아프리카로 의료봉사 갔을 때 정말 행복한 모습이었다. 부모는 평소 앞으로 무엇이 되라든가 어떤 특정 가치를 강조하거나 강요 않았다. 다만 스스로 진정 행복을 찾을 수 있도록 어릴 때부터 독립심을 키워

주었다. 기쁜 마음으로 시에라리온으로 가는 것이니 그를 바라보는 것도 행복한 일이다. 아들도 멋지고, 부모도 멋지다. 주는 삶이 얼마나 행복을 가져오는가를 단적으로 보여준다.

주님은 받는 것보다 주는 것이 복이 있다 하셨다. 물질이든 뭐든 남에게 준다는 것, 그것도 기쁨으로 줄 수 있다는 것은 결코 쉬운 일이 아니다. 누군들 아깝지 않겠는가? 움켜쥐는 삶에 익숙할수록 더 그렇다. 그러나 그것을 내놓을 수 있을 때 마침내 우리는 그 너머에 있는 숨은 기쁨을 소유할 수 있게 된다. 그것은 주는 자만이 누릴 수 있는 기쁨이다.

사람들은 물질의 소유를 통해 만족과 평안을 얻고자 한다. 물질은 우리 생활에 꼭 필요하다. 그러나 그것을 움켜쥐기보다 그것이 꼭 필요한 사람에게 내놓을 때 물질에 매인 삶에서 벗어날 수 있다. 아니, 더 높은 차원의 삶을 경험하게 된다. 기쁨은 그것에서 나온다. 그리스도인의 품격은 물질에 있지 않다. 바로 주는 자의 마음가짐에 있다. 물질이 우리를 지배하는 한 그 품격을 유지할 수 없다.

우리는 그리스도인이요 하나님은 우리 아버지시다. 하나님은 과연 우리가 어떻게 해야 기뻐하실까? 받기를 좋아하는 자들이 주는 삶을 사는 것이다. 하나님도 우리를 위해 독생자를 아낌없이 주시지 않았는가. 주는 삶은 잃어버리는 것이 아니다. 우리가 이 땅에서 할 수 있는 영원한 투자요 영혼을 위한 투자다. 우리는 바로 이것을 기억해야 한다.

그 투자는 물질만 있는 것이 아니다. 우리의 재능과 시간, 그리고 관심과 배려에 이르기까지 수없이 많다. 그것이 무엇이든 오늘 주는 삶을 살 때 하늘에 보물이 쌓인다. 썩지 않는 보물이요 도둑맞지 않을 보물이다. 하늘 아버지의 기쁨은 두말 할 나위 없다. 많이 심을수록 많이 거둔다.

104

이른 비와 늦은 비를 기다리라

"그러므로 형제들아 주께서 강림하시기까지 길이 참으라 보라 농부가 땅에서 나는 귀한 열매를 바라고 길이 참아 이른 비와 늦은 비를 기다리나니(야고보서 5:7)."

농부에게 있어서 가장 필요한 것이 있다면 바로 비다. 비가 오지 가물 경우 농사를 망치기 때문이다. 반대로 너무 강우량이 많아 넘치면 홍수에 애써 키운 작물을 잃게 된다. 따라서 제 때에 적당량의 비가 내리는 것을 바란다. 농부가 바란다고 그렇게 되는 일은 아니다. 그것은 하늘에 달려있기 때문이다. 그래서 농부는 더 하늘을 향한 기도가 절절하다.

이스라엘의 농부는 한국의 농부보다 절실함이 컸다. 지역적으로 강우량이 적기 때문이다. 그러니 마음이 어떠했을까? 하나님이 하시는 일이니 기도하며 기다릴 수밖에 없다. 요엘을 보면 다음과 같은 말씀이 있다. "시온의 자녀들아 너희는 너희 하나님 여호와로 말미암아 기뻐하며 즐거워할 지어다 그가 너희를 위하여 비를 내리시되 이른 비를 너희에게 적당하게 주시리니 이른 비와 늦은 비가 예전과 같을 것이라(요엘 2:23)." 하나님께서 이른 비와 늦은 비를 주실 것이니 기뻐하라는 말이다.

비를 기다리는 정도는 강수량을 보면 알 수 있다. 이스라엘을 가리켜 흔히 '단에서 브엘세바까지'라 하는데 단의 연 평균 강수량이 1000-1200mm임에 비해 브엘세바는 200mm정도다. 브엘세바는 강수량이 적어 우물을 200미터까지 파야 물이 나온다. 우기엔 방목을 한다. 비를 받아 들에 풀이 나기 때문이다.

이른 비는 11월에서 1월 사이에 내리는 비다. 이 비로 풀은 싹을 낸다. 늦은 비는 3-4월에 내린다. 어느 정도 자랄 때 내리는 비다. 열매 맺을 때 또 내리니 감사한 일이다. 건기엔 이슬이라도 많이 내려 달라 기도한다. 비가 내리지 않을 것을 알기 때문에 이슬을 통해서라도 수분을 얻고자 한다. 얼마나 그 마음이 간절할까? 이슬 같은 은혜가 오히려 더 기억된다.

야고보는 주님의 강림을 고대하며 초조히 기다리는 교인들을 향해 끝까지 참으라 한다. 농부가 열매를 바라고 참으며 이른 비와 늦은 비를 기다리면 하나님께서 비를 내리신 것처럼 하나님이 정하신 때에 주님이 오신다는 것이다. 주님을 기다리며 사는 우리에게도 그대로 적용되는 말씀이다.

예레미야를 보면 하나님을 잊은 백성들을 향해 경고하는 말씀이 있다. "또 너희 마음으로 우리에게 이른 비와 늦은 비를 때를 따라 주시며 우리를 위하여 추수 기한을 정하시는 우리 하나님 여호와를 경외하자 말하지도 아니하니(예레미야 5:24)."예레미야가 보기에 "이른 비와 늦을 비를 때를 따라 주시는 하나님을 경외하자" 말도 하지 않는 백성을 보니 말이 안 나올 정도다. 그만큼 하나님을 떠나 있으니 기가 막힌다.

그리스도인은 때를 따라 이른 비와 늦은 비를 내리시며 열매를 풍성하게 맺게 하시는 주님이심을 믿는다. 힘들 때도 늘 이슬 같은 은혜를 사모하자. 다시 오실 주님을 기다리고 기다리면 정녕 만나리라. 그 순간까지 농부로서 주님이 당부하신 일들을 열심히 하자.

105

영적으로 거듭나야 하나님 나라를 볼 수 있다

"예수께서 대답하여 이르시되 진실로진실로 네게 이르노니 사람이
거듭나지 아니하면 하나님의 나라를 볼 수 없느니라(요한복음 3:3)."

하루는 바리새인이자 유대인의 지도
자 중 한 사람인 니고데모가 예수님을 찾아왔다. 그는 예수님을 '하
나님께로부터 오신 선생'이라 말하고, 하나님이 함께 하시지 아니하
시면 예수님이 보여주신 표적을 할 수 없다 했다. 아무나 할 수 있는
일이 아니란 말이다. 존경을 표한 것이다.

예수님은 그에 말에 하나님의 나라를 보려면 거듭나야 한다 하셨
다. 그는 다시 태어나는 것이냐 물었다. 주님은 하나님 나라에 대해
말하고자 한다면 차원이 달라야 한다는 것을 분명히 하셨다. "사람이
물과 성령으로 나지 아니하면 하나님의 나라에 들어갈 수 없느니라(5
절)." 어머니 뱃속에서 다시 태어나는 것이 아니라 물과 성령으로 거
듭나는 것이다. 거듭남, 곧 중생은 육적인 것이 아니라 영적으로 다시
태어나는 것을 말한다. 영적 탄생이다.

영적 거듭남은 위로부터 난다. '위로부터'란 하나님께로부터 난다
(요한복음 1:13)는 뜻이다. 육신적인 내가 어찌할 수 있는 것이 아니
라 위로부터의 작업, 곧 영적인 작업이다. 우리가 거듭나기 위해선 전
적으로 성령 하나님의 도우심이 필요하다. 인간 스스로 할 수 없다.

하나님만이 우리를 변화시킬 수 있다.

영적 거듭남은 자기 비움과 새로운 채움이다. "우리를 구원하시되 오직 그의 긍휼하심을 좇아 중생의 씻음과 성령의 새롭게 하심으로 하셨나니(디도서 3:5)." 성령의 도우심을 받아 죄악으로 물든 나의 내면을 깨끗이 씻어내고 성령으로 새롭게 태어나는 것이다. 그 상태에서 비로소 하나님을 바라볼 수 있고, 그 나라의 삶을 살 수 있다. 거듭남은 기계적인 것이 아니라 인격적인 것이다. 예수의 생명이 우리 안에 부어지면 새로운 생명, 소망, 기쁨이 생긴다.

어거스틴이 거듭날 때는 감정의 폭발이 있었다. 문제가 많은 그를 변화시키기 위해 주님이 격하게 다루신 것이다. 반대로 C. S. 루이스의 경우 동물원에 가는 버스 안에서 조용히 깨달았다. 지성적인 그를 조용히 다루신 것이다. 변화의 과정은 사람마다 다를 수 있다.

우리가 거듭났음을 어떻게 알 수 있을까? 무엇으로 그것을 입증할 수 있을까? 우리가 숨을 쉬고 있으면 육적으로 태어났음을 알 수 있듯 내 영혼 속에 하나님의 영이 살아있다면, 내 영이 살아 숨 쉬고 있다면 거듭났음을 알 수 있다. 영적으로 갈증을 느끼고, 배고파하면 거듭난 증거다. 주님의 교회가 상처 받는 것을 보고 마음이 상하면 거듭난 증거다. 그만큼 하나님 편에 서 있다. 바울은 자신을 용서 받은 자, 예수 사랑에 빚진 자라 했다. 내가 어떻게 주님께 그 빚을 갚을 수 있을까, 어떻게 주님께 감사할까 하는 마음을 가지면 그만큼 거듭난 증거다.

그리스도인으로서 얼마나 충실한 삶을 사는가는 거듭남과 직결된다. 거듭나면 삶의 양식이 다르다. 전과 아주 다르다는 점에서 래디컬(radical)하다. 이것은 세상에서 말하는 진보적 의미의 래디컬이 아니다. 영적으로 차원이 다르다는 말이다. 이런 점에서 참 그리스도인은 래디컬 크리스천(radical Christian)임에 틀림없다. 세상의 안경을 쓰고선 하나님 나라를 볼 수 없다. 영적으로 거듭나야 비로소 하나님 나라를 볼 수 있다.

끝으로 거듭난 자에겐 세상이 줄 수 없는 영원한 소망이 있다. 예수님의 부활과 우리의 거듭남이 밀접한 관계가 있다. 영적으로 거듭난 자는 종말 시 육적 부활을 경험한다. 육은 영원히 죽지만 우리의 영은 주님과 더불어 영원히 산다. 이보다 큰 상이 어디에 있겠는가.

106

이것은 너희에게서 난 것이 아니요

"너희는 그 은혜에 의하여 믿음으로 말미암아 구원을 받았으니 이 것은 너희에게서 난 것이 아니요 하나님의 선물이라(엡 2:8)."

기독교의 특징은 자기의 의를 내세우지 않는 것이다. 믿음은 자기의 공로를 포기할 뿐 아니라 자기의 의를 철저히 부인하는 데 있다. "그러므로 율법의 행위로 그의 앞에 의롭다 하심을 얻을 육체가 없나니 율법으로는 죄를 깨달음이니라(롬 3:20)" 하지 않았는가.

존 머레이(J. Murray)는 말한다. "자기의 의는 은혜의 안티테제(antithesis)요 최고의 악마적 안티테제다." 자기의 의를 내세우는 것은 은혜를 부정하는 것이자 은혜에 반하는 행동이요 그것은 최고의 악마적 행위라는 것이다.

왜 그럴까? 그것은 우리가 구원을 받게 된 것은 우리의 의가 아니라 주님의 은혜 때문이다. 그 은혜는 하나님이 우리에게 주신 최고의 선물이다. 구원을 받을 수 있는 믿음을 갖게 된 것은 나의 의가 아니라 주님의 은혜 때문이다. 십자가에 달려 죽으시기까지 순종하심으로, 그의 의(righteousness)가 우리에게 전가(transfer) 된 것이다. 그리스도인은 그리스도의 의가 전가된 사람들이다. 주님의 이 놀라운 은혜가 아니면 우리는 지금도 죄 가운데 있다. 주님을 생각하면 생각할

수록 감사하지 않을 수 없다.

율법으로 말하면 우리는 결코 의인이 될 수 없다. 오직 주님을 믿는 믿음을 의로 여기심으로 우리는 의롭다 칭함을 얻었다. 칭의(justification)다. 이것은 율법적인 칭의 선포가 결코 아니다. 율법은 오직 의로운 자를 의롭다 할뿐이다. 우리는 믿는 자를 의롭다 하신 하나님의 놀라운 선포로 의인이 되었다. 하나님의 선포는 율법을 뛰어넘는다. 궁극적 최종 선언이다. 하나님이 우리를 의롭다 하시는데 감히 누가 그것을 막을 수 있겠는가. 율법도 그것을 막을 수 없다.

그리스도인은 무엇보다 나의 나 된 것은 나의 공로가 아니라 주님의 은혜임을 철저하게 깨달을 필요가 있다. 이 선을 넘으면 교만이다. 하나님은 인간의 교만을 싫어하신다.

믿음으로 의롭게 되었다 해도 우리가 이 세상에 사는 한 죄를 지을 수 있다. 용서 받았으니 이제 죄를 지어도 괜찮다든가, 다시는 회개할 필요가 없다고 말하는 것은 겸손하지 못한 태도다. 하나님은 근본적으로 죄를 싫어하신다. 그러므로 죄를 지었다면 그 죄를 주님께 고하고 용서를 빌고 회개하며 믿음을 새롭게 할 필요가 있다. 자신을 낮추어 겸손하게 주님께 나아갈 때 주님은 그 얼굴을 우리를 향해 드실 것이다.

의롭다 함을 입은 그리스도인은 언제나 하나님의 말씀을 따라 선한 삶을 살도록 해야 한다. 그리스도인은 방종이 아니라 순종을 택한 사람들이다. 주님의 그 크신 사랑이 없다면 우리는 이 땅에서 존재의 의미를 찾을 수 없다. 그래서 우리는 오늘도 주님의 그 크고 놀라운 은혜를 기억하며 찬양한다.

107

모든 행실에 거룩한 자가 되라

"오직 너희를 부르신 거룩한 자처럼 너희도 모든 행실에 거룩한 자가 되라(베드로전서 1:15)."

베드로는 우리를 향해 "모든 행실에 거룩한 자가 되라" 한다. 그것도 "오직 너희를 부르신 거룩한 자처럼 거룩하라" 한다. 우리가 닮아야 할 분은 오직 한 분이다. 그분은 우리를 부르신 분이요 거룩한 자다. 우리 주님이시다. 주님을 닮으라는 말씀이다.

그리스도인은 한 마디로 예수를 닮으려는 사람들이다. 우리는 예수님을 완전히 닮을 수 없다. 그래서 우리는 스스로 '작은 예수'가 되고자 한다. 주님처럼 될 수는 없지만 그래도 가까이 가고자 하는 것이다.

베드로는 하나님의 말씀을 인용하였다. "기록하였으되 내가 거룩하니 너희도 거룩할찌어다 하셨느니라(베드로전서 1:16)." 이 말씀은 레위기 11장 44절, 19장 2절, 그리고 20장 7절에 있다. 한 마디로 하나님의 명령이라는 것이다. 레위기에서 거듭 거듭 강조되는 것을 보면 이것은 심상치 않은 명령임에 틀림없다.

거룩하다는 말은 헬라어로 '하기오스(hagios)'다. 이 말은 광채에서 비롯된 것으로 '다르다,' '구별되었다'는 뜻이다. 전과는 아주 다른,

구별된 삶을 살아야 한다는 것이다.

베드로는 거룩하게 살라는 주문을 하기 전에 이 말을 먼저 했다. "너희가 순종하는 자식처럼 이전 알지 못할 때에 좇던 너희 사욕을 본 삼지 말고(14절)." 하나님을 알지 못하던 때 사욕을 좇으며 살았던 것에서 돌아서라는 말이다. 그 과거의 삶이 더 이상 본이 되어서는 안 된다는 말이다.

거룩하다할 때 그것은 과거와는 전혀 다르다. 어둠에서 살 던 것으로부터 완전히 구별되었고(set a part from), 새로운 피조물로 재창조되었다는 말이다. 우리를 가리켜 거룩한 주의 자녀라 했고, 거룩한 성전이라 했다. 완전히 새로운 존재로 구별되게 살라는 말이다.

베드로는 우리를 향해 "모든 행실에 거룩한 자가 되라" 한다. 한 가지 행실이 아니다. 모든 행동이다. 그만큼 달라진 삶을 살라는 것이다.

주님을 닮으며 살아갈 때 가장 큰 주문가운데 하나가 바로 거룩하게 사는 것이리라. 이 큰 주문을 우리가 어찌 감당할 수 있을까. 하지만 너무 염려하지 말라. 이렇게 큰 주문을 하실 땐 우리에게 그것을 감당할 만한 힘과 능력을 주신다. 우리 능력을 벗어난 일을 주문하시는 주님이 아니다. 우리를 너무 잘 알고 계시기 때문이다.

베드로가 주문한 '모든 행실'에는 큰 행실도 있고, 중간 크기의 행실도 있고, 작은 행실도 있다. 그 행실 중 큰 것부터 하려고 하면 자칫 실패하기 쉽다. 한 번 실패하면 다음 행실로 나가기도 어렵다. 그러니 우리가 실행하고자 하는 것 중에서 사소한 것, 작은 것부터 시작하면 된다. 실패해도 좌절하지 말라. 거룩함은 실패를 통해 더욱 강해진다. 그렇게 해서 조금씩 나를 변화시켜 나간다면 우리 삶도 달라질 것이다. C. S. 루이스는 말한다.

> "거룩해진다는 것은 결코 쉬운 일이 아니다. 거룩함을 생각하면 우선 지루하다는 생각을 하게 될 것이다. 그 일을 어떻게 한단 말인

가. 하지만 그것을 알면 알수록, 실행하면 할수록 놀라운 일이 벌
어진다. 인류가 10%만 거룩해진다면 세상이 바뀐다."

하나님은 우리를 바꾸기 위해, 아니 세상을 바꾸기 위해 지금 우리
에게 명령하신다. "오직 너희를 부르신 거룩한 자처럼 너희도 모든
행실에 거룩한 자가 되라." 엄중한 명령이다.

108

고난에는 하나님의 뜻이 숨어있다

"예수께서 대답하시되 이 사람이나 그 부모가 죄를 범한 것이 아니라 그에게서 하나님의 하시는 일을 나타내고자 하심이니라 (요한복음 9:3)."

예수님이 길을 가실 때 날 때부터 소경된 사람을 보셨다. 그를 주목해 보셨다는 말이다. 그 때 제자들이 물었다. "이 사람이 소경으로 난 것이 뉘 죄로 인함이오니이까 자기오니이까 그 부모오니이까?" 우리 주위에도 누가 아프거나 장애를 가지면 죄 때문이라 생각하는 사람이 종종 있다. 제자들도 예외가 아니었다. 부모 죄 때문인가, 아니면 자기 죄 때문인가.

답은 의외였다. "둘 다 아니다. 하나님이 그를 통해서 하나님의 일을 나타내고자 함 때문이다." 그를 통해서 영광 받으실 일을 계획하고 계시다는 말씀이다. 아주 긍정적이다.

링컨은 아들을 잃었다. 애지중지 키우던 아들이요 11살 난 아들이다. 목사님이 그를 찾아와 시편 119편 71절 말씀으로 위로를 주었다. "고난당한 것이 내게 유익이라 이로 인하여 내가 주의 율례를 배우게 되었나이다." 링컨은 훗날 노예해방의 사명감을 갖게 되었다. 고난받는 자의 편에 서게 된 것이다.

"주 날개 밑 내가 편안히 쉬네." 이 찬송시를 쓴 사람은 커싱(W. O.

Cushing) 목사다. 그는 갑자가 목소리를 잃게 되었다. 설교를 할 수 없게 된 그는 찬송시를 쓰는 사명자로 다시 태어났다. 그는 말한다. "주 날개 밑 즐거워라 그 사랑 끊을 자 뉘뇨 주 날개 밑 내 쉬는 영혼 영원히 거기서 살리." 이 찬송은 그의 삶의 고백이다.

링컨이나 커싱을 보면 고난을 통해서 오히려 하나님이 계획하신 일이 있음을 알 수 있다. 따라서 우리도 고난을 당할 때 그에 대한 생각을 보다 긍정적으로 볼 필요가 있다. 이 고난을 통해 이루실 하나님의 일을 오히려 기쁨으로 바라보자.

주님도 이 땅에서 고난을 받으셨다. 그 고난을 통해 구원을 이루셨다. 주님이 고난을 받으셨다면 우리도 고난을 피할 수 없다. 그 고난과 고통을 통해 이루실 하나님의 뜻을 먼저 생각하자.

브라우닝은 "기쁨과 많은 대화를 나눴지만 남은 것은 없었다. 하지만 슬픔은 나에게 한 마디 말을 하지 않았지만 많은 것을 깨닫게 해주었다"고 했다. 고난과 슬픔이 우리에게 줄 수 있는 것이 많다는 말이다. C. S. 루이스는 고난을 가리켜 "하나님의 메가폰(megaphone)이자 천국의 확성기(loudspeaker)"라 했다. 우리 모두에게 알려주는 외침이 있다는 말이다. 이제 그 음성을 들을 때다.

본회퍼는 고통 받는 하나님만이 고통 받는 자를 도와주신다 했다. 궁극적으로 도와주실 이는 주님이시다. 고난은 우리로 하여금 말씀에 귀를 기울이게 하고, 우리의 잘못된 것을 고쳐 새롭게 하신다. 우리의 아픔을 통해 사람들에게 경고하고, 서로 사랑하게 만든다. 하나님은 오늘도 고난이라는 어둔 색깔을 영광의 금빛으로 바꾸신다.

Stressed를 거꾸로 쓰면 디저트(desserts)가 된다. 고난당할 때 그것을 축복으로 생각하라. 하나님은 우리를 저주하거나 잊으신 분이 아니다. 그는 선하시며 인자하심이 영원하다. 고난 중에 담긴 주님의 귀한 뜻을 생각하며 오히려 감사하자. 기대하자.

109

한 사람의 생명이 천하보다 귀하다

"이는 예수께서 이미 저에게 이르시기를 더러운 귀신아 그 사람에
게서 나오라 하셨음이라(마가복음 5:8)."

              이 말씀은 거라사 지방에 가신 예수
님이 귀신 들린 사람을 고치신 사건에서 나온 말이다. 더러운 귀신들
린 그가 갑자기 멀리서 달려와 절하며 큰 소리로 외쳤다. "지극히 높으
신 하나님의 아들 예수여 나와 당신과 무슨 상관이 있나이까 원컨대
하나님 앞에 맹세하고 나를 괴롭게 마옵소서." 그것은 이미 귀신을 향
해 "더러운 귀신아 그 사람에게서 나오라" 하셨기 때문이라는 것이다.
    마태복음에는 더러운 귀신 들린 자 두 사람에 대해 언급하였다. 그
러나 마가복음에는 귀신 들린 자 한 사람에 특히 주목하고 있다. 그
는 쇠사슬을 끊을 정도로 힘이 강하고, 어느 누구든 그를 제어할 힘
이 없으며, 소리를 지르며 자해했다. 예수님이 귀신을 향해 이름을 묻
자 귀신은 '군대(legion)'라 했다. 레기온은 로마 군대의 여단 규모를
표시하는 말로 약 6,000명으로 구성되었다. 귀신이 혼자만 있는 것이
아니라 떼로 존재해 있었음을 말해준다. 이것은 어지간해선 쫓아내기
어렵다는 것을 말해준다.
    주님은 왜 그곳에 가셨을까? 데가볼리나 거라사는 유대인들이 가
고 싶어 하지 않는 곳이다. 데가볼리는 알렉산더 대왕에 의해 세워진

도시다. '10개의 도시'라는 뜻을 가지고 있다. 도시 대부분이 헬라 이름을 가졌다. 그만큼 이방문화가 강했다. 거라사는 그 10대 도시 중 하나다. 유대인들이 피하는 그곳을 주님이 가신 것은 유대인들이 가진 편견을 깨뜨릴 뿐 아니라 잃은 양을 찾기 위한 것이었다. 잃은 양을 찾기 위해서라면 거라사가 아니라 그보다 더 험한 곳도 가실 분이다.

예수님은 벳새다에서 오병이어로 5천명을 먹이는 기적을 일으키셨고, 데가볼리 지방에서 칠병이어로 4천명을 먹이는 기적을 일으키셨다. 여자와 어린이를 뺀 남자의 수만 적은 것이니 사실 그보다 훨씬 더 많다. 벳새다가 유대인을 위한 것이었다면 데가볼리는 이방인을 위한 것이었다. 예수님은 차별 없이 그들 모두를 불쌍히 여기셨다. "내가 그들을 굶겨 보내면 길에서 기진하리라." 우리를 향한 주님의 생각은 이처럼 다르다.

거라사의 귀신들린 자를 향한 주님도 마찬가지였다. 사람이 더 이상 어찌할 수 없음을 아신 주님께서 이곳을 찾은 것이다. 귀신은 예수님을 상대할 수 없었다. 오히려 두려워했다. 주님은 귀신을 향해 "그 사람에게서 나오라" 명령하셨다. 그 사람에게서 나온 귀신들은 돼지 떼에 들어갔다. 거의 2천 마리 되는 떼가 바다로 내리달아 몰사했다. 주님은 왜 돼지 떼를 희생해가면서 귀신들린 사람을 고치셨을까? 그 답은 간단하다. 한 사람의 생명이 천하보다 귀하기 때문이다.

나음을 입은 그 사람은 주님과 함께 있기를 원했다. 하지만 주님은 그에게 다른 사명을 주셨다. "집으로 돌아가 자신에게 일어난 일을 가족에게 알리라." 식구들을 구원하라. 데가볼리 사람들을 구원하라는 말씀이다. 주님은 우리의 생명을 이처럼 귀하게 여기신다.

110

하나님은 제사보다 인애를 원하신다

"나는 인애를 원하고 제사를 원치 아니하며 번제보다 하나님을 아
는 것을 원하노라(호세아 6:6)."

호세아 6장은 "오라 우리가 여호와께
로 돌아가자"는 선언으로 시작된다. 그리고 에브라임과 유대를 향해
"너희의 인애가 아침 구름이나 쉬 없어지는 이슬 같도다." 애닯아 한다.
그들 속에 늘 간직하고 있어야 할 것은 인애인데 그것이 보이지 않는다.
그리고 제사나 번제보다 인애와 하나님 아는 것을 원한다 말한다.

인애는 히브리어로 '헤세드(chesed)'다. 헤세드는 샬롬(평화), 미쉬
파트(공평), 쩨타크(정의)와 함께 구약에서 자주 등장하는 키워드다.
이것은 하나님의 뜻과 속성을 말할 때, 그것이 우리 안에서 실행되기
바랄 때 주로 언급된다. 헤세드는 단지 인애에만 국한된 개념이 아니
다. 은혜, 긍휼, 자비, 인자, 동정, 관용, 사랑 등 그 폭이 아주 넓다.
하나님의 넓고도 깊은 사랑과 자비, 은혜가 바로 헤세드다. 한이 없으
신, 아주 특별한, 불변의 사랑이다.

유대 신비주의 카발라(Kabbalah)에 세피로트(생명나무)에 관한 설
명이 나온다. 열 가지 신성한 단어를 통해 창조주 하나님의 속성을
드러낸다. 여기서 네 번째로 등장하는 것이 헤세드다. 헤세드와 성격
을 달리하며 한 쌍을 이루는 것으로 '계부라(Gevurah)' 또는 '딘(Din)'

이 있다. 전자가 사랑과 은혜라면 후자는 정의다. 하나님은 사랑의 하나님이자 정의의 하나님이 아니던가. 사랑과 정의 사이를 조정하는 것은 '티페레트(Tiferet)', 곧 아름다움이다. 티페레트는 생명의 나무에서 심장 역할을 한다.

구약에서 하나님의 사랑과 은혜를 말할 때 헤세드뿐 아니라 라하밈, 헨 등을 사용한다. 헤세드는 인간을 긍휼히 여기신 하나님, 그리고 그분이 우리에게 바라는 최선의 상태를 말한다. 라하밈(rachamim)은 '어머니의 자궁'이라는 뜻을 가지고 있다. 하나님의 신비하고도 포근한, 생명을 귀히 여기는, 어머니의 품속 같은, 긍휼(compassion)이 넘치는 사랑이다. 헨(chen)은 우리를 향한 절대적이고 무조건적인 사랑과 은혜다. 세 단어 모두 그 맥을 같이 한다. 하나님이 사랑으로 세상을 창조하셨고, 우리를 죄악에서 구원하셨기 때문이다. 헤세드를 헬라어로 번역할 때 아가페보다는 '엘레오스(eleos)'라는 단어를 사용한다. 이것은 사랑뿐 아니라 긍휼, 자비, 친절, 불쌍히 여기는 마음 등이 포함되어 있다.

호세아는 하나님을 알면 진정 헤세드를 알 것이라 말한다. 하나님으로부터 받은 그 무한한 자비와 사랑을 사람들에게 펴는 것이 마땅할 터다. 그런데 지금 그것이 보이지 않는다는 말이다. 지금 하나님이 바라시는 것은 제사가 아니라 그 자비와 사랑이라는 것이다.

하나님은 그토록 배신한 인간을 위해 독생자 예수를 이 땅에 보내 십자가를 지게 하셨다. 헤세드의 참 모습이다. 헤세드는 그리스도인이 이 땅에서 실천해야 할 중요한 덕목이다. 우리 모두 그분의 자녀이기 때문이다.

111

주 안에서 항상 기뻐하라

"주 안에서 항상 기뻐하라 내가 다시 말하노니 기뻐하라(빌립보서 4:4)."

바울은 빌립보서 4장을 쓰면서 말한다. "나의 사랑하고 사모하는 형제들, 나의 기쁨이요 면류관인 사랑하는 자들아." 성도들이 나의 기쁨이라는 것이다. 그리고 같은 장 4절을 통해 주 안에서 항상 기뻐하라 말한다.

"기뻐하라"의 헬라어는 '카이레테(chairete)'다. 기쁨을 선택하라는 말이다. 분노나 원망을 택하지 말고 기쁨을 택하란 말이다. 그것도 항상(pantote) 기뻐하라 한다. 그것이 정말 가능할까?

그 답은 '주 안에서(en Kurio)'에 있다. 우리는 항상 기뻐할 수 없다. 그러나 주 안에 있으면 항상 기뻐할 수 있다. 주님으로 인한 기쁨이기 때문이다.

왜 그럴까? 주님이 나를 죄에서 구원하셨고, 그로 인해 주님의 자녀가 되었기 때문이다. 하나님이 우리를 사랑하시고, 주님이 우리를 위해 죽으심으로 죄인인 우리가 하나님과 화평을 누릴 수 있게 되었기 때문이다.

"예수를 너희가 보지 못하였으나 사랑하는도다 이제도 보지 못하나 믿고 말할 수 없는 영광스러운 즐거움으로 기뻐하니 믿음의 결국 곧 영혼의 구원을 받음이라(벧전 1:3)."

베드로는 본도나 갑바도기아 등 먼 곳에 있는 사람들, 예수를 알지 못하던 사람들이 예수를 믿고 기뻐하는 것을 알았다. 그가 본 기쁨은 '말할 수 없는 영광스러운 즐거움'이었다. 말할 수 없다는(inexpressible) 것은 차원이 너무 높아 인간의 말로는 표현할 수 없다는 것이다. 최상의 기쁨이다. '영광스러운(glorious)'은 '하나님을 덧입은, 신적인, 천상의'라는 뜻을 가지고 있다. 세상이 줄 수 있는 기쁨이 아니란 말이다. '즐거움으로 기뻐하니'는 이 기쁨을 강조하고 강조하는 말이다.

바울이 우리에게 가르쳐준 기쁨은 외적인 기쁨이 아니라 전적으로 내적인 기쁨(inner joy)이다. 그 기쁨은 무엇보다 하나님의 사랑을 받고 있음을 알기에 가능하다. 성령을 통해 하나님의 사랑이 흘러 들어와 그 사랑을 무한히 받고 있다는 것을 느낄 때 기쁨이 샘솟는다(롬 3:3). 기쁨은 부어주시는 사랑에 대한 우리의 영적인 반응이다.

이 기쁨은 환경을 초월한 기쁨이다. 바울은 옥에 갇히기도 하고, 매를 맞기도 했다. 하지만 그는 기뻐했다. 비록 옥이라 할지라도 그곳에서 자기가 가장 소중하게 여기는 예수를 나눌 수 있으니 감사하고 기쁘다. "무슨 방도로 하든지 전파되는 것은 그리스도니 이로써 내가 기뻐하고 또한 기뻐하리라(빌 1:18)."

그리스도인은 이 땅에서 하늘의 기쁨을 소유한 사람들이다. 아니 예수 그리스도를 소유한 사람들이다. 우리가 그리스도를 내 안에 모시고 사는 한 그 기쁨은 떠나지 않는다.

C. S. 루이스는 당신이 천국에 도달했을 때 그곳 문지기가 묻는 말이 있다고 한다. "당신은 예수님을 앎으로써 참을 수 없는 기쁨을 갖고 있는가?" 문지기는 지금 당신의 답을 기다리고 있다. 바울의 말을 기억하라. "종말로 나의 형제들아 주안에서 기뻐하라(빌 3:1)."

112

우리 다시 만날 때까지 하나님이 함께 계셔

"평강의 하나님께서 속히 사탄을 너희 발아래에서 상하게 하시리
라 우리 주 예수의 은혜가 너희에게 있을지어다(로마서 16:20)."

제레미아 랜킨(J. E. Rankin) 목사는
우리가 잘 아는 찬송, "우리 다시 만날 때까지"를 지었다. 회중교회
목사로 여러 지역에서 사역하다 워싱턴에 있는 하워드대학교 총장까
지 지냈다.

그는 찬송시를 쓰고 성가집을 펴내기도 했는데, "우리 다시 만날
때까지"를 짓게 된 계기가 있다. 무엇보다 good bye라는 말에 "God be
with you(하나님이 당신과 함께 하시기를)"라는 뜻이 담겨 있다는 것
을 안 뒤 너무 감격해 "God be with you"로 시작하는 찬송시를 쓰게
되었다는 것이다. 우리 말 찬송에는 "우리 다시 만날 때까지"가 앞에
와있지만 영어 찬송에는 "하나님이 함께 계시기를"이 앞에 있다. 우
리 다시 만날 때까지 하나님이 함께 계시기를 기원하는 찬송이다.

지금은 이 찬송을 많이 부르지 않지만 내가 어렸을 때 예배 때 폐
회 찬송으로 부르기도 하고, 혹시 교인가운데 정든 교회를 떠나 타지
로 이사를 할 경우 이 찬송을 부름으로써 석별의 정을 나누기도 했다.
특히 "예수 앞에 만날 때 그 때까지 계심 바라네"는 후렴구에선 가슴
뭉클한 순간도 있었다. 우리 언제 볼거나, 하지만 다시 보지 못한다

해도 우리 모두 주님 앞에서 만나게 될 터인데, 그때까지 주님이 함께 계시기를 소원하는 것이다.

이 찬송은 이별의 찬송이라기보다 성회로 모였던 성도들이 각자의 삶터로 돌아가기 전 앞으로 부닥칠 크고 작은 일들을 만날 때마다 하나님이 함께 해주실 것을 기도하는 마음이 담겨 있다는 점에서 간구의 찬송이요 하나님을 절대적으로 의지하고 신뢰하는 찬송이다. 우리가 비록 잠시 헤어진다 해도 하나님께서 지키시고 인도해 주실 것을 믿는 확신이 담겨 있다.

바울은 로마 교인들에게 보내는 편지 마지막 부분에서 선언하듯 말한다. "평강의 하나님께서 속히 사탄을 너희 발아래에서 상하게 하시리라." 하나님이 지켜주실 것을 강하게 확신하는 것이다. 이어 "우리 주 예수의 은혜가 너희에게 있을지어다."는 간구의 기도를 드린다. 주님의 보호가 없다면 우리는 한 시도 마음을 놓을 수 없다. 그러나 임마누엘 하나님의 확실한 약속과 보호가 있기에 우리는 오늘도 승리를 확신한다.

함께 있거나 떠나 있거나 우리는 주 안에서 하나다. 언제 어디서나 우리는 하나다. "하나님이 언제나 당신과 함께 하시기를."

113

아들아 말씀을 먹으라 송이 꿀을 먹으라

"내 아들아 꿀을 먹으라 이것이 좋으니라 송이 꿀을 먹으라 이것이
네 입에 다니라(잠언 24:13)."

이것은 단지 꿀을 먹으라는 말이 아
니다. 먹어서 소화를 하듯 하나님의 말씀을 먹고 자신의 것으로 만들
라는 것이다. 말씀의 체화다. 말씀을 삶의 지표로 삼고 살아가는 것이
다. 그런데 보통 꿀이 아니다. 송이 꿀이다. 송이 꿀은 아주 단 꿀을
상징한다. 이 세상을 살면서 하나님보다 더 단 것은 없다는 말이다.
그만큼 하나님의 말씀은 우리 삶의 중심을 차지하는 요체다.

꿀을 먹으라는 것이 상징적인 것이었다면 상징을 떠나 구체적으로
말씀하신 것도 있다. "내 아들아 내 말을 지키며 내 계명을 간직하라
(잠 7:1)." "내 아들아 여호와의 징계를 경히 여기지 말라 그 꾸지람을
싫어하지 말라(잠 3:11)." "내 아들아 주의 징계하심을 경히 여기지
말며 그에게 꾸지람을 받을 때에 낙심하지 말라(히 12:5b)." "아들들
아 이제 내게 들으라 내 도를 지키는 자가 복이 있느니라(잠 8:32)."
"내 아들아 지식의 말씀에서 떠나게 하는 교훈을 듣지 말지니라(잠
19:27)." "내 아들아 들으라 내 말을 받으라 그리하면 네 생명의 해가
길리라(잠 4:10)." 하나님의 말씀을 간직하고 지키면 복을 받고 장수
할 것이라 하신다.

하나님의 말씀뿐 아니라 부모의 말도 잘 듣도록 한다. "아들들아 아비의 훈계를 들으며 명철을 얻기에 주의하라(잠 4:1)." "내 아들아 네아비의 명령을 지키며 네 어미의 법을 떠나지 말고(잠 6:20)." 성경은왜 자녀들에게 아비의 명령과 어미의 법을 따르라 할까? 그것은 부모의 가르침이 근본적으로 하나님의 가르침과 직결되어 있기 때문이다.

하나님은 여러 채널을 통해 자녀들을 바른 길로 인도하시기 원하며 자신의 자녀들이 이 땅에서도 하나님 나라의 삶을 살기 원하신다. 이것이 바로 우리를 향한 하나님의 마음이다.

하나님은 왜 이렇게 하실까? 자신의 자녀들이 바른 길을 가도록 하기 위함이다. "내 아들아 악한 자가 너를 꾈지라도 따르지 말라(잠 1:10)." "내 아들아 그들과 함께 길에 다니지 말라 네 발을 금하여 그 길을 밟지 말라(잠 1:15)." "내 아들아 만일 네 마음이 지혜로우면 나 곧 내 마음이 즐겁겠고(잠 23:15)." 하나님의 마음은 부모처럼 한결같다.

바울은 아들과 같은 디모데를 향해 이렇게 말한다. "내 아들아 그러므로 너는 그리스도 예수 안에 있는 은혜 가운데서 강하고(딤후 2:1)." 주님의 은혜가 아니면 강해질 수 없다. 그래서 우리는 늘 주님 앞으로 나간다.

우리가 하나님의 말씀 속에서 살 수 있다면 그것처럼 성공한 인생은 없다. 주님도 인생의 그 어떤 성공보다 말씀따라 사는 것을 기뻐하신다. 잠언 기자는 다시금 우리에게 가르친다. "내 아들아 완전한 지혜와 근신을 지키고 이것들이 네 눈앞에서 떠나지 말게 하라(잠 3:21)." 주님의 말씀이 우리를 지킨다. 삶을 아름답게 한다. 송이 꿀을 먹어야 할 이유가 충분하다.

114

영생의 말씀이 주께 있사오니 누구에게 가오리까

"시몬 베드로가 대답하되 주여 영생의 말씀이 주께 있사오니 우리
가 누구에게로 가오리이까(요한복음 6:68)."

주님의 인기는 오병이어 사건에서
최고조에 달했다. 물고기 두 마리와 떡 다섯 개로 남자 5천명을 먹이
고도 12광주리가 남았으니 놀라운 일 아니겠는가(요 6:14-15). 떼어내
고 떼어내도 줄지 않고 오히려 많아지는 물고기와 떡들, 배고픈 그들
에게 주님은 천상의 밥상을 내주셨다. 주님의 인기는 하늘을 찔렀다.
사람들은 말했다. "참으로 세상에 오실 그 선지자라." 그들이 바라던
메시야임을 눈으로 확인한 것이다.

하지만 주님이 "내가 하늘로서 내려온 떡(38절)"이라 말씀하실 때
그 인기는 하향곡선에 들어섰다. 사람들은 의심부터 하기 시작했다.
"요셉의 아들 예수가 아니냐 그 부모를 우리가 아는데 자기가 지금
어찌하여 하늘에서 내려왔다 하느냐."

주님은 이어 영생의 양식에 관해 말씀했다. 그리고 선언하셨다.
"내 살을 먹고 내 피를 마시는 자는 영생을 가졌고 마지막 날에 내가
그를 다시 살리리니." 이 말에 모두들 혼란에 빠졌다. 듣고 있던 제자
들도 "이 말씀은 어렵도다 누가 들을 수 있느냐"며 주님 곁을 떠나기

시작했다. 단지 이해하기 어렵다는 수준이 아니다. 말도 안 된다 불평하며 떠났다. 그 수가 한 둘이 아니라 많다 했다. 그동안 예수를 따르던 제자들도 상당수 떠났다. 그의 인기는 바닥을 쳤다.

그 때 예수님이 12제자들을 향해 물으셨다. "너희도 가려느냐?" 그러자 베드로가 말한다. "주여 영생의 말씀이 주께 있사오니 우리가 누구에게로 가오리이까 우리가 주는 하나님의 거룩하신 자이신 줄 믿고 알았사옵나이다." 떠난 사람들과는 다르다는 것이다.

요즘 가나안 교인이 늘어가고 있다. 가나안 교인이란 지금은 교회에 '안 나가'는 사람들을 가리킨 말이다. 2000년대까지 한국 기독교 인구는 1200만이라 했다. 그런데 지금은 800만이라 한다. 3분의 1이 줄었다. 400만은 왜 떠났을까? 교회가 잘못되었을까? 교회가 잘못될 수는 없다. 주님의 보혈로 사신 교회는 변함이 없다. 교회가 잘못된 것이 아니라 우리의 잘못, 지도자의 잘못이 크다. 실망하고 떠난 것이다. 안타깝기 그지없다.

오병이어 기적을 체험했을 때 사람들은 예수야말로 자기들의 필요를 채울 수 있는 인물이라며 감격했다. 하지만 주님이 보이는 떡이 아니라 하늘로부터 내려온 참 생명의 떡임을 말하자 물러났다. 믿음과 헌신에 대한 요구에 등을 돌린 것이다. 그런 극한상황에서 베드로의 고백은 빛이 난다. "주여 영생의 말씀이 주께 있사오니 우리가 누구에게로 가오리이까." 주님으로부터 도망하지 말라. 그분을 거부하지 말자.

115

여호와는 나의 힘이요 노래시다

"나의 힘이 되신 여호와여 내가 주를 사랑하나이다(시편 18:1)."

힘이라 하면 사람들은 근육의 강한 힘을 떠올릴 것이다. 육체적인 힘이다. 나이가 들어가면서 다리에 힘이 있어야 한다고 말하니 그 힘도 맞는 말이다. 또한 권력도 힘이요 재력도 힘이다. 하지만 그것만이 힘이라 생각하면 오산이다. 다양한 힘이 존재하기 때문이다.

영국철학자 프랜시스 베이컨은 "아는 것이 힘이다"라 했다. 그가 말하는 '아는 것'이란 자연에 대한 탐구를 말한다. 그리고 힘은 이러한 탐구를 바탕으로 인간의 의도대로 자연을 조종할 수 있는 힘이다. 이렇게 해서 과학이 발전했다. 지식을 추구하는 세계에서 아는 것만큼 중요한 것도 없다.

고전 철학자들은 오랜 동안 덕을 힘으로 생각해왔다. 영어의 'virtue'는 라틴어 '비르투스(virtus)'에서 왔다. 더 들어가면 '비르(vir)'다. 비르는 '힘'이라는 뜻을 가지고 있다. 이 덕은 미덕, 선행을 가리킨다. 헬라어로는 '아레테(arete)'다.

이 두 단어는 모두 도덕적 탁월성(moral excellence)을 가리킨다. 덕은 도덕적으로 선하고, 그래서 모든 도덕적 선행의 근본으로 그 가치를 인정받을 때 사용되는 긍정적인 말이다. 개인적으로 덕이 있다고 말하는 것은 그의 선행을 인정하는 것이다. 터키 에베소에 있는 셀수스 도서관에 아레테를 상징하는 여신의 모습이 새겨져있다. 인간세계에서 덕은 그만큼 힘을 가지고 있고 존경 받는다는 뜻이다. 덕의 반대말은 악(vice)이다.

그렇다면 그리스도인에게는 무엇이 힘일까? 인간이 아니라 하나님이시다. 다윗은 말했다. "나의 힘이 되신 여호와여." 하나님께서 자기의 모든 원수들과 사울의 손에서 구원해 주셨음을 생각할 때 주님만이 힘이 되었음을 고백하지 않을 수 없고, 주님을 찬양하지 않을 수 없다. 진퇴양난의 상황에서 홍해를 육지처럼 건너온 이스라엘은 노래했다."여호와는 나의 힘이요 노래시며 나의 구원이시로다 그는 나의 하나님이시니 내가 그를 찬송할 것이요 내 아버지의 하나님이시니 내가 그를 높이리로다(출 15:2)."그들의 감격과 찬송이 어떠했을까 싶다.

인간이 육체적으로 건강하며 지식으로 뛰어난 기술을 가지며 선행을 하는 것도 힘이다. 그러나 그것을 뛰어넘는 것이 있다. 인간의 한계를 뛰어넘는 힘이다. 우리를 파멸에서 구원하시는 주님의 그 크신 힘, 우리를 깊은 웅덩이에서 구원하시는 주님의 강한 힘. 그 힘을 우리는 의지한다. 험한 인생길에서 주님은 오늘도 구원자로 서 계신다. 그 힘을 경험한 자는 늘 노래한다. "나의 힘이 되신 여호와여 내가 주를 사랑하나이다."

116

선한 일을 하라 당신의 삶을 나누라

"그가 우리를 대신하여 자신을 주심은 모든 불법에서 우리를 속량하시고 우리를 깨끗하게 하사 선한 일을 열심히 하는 자기 백성이 되게 하려 하심이라(디도서 2:14)."

바울은 디도를 향해 주님이 우리를 대신하여 죽으신 것은 우리 죄를 씻어주시는 것뿐 아니라 우리로 하여금 선한 일을 열심히 하는 주의 백성이 되게 하려는 것이라 했다. 구원은 우리가 주님으로부터 받는 헤아릴 수 없는 은혜이지만 구원 받은 자는 주님의 자녀로서 선한 일(good deeds), 곧 선한 열매를 맺어야 한다는 것이다. 은혜와 함께 행위가 함께 따라야 할 근거가 충분하다.

정성욱 교수는 디도서 2장을 중심으로 한 말씀에서 하나님의 은혜를 받은 자는 선한 일을 열심히 하는 사람이라 했다. 선한 일이란 무엇일까? 사람들은 여러 가지로 설명하지만 그는 한 마디로 줄이면 나누는 것이라 했다. 무엇보다 삶을 나누는 것이다.

삶은 영어로 LIFE다. 그는 이 LIFE의 글자를 통해 네 가지 나눔을 강조했다. L은 노동(labor)의 나눔이다. 남을 힘써 돕는 것이다. I는 영향력(influence)의 나눔이다. 좋은 관계를 통해 삶을 풍요롭게 한다. F는 물질(finance)의 나눔이다. 그리고 E는 전문지식과 재능(expertise)

의 나눔이다. 이 삶에 사랑을 더하면 충실한 나눔이 될 것이다.

생명과 평화의 전도사로 알려진 일본 의사 히노하라 시게아키가 초등학생을 대상으로 한 생명 수업을 했다. 수업을 시작하기 전 그는 물었다. "생명이 어디에 있는 것 같아요?" 아이들은 "심장에 있어요." "머리에 있어요." 대답했다. 그러나 그는 말한다. "아니, 생명은 너에게 남은 시간 속에 있어. 어려선 너를 위해 시간을 써라. 하지만 자라면 남을 위해서 써라. 남을 위해 시간을 많이 쓴 사람이 천국에 간다." 나눔이 중요하다는 말이다.

아리아나 허핑턴이 지친 몸과 마음을 살찌울 수 있는 12가지 방법을 소개했다. 그중 12번째 방법이 눈에 띤다. 바로 "재능을 나누자." 이기 때문이다. 남에게 도움을 줄 수 있는 나만의 재능을 적극 활용해 상대방을 도와주자. 성공에 집착하는 사람이라는 이미지가 아낌없이 주는 사람으로 바뀌고, 당신의 삶도 자연스럽게 달라진다. 나눔이 몸과 마음을 살찌우는 방법이라는 것이다. 그래서 그런지 사람들이 기꺼이 재능 나눔을 하고, 대학은 그 나눔을 가르친다.

나눔의 삶이야말로 선한 일이다. 그 일을 통해 몸과 마음을 살찌울 수 있다. 그러나 정성욱은 한 가지 더 강조한다. 복음을 나누는 것이다. 이보다 더 큰 나눔, 복스러운 나눔은 없기 때문이다. 그리스도인에게 있어서 이 나눔이 없다면 세상의 나눔과 차이가 없다. 나눔에도 그리스도인은 달라야 한다.

희망의 근원은 오직 하나님께 있다

"소망의 하나님이 모든 기쁨과 평강을 믿음 안에서 너희에게 충만하게 하사 성령의 능력으로 소망이 넘치게 하시기를 원하노라(로마서 15:13)."

성경에 노아, 아브라함, 이삭, 야곱, 모세, 다윗, 엘리야 등 여러 인물이 소개된다. 인간적으로 볼 때 대단한 사람들이다. 그러나 성경은 그 어떤 사람도 영웅으로 미화하거나 신으로 모시지 않는다는 사실이다. 그들도 일상에서 실패도 하고 고통도 당하고 좌절도 한다. 그것을 보면 인간의 한계와 평범함을 느끼게 한다. 인간은 인간이고 결코 신이 될 수 없다.

이스라엘 족장사를 보면 족장들과 그 가족들도 우리와 똑같은 삶을 산다. 결혼하고 아기도 낳는다. 때론 가족이 서로 불화하고, 속고 속이며, 이웃을 향해 보복하기도 한다. 개인적으로 실패할 뿐 아니라 때론 믿음마저 연약함을 볼 수 있다. 실수가 반복될 때는 그럴 수가 있을까 생각될 때도 있다. 그럼에도 불구하고 변하지 않는 것이 있다. 하나님의 신실하심이다. 하나님은 그들에게 약속하신 축복과 구원사역을 이뤄가셨다. 이것은 희망의 근거가 그 어떤 사람에게 있지 않고 오직 하나님께 있음을 보여준다. 가치의 중심이 이 땅에 있는 것이 아니라 하나님께 있는 것이다.

바울은 로마서를 통해 하나님을 '소망의 하나님'이라 했다. 소망의 원천은 하나님이라는 말이다. 소망은 희망이다. 이것은 우리가 희망을 하나님께 두어야 함을 가르쳐 준다.

요즘 젊은 세대를 가리켜 7포 세대라 한다. 연예, 결혼, 출산, 인간관계, 내 집 마련, 꿈, 희망 등 7가지를 포기했다는 것이다. 일곱 가지 중 꿈과 희망이 들어있다. 경제가 어렵다 보니 이제 연예하고 결혼할 꿈까지 접는다. 출산이 저하돼 '인구절벽'이라는 말까지 있는데 안타깝다. 바울은 어려운 가운데 있는 성도를 향해 "소망 중에 즐거워하며 환난 중에 참으며 기도에 항상 힘쓰며(롬 12:12)."라 했다. 어떤 상황에서든 희망을 잃지 말고 참고 기도하라는 말이다.

바울은 '성령의 능력으로' 소망이 넘치게 하기를 기원했다. 우리는 모두 연약한 인간이다. 어려움에 처하면 쉽게 꿈과 희망을 버린다. 하지만 성령의 능력으로 살아가는 자는 오히려 소망한다. 하나님이 지켜주실 것을 믿기 때문이다. 소망할 수 없는 자리에서 오히려 소망하는 것이 믿음이다. 그 믿음이 기쁨과 평안을 가져다준다. 그러므로 날마다 순간마다 성령 충만한 삶을 살도록 하라.

늘 하나님을 소망하라. 한 사람이 하나님의 꿈을 가지면 자신뿐 아니라 수많은 사람의 인생이 바뀐다. 족장들은 그 꿈을 잃지 않았다. 하나님의 약속을 굳게 믿었다. 하나님을 신뢰하라. 희망의 근원은 오직 하나님께 있다.

118

선한 성공을 하라

"거만한 눈과 교만한 마음과 악인의 성공은 다 죄가 된다
(잠언 21:4 현대인의성경)."

성공을 좋아하지 않는 사람은 없다.
성공은 인간으로 하여금 자극제가 된다. 그 결과를 기대하기 때문이
다. 그러나 성공이라 해서 다 좋은 성공은 아니다. 성공다운 성공이어
야 한다는 말이다.

잠언 기자는 거만한 눈, 교만한 마음, 악인의 성공을 같은 반열에
올려놓았다. 그리고 악인의 성공은 죄라고 단정했다. 악한 성공, 교만
한 성공은 선한 영향력을 끼칠 수 없기 때문이다.

"여호와여, 우리를 구원하소서! 여호와여, 우리에게 성공을 주소서
(시 118:25 현대인의성경)." 그리스도인도 성공을 원한다. 형통을 구
하는 마음은 누구에게나 마찬가지다. 그러나 그 성공은 하나님의 마
음에 드는 성공이어야 한다는 것이다.

거창고 강당에는 직업선택 10계명이 담긴 액자가 있다. 거기에 보
면 "월급이 적은 쪽을 택하라, 승진기회나 장래성이 전혀 없다고 생
각되는 곳으로 가라, 왕관이 아니라 단두대가 기다리는 곳으로 가라"
는 말이 적혀 있다. 처음 이 십계명을 읽은 젊은 학생들의 마음이 어
땠을까. 한 마디로 불편했을 것이다.

그런데 졸업생 중엔 계명대로 산 사람들이 있었다. 박수용은 월급이 적은 쪽을 택하라는 계명을 따라 높은 연봉과 높은 직책에 대한 유혹을 버리고 아예 월급을 기대할 수 없는 곳을 택해 시베리아 호랑이 전문 다큐 작가가 되었다. 김순옥은 사회적 존경을 바라볼 수 없는 곳으로 가라는 계명에 순종하여 시골의 작은 학교를 자청해 들어가 초등학교 평교사가 되었다. 보이지 않는 곳에서, 누구도 눈여겨 봐주지 않는 곳에서 묵묵히 일하고 있다. 선한 성공이다.

누군들 세상의 성공을 꿈꾸지 않으랴. 왜 편안함을 탐하지 않겠는가. 한 번이고 떵떵거리며 살고 싶지 않겠는가. 그러나 우리는 한번쯤 과연 그 성공이 모든 이의 가슴을 뜨겁게 하는 성공인지 혹시 악한 성공은 아닌지 물어야 한다.

"악인의 성공을 부러워하지 말아라. 그의 말로가 어떠할 것인지를 너는 모른다(집회서 9:11)." "하나님은 교활한 자의 계교를 꺾으사 그들의 손이 성공하지 못하게 하시며(욥 5:12)." 악인의 성공은 꺾임을 당한다. 왜 그럴까? 하나님 보시기에 그것은 죄이기 때문이다.

지금 성공을 구하는가? 형통을 바라는가? 그렇다면 참된 성공이 무엇인지, 왜 성공을 해야 하는지 물으라. 답을 찾기 어렵다면 하나님으로부터 지혜를 구하라. "철 연장이 무디어졌는데도 날을 갈지 않으면 힘이 더 드느니라 오직 지혜는 성공하기에 유익하니라(전 10:10)." 그리고 바라는 성공이 과연 하나님이 기뻐하시는 성공인지 자문해보라. 성공을 지향하는 사람들에게 왜 성공해야 하는지 묻는 것만큼 위대한 질문은 없다. 그 질문에 정직히 답할 때 삶이 달라진다. 선한 성공을 하라.

119

시각을 바꾸면 감사가 보인다

"나중 온 이 사람들은 한 시간밖에 일하지 아니하였거늘 그들을 종일
수고하며 더위를 견딘 우리와 같게 하였나이다(마태복음 20:12)."

이 말씀은 품삯에 관한 예수님의 말
씀 중에 나오는 한 대목이다. 이것은 우리도 그리 할 수 있는 불만사
항이 아닐까. "공평하지 않습니다. 정의는 어디에 있습니까?" 하지만
주인은 당당하다.

> "친구여 내가 네게 잘못한 것이 없노라 네가 나와 한 데나리온의
> 약속을 하지 아니하였느냐 네 것이나 가지고 가라 나중 온 이 사람
> 에게 너와 같이 주는 것이 내 뜻이니라 내 것을 가지고 내 뜻대로
> 할 것이 아니냐 내가 선하므로 네가 악하게 보느냐(마 20:13-15)."

한양대 김인호 교수는 수업시간에 이 품삯 이야기를 해준다. 그리
고 학생들의 반응을 읽는다. 대부분의 학생들은 공평하지 않다고 말
한다. 목소리를 높이며 흥분하는 학생도 있다. 이것이 우리가 보통 가
질 수 있는 태도다. 불공평, 불합리를 견디지 못한다. 다른 구석을 들
여다 볼 틈도 없다. 품삯이 아니라도 우리는 인간관계에서 자주 이런
모습의 삶을 산다. 정의는 실현되어야 한다며.

그러나 잠시 시각을 달리해서 보자. 늦게 들어온 품꾼은 일하고 싶

은데도 써주는 사람이 없어서 기다린 사람들이다. 연변과기대 김한수 교수는 말한다. "만일 늦게 일하러 온 사람이 장애인이었다면 어땠을까? 우리가 그렇게 목소리 높일 수 있을까? 장애인의 부모는 자기의 아들을 써준, 그리고 품삯을 넉넉히 쳐준 그 주인이 얼마나 고마울까." 우리는 자신의 시각에서만 보고 목소리를 높인다. 좀 더 낮은 자세에서, 다른 시각에서 볼 수 있다면 세상은 달리 보일 것이다. 그렇게 목소리를 높일 필요가 없다.

예수님의 품삯비유는 품삯에 관한 것이 아니라 구원에 관한 것이다. 일찍 들어와 일한 사람들이 바리새인이라면 세리와 죄인은 늦게 들어와 일한 사람들이다. 바리새인의 시각으로 볼 때 죄인들을 자기들과 같이 취급하는 것이 몹시 못마땅하고 불공평할 것이다. 그러나 어쩌랴. 죄인들에게도 구원의 기회를 주고 그 문을 활짝 열어 주고자 하신 것이 주님의 마음인 것을. 이젠 바리새인도 그 문제 많은 동생들을 넓고 넓은 마음으로 품어주시는 주님을 향해 오히려 감사를 드려야 하지 않을까. 시각을 바꾸면 감사가 보인다. 이제 우리도 시각을 바꿀 차례다.

120

새 포도주는 새 부대에 넣으라

"새 포도주를 낡은 가죽 부대에 넣는 자가 없나니 만일 그렇게 하
면 새 포도주가 부대를 터뜨려 포도주와 부대를 버리게 되리라 오
직 새 포도주는 새 부대에 넣느니라 하시니라(마가복음 2:22)."

"새 포도주를 낡은 가죽 부대에 넣지
말라," "새 포도주는 새 부대에 넣으라"는 예수님의 이 말씀은 단순
히 포도주에 관한 것이 아니다. "생베 조각을 낡은 옷에 붙이는 자가
없나니 만일 그렇게 하면 기운 새 것이 낡은 그것을 당기어 해어짐이
더하게 되느니라"는 21절의 말씀도 마찬가지다.

여기서 새 포도주나 생베 조각은 무엇일까? 그것은 하나님 나라의
삶의 방식, 곧 복음적 삶의 방식을 말한다. 이것은 바리새인의 습관적
이고 형식적인 삶의 방식인 낡은 가죽부대나 낡은 베와는 전혀 성격
이 다르다.

이 말씀은 금식에 관한 질문에서 비롯된 것이다. 사람들이 와서 바
리새인들은 금식하는데 왜 예수의 제자들은 금식하지 않는 것이냐고
따진다. 예수님은 지금 혼인집 신랑과 함께 있는데 어떻게 금식할 수
있겠느냐 말하고, 신랑을 빼앗길 날이 오는데 그 때 금식해야 할 것
이라 하셨다. 금식을 하지 말라는 것이 아니다. 금식해야할 때가 있다
는 것이다. 그 다음에 생베와 가죽부대에 관해 말씀하셨다.

주님이 보시기에 바리새인들의 금식은 그저 전통을 따른, 형식적인 것에 불과하다. 진정 애통하는 마음도 없다. 그런 금식은 낡은 베, 낡은 가죽부대일 뿐이다. 그리스도인은 달라야 한다. 낡은 조각, 낡은 가죽부대는 과감히 버려야 한다. 그리고 새 부대에 성령님이 공급하시는 새로운 포도주로 가득 채워야 한다.

우리가 버려야 할 것과 채워야 할 것은 무엇일까? 버려야 할 것은 우리의 딱딱해진 마음 밭이다. 관습과 낡은 사고다. 절대 떨어지지 않는 고집과 용서할 줄 모르는 마음이다. 주님은 이것들을 보시며 마음 아파하신다. 우리가 채워야 할 것들은 새로운 마음이다. 하나님의 자녀로서의 삶의 모습들이다. 우리는 나의 비전이 아니라 하나님의 비전을 가져야 하고, 그 나라를 위해 새로운 열정을 품어야 한다.

처음 주님을 구주로 고백했던 순간을 생각해보라. 주님을 위해 세상 모든 것을 포기하며 살겠노라 고백했던 그 때를 상기해보라. 주님을 갈망하며 드높이 찬양했던 순간을 생각해보라. 그 순수한 마음과 열정 속에는 낡은 것이 없다. 지금 이 순간 그것을 회복하라.

주님의 말씀은 날마다 새롭다. 성령님은 날마다 순간마다 우리를 새롭게 하신다. 주의 생기로 채워질 때 우리는 달라진다. 새 포도주는 새 부대에 넣으라. 생베 조각을 낡은 옷에 붙이지 말라.

121

말을 하려거든 은혜로운 말을 하라

"왕은 사람들보다 아름다워 은혜를 입술에 머금으니 그러므로 하나님이 왕에게 영원히 복을 주시도다(시편 45:2)."

시편 45편은 '사랑의 노래'라는 별명을 가지고 있다. 왕의 결혼을 축하하는 노래다. 45편의 여러 구절은 왕이 왜 칭송을 받는가를 잘 보여주고 있다. 2절은 그 서막과 같다.

"왕은 사람들보다 아름다워"라는 것은 당신이야말로 사람들 중에서 가장 뛰어난 사람(the most excellent of men)이라는 뜻이다. 그거 겉모습만 아름답다는 것이 아니다. 뭔가 남과 다른 점이 있다는 말이다.

"은혜를 입술에 머금으니." 이 말은 은혜로운 말, 고마운 말을 한다는 것이다. 영어 성경을 보면 "당신의 입술이 은혜로 기름부음을 받았다," "은혜가 당신의 입술에 부은바 되었다"고 해석한다. 한번만 그런 것이 아니라 말할 때마다, 오래전부터 그래왔다는 것이다. 말에도 거듭나 있음을 보여준다. 그의 말을 듣는 사람들의 마음이 얼마나 평안할까. 하나님이 그에게 복에 복을 더하실 것이다.

그의 말이 왜 은혜롭다고 생각할까? 45편에서 7절은 그 근거를 대고 있다. "왕은 정의를 사랑하고 악을 미워하시니 그러므로 하나님 곧 왕의 하나님이 즐거움의 기름을 왕에게 부어 왕의 동료보다 뛰어나게 하셨나이다." 하나님이 왕을 다른 사람들보다 뛰어나게 한 것은 바로 왕이 정의를 사랑하고 악을 미워하기 때문이다. 그리하여 하나님께서 그 어느 누구보다 그의 마음에 즐거움의 기름(the oil of joy), 곧 기쁨의 기름을 쏟아 부으셨다. 철철 넘치는 기쁨이다. 세상의 어떤 누구도 줄 수 없는 하늘의 기쁨이다.

이 모두는 어디에서 나오는 것인가? 주님으로부터 온다. 아니 주님의 말씀을 잘 지킬 때 온다. 6절을 보자. "하나님이여 주의 보좌는 영원하며 주의 나라의 규는 공평한 규이니이다." 주의 보좌가 영원하다는 것은 하나님이 우리의 모든 것 되신다는 말씀이다. 주의 보좌는 흔들림 없는 기준이다. 세상이 무너진다 해도 그 보좌는 영원하다. 나아가 주님 나라의 규는 공평하다. 규(scepter)는 제왕의 상징인 홀(笏)을 가리킨다. 권장(權杖)이다. 왕권이자 주권이다. 이 규는 남다르다. 공평(uprightness)의 규이기 때문이다. 정의를 세우는 규요 악을 미워하는 규다. 노래하는 자는 왕도 이와 같기를 바란다.

왕의 결혼식에서 이 노래를 듣는 왕은 어떤 마음을 가지게 될까? 하나님이 세우신 종으로 더 은혜로운 말을 하며 정의를 사랑하고 악을 멀리할 것을 다짐하고 또 다짐할 것이다. 이것이 어찌 왕에게만 해당되는 일이겠는가.

122

믿음의 눈으로 멀리 보라

"이 사람들은 다 믿음으로 말미암아 증거를 받았으나 약속된 것을 받지 못하였으니(히브리서 11:39)."

히브리서 11장을 가리켜 '믿음 장'이라 한다. 아벨로부터 시작해서 에녹, 노아, 아브라함, 이삭, 야곱, 모세, 라합, 다윗, 사무엘 등 믿음의 선진들을 소개하고 있기 때문이다.

18절을 개역한글 성경으로 보면 "아브라함은 시험을 받을 때에 믿음으로 이삭을 드렸으니 저는 약속을 받은 자로되 그 독생자를 드렸느니라," 하였다. 아브라함이 그 독생자 이삭을 제물로 드렸다고 했다. 독생자란 'one and only son'을 뜻한다. 하나의 유일한 아들, 곧 외아들이란 말이다. 이스마엘이 있었지만 이삭은 그에게 약속된, 아주 특별한 아들이었다. 또한 그를 제물로 드리지는 못했지만 기꺼이 제물로 드리고자 했으니 드린바 된 것이다. 훗날 하나님께서 자신의 독생자 예수를 보내 십자가에서 우리 죄를 위해 희생의 제물이 되신 것을 생각하면 지나칠 수 없는 구절이다.

13절을 보면 그들이 약속을 받지 못하였다고 기록하고 있다. "이 사람들은 다 믿음을 따라 죽었으며 약속(things promised)을 받지 못하였으되 그것들을 멀리서 보고 환영하며 또 땅에서는 외국인과 나그네임을 증언하였으니." 그들에게는 하늘의 별처럼, 바닷가 모래처럼 후손들이 번창하게 될 하나님의 약속이 있었다. 이 약속은 믿음의 후손들, 곧 구원에 관한 것이다. 하지만 그들 당대엔 그 약속이 이루어지는 것을 보진 못했다. 그러나 그들은 그 약속들이 이뤄질 것을 믿었다. '멀리서 보고 환영'한 것이다. 믿음의 조상들은 멀리 보는 눈을 가졌다. 그리고 그것이 이뤄질 미래를 생각하며 기뻐했다. 역시 그들은 달랐다. 그러나 지금 우리 주변을 둘러보라. 얼마나 많은 사람들이 믿음 가운데 있는가. 하늘의 별처럼, 바닷가 모래처럼 빛나고 있다.

39절의 말씀도 13절의 반복이다. 아브라함을 비롯한 많은 믿음의 조상들이 하나님의 약속을 증거로 받았지만 당대엔 그 약속된 것(what had been promise)을 받지는 못했다. 그렇다고 받지 못한 것인가? 그렇지 않다. 하나님의 약속은 예수 그리스도의 오심을 통하여, 그의 희생을 통하여 변화의 전기를 맞게 되었다. 우리 죄가 씻기고, 하나님의 나라가 선포되었다. 많은 사람들이 믿기 시작했다. 주님의 품에 안길 때 우리는 천군천사와 함께 별처럼 많은 수의 성도들을 보게 될 것이다.

하나님의 나라는 꼭 죽어서 가는 곳이 아니다. 지금 주님 말씀을 받고 그대로 살면 이 땅에서도 그 나라를 이루며 살 수 있다. 주님은 우리를 향해 "너희는 그 나라와 그 의를 구하라" 하셨다. 그 말씀을 믿고 바로 살면 우리도 믿음을 따라 산 선배들처럼 기쁘게 살 수 있다. "믿음은 바라는 것들의 실상이요 보지 못하는 것들의 증거니 선진들이 이로써 증거를 얻었느니라(히 11:1,2)." 우리도 그 증거자가 되어야 한다. 믿음의 눈으로 멀리 보라.

123

주님의 길엔 인자가 있다

"여호와의 모든 길은 그의 언약과 증거를 지키는 자에게 인자와 진
리로다(시편 25:10)."

우리는 기도할 때 하나님을 향해 "자
비롭고 은혜로우신 하나님"이라 부른다. 히브리어로 "엘 라훔 베하
눈"이다. '라훔'은 자비를 뜻한다. 라훔은 불쌍히 여기는, 은혜를 베푸
는 뜻 이상을 가지고 있다. 어미가 자신의 태를 통해 아기를 낳을 때
고통이 따른다. 하지만 아기를 보는 순간 기쁨의 눈물을 흘린다. 이
눈물은 모성애의 깊은 감정이 담겨 있다. 하나님이 이 감정으로 우리
를 바라보시는 것을 라훔이라 한다. 자비는 그런 마음과 뜻을 담고
있다. 자비로우신 하나님, 곧 '엘 라훔'이다.

시편 25편 10절에 나오는 인자가 바로 주님의 자비다. 주님의 모든
길(all the ways of the Lord)에는 인자와 진리가 있다고 말한다. 주님의
언약과 계명을 지키는 모든 사람에게는 주님이 성실과 사랑, 곧 진실
한 사랑으로 인도하신다는 것이다.

여러 성경 역본을 보면 인자를 사랑, 자비. 은총으로도 표현하고
있다. 영어로도 loving, lovingkindness, mercy 등이다. 우리를 바라보는
주의 모습이 어떠한가를 그대로 보여주고 있다.

크로스비(F. J. Crosby)가 쓴 "인애하신 구세주여 내 말 들으사"라

는 찬송가 가사가 있다. 그는 구세주를 인애하다 했다. 'gentle saviour' 다. 인애도 인자다. 죄인이 겸손하게 엎드려 드리는 울음소리(humble cry)를 들어달라는 것이다. 자비로우신 주님은 그 음성에 기꺼이 귀를 기울이실 것이다. 너무나 자애로운 눈으로, 정말 젠틀하게.

주님이 우리를 향해 그토록 자비로운 분임을 안다면 우리도 이웃에 대해 그 모습을 보이는 것이 마땅하다. "내가 너를 불쌍히 여김과 같이 너도 네 동료를 불쌍히 여김이 마땅하지 아니하냐(마 18:33)." 주님의 말씀이다. 공동번역에는 이렇게 쓰여 있다. "내가 너에게 자비를 베푼 것처럼 너도 네 동료에게 자비를 베풀었어야 할 것이 아니냐?" 우리도 자비로워야 한다는 것이다.

자비로운 사람이 되려면 무엇보다 이웃에 대한 민감성(sensitivity)을 키워야 한다. 바울은 빌립보교인들에게 말한다. "각각 자기 일을 돌볼뿐더러 또한 각각 다른 사람들의 일을 돌보아 나의 기쁨을 충만하게 하라(빌 2:4)." 돌본다는 것은 이웃이 필요로 하는 것이나 아픈 것이 있는지 눈뿐 아니라 마음으로도 관심 있게 바라보고 돌보아 주는 것을 말한다. 자기 이익만 생각하지 않고 남의 이익도 생각하는 것이다. 나아가 그들의 아픔을 나의 아픔으로 인식하고 같이 아파하는 경지에 도달할 수 있다면 주님의 마음을 더 닮으리라.

주님은 이 순간도 우리를 끌어안으시고 자비로운 눈으로 바라보신다. 우리가 이웃을 안아줄 때 주님의 마음을 조금쯤 알 수 있을 것이다. 자비는 숨는 것이 아니다. 지금 이곳에서 주님의 눈이 되고, 주님의 손이 되는 것이다.

124

주님으로 만선의 기쁨을 누리라

"예수께서 한 배에 오르시니 그 배는 시몬의 배라 육지에서 조금
떼기를 청하시고 앉으사 배에서 무리를 가르치시더니(누가복음 5:3)."

누가복음 5장은 밤새 고기를 잡지 못
하던 베드로에게 다가가신 주님과 그 주님의 말씀에 순종한 결과 넘치
도록 고기를 잡은 사건을 소개하고 있다. 그는 만선의 기쁨을 누렸다.

부산 사직동교회 김철봉 목사는 연변과기대에 와서 이 말씀을 가
지고 설교를 했다. 제목은 '만선의 기쁨'이다. 그는 고기를 많이 잡은
순간 만선이 된 것이 아니라 예수님이 베드로의 배에 오르는 순간 이
미 만선이 되었다고 했다. 만선은 잡은 물고기로 가득한 배를 뜻한다.
물리적으로 보면 고기를 다 잡은 다음이 만선이다. 하지만 믿음의 눈
으로 보면 주님이 배에 오르는 순간, 아니 주님이 베드로에게 관심을
보이는 순간 이미 만선이 되었다. 주님은 이미 아셨고, 그 순간을 기
다리셨을 뿐이다.

사람들이 몰려와 예수님의 말씀을 듣고 있을 때만 해도 베드로는
그저 어부였다. 그것도 밤새 수고했지만 잡은 것이 없는 상태다. 빈
그물만 씻고 있었다. 그런데 갑자기 주님이 베드로의 배에 오르셨다.
너무나 사람들이 많았기 때문이다. 그리곤 무리를 향해 말씀을 이어
가셨다. 베드로의 그물은 비었지만 사람을 낚는 예수의 그물은 너무

나 가득하다. 이 모습은 아주 대비된다.

베드로도 예수님의 설교말씀을 들었다. 말씀을 마친 주님이 베드로에게 명령하신다. "깊은 데로 가서 그물을 내려 고기를 잡으라(눅 5:4)." 베드로는 순종했다. "선생님 우리들이 밤이 새도록 수고하였으되 잡은 것이 없지마는 말씀에 의지하여 내가 그물을 내리리이다." 순종의 결과는 놀라웠다. 너무 많이 잡혀 그물이 찢기고 있다. 순종하면 만선이 된다. 만선의 기쁨은 순종할 때 일어난다.

그물이 찢기자 베드로는 다른 배에 있는 친구들, 곧 야고보와 요한에게 도움을 청했다. 그들이 도왔을 때 그들의 배도 만선이 되었다. 인생의 만선은 내 배만 가득 채우는 것 아니다. 함께 만선의 기쁨을 누리는 것이다. 우리가 전도하는 것도 마찬가지다.

베드로뿐 아니라 야고보, 요한, 그리고 그들과 함께 한 모든 사람들이 놀랐다. 그 순간 베드로는 주님 발아래 엎드렸다. "주여 나를 떠나소서. 나는 죄인이로소이다." 갑자기 두려움이 몰려온 것이다. 그러자 주님이 말씀하신다. "무서워하지 말라 이제 후로는 네가 사람을 취하리라." 최고의 만선은 사람을 얻는 것이다. 많은 사람을 주께 돌아오게 하는 것이다.

당신에게 있어서 만선은 언제인가? 돈을 많이 벌고, 성공했을 때인가? 주님이 우리와 함께 하시면 우리는 언제나 만선이다. 베드로는 모든 것을 버려두고 예수를 따랐다. 무엇이 참된 만선인지, 그 기쁨이 어떤지 알았기 때문이다.

당신은 지금 하나님 앞에 서 있다

"너는 네 하나님 여호와 앞에서 완전하라(신명기 18:13)."

이 말씀 중에 두 가지 중요한 키워드가 있다. 하나는 '여호와 앞에서'이고, 다른 하나는 '완전하라'는 것이다.

그리스도인은 세상을 보고 사는 사람들이 아니다. 세상 사람들의 말에 주목하는 것이 아니라 하나님의 말씀에 주목하고, 하나님 앞에서 늘 바르게 살려고 노력하는 사람들이다. 우리는 '코람 데오(Coram Deo),' 곧 '하나님 앞에서' 사는 자들이다.

코람 데오는 주님 앞에서 늘 자신을 낮추는 삶이다. 자신을 낮출 때 비로소 하나님이 보인다. 야고보는 말한다. "주 앞에서 낮추라 그리하면 주께서 너희를 높이시리라(약 4:10)." 주님 앞에서 겸손하게 살면 주님이 기뻐하고 인정해주실 것이다.

코람 데오는 하나님 뿐 아니라 사람 앞에서도 온전한 삶이다. 요셉도 보디발 아내의 유혹에 맞서 말한다. "내가 어찌 이 큰 악을 행하여 하나님께 죄를 지으리이까?" 하나님이 보시는 데 그럴 수 없다는 말이다. 요셉은 하나님뿐 아니라 보디발의 아내 앞에서도 온전한 모습을 보여주었다. 요셉이 얼마나 코람 데오 정신에 충실했는가를 알 수 있다.

바울 일행은 교회로부터 거액의 연보를 받고 매우 조심했다. 누구로부터 든 비방 받을 일이 없도록 했다. 그는 말한다. "이는 우리가 주 앞에서 뿐 아니라 사람 앞에서도 선한 일에 조심하려 함이라(고후 8:21)." 그 연보는 가난한 자들을 위해 사용하기 위한 것이었다. 선한 일이 진정 선한 일이 되려면 그것을 사용함에 있어서 하나님 앞에서 나 사람 앞에서 떳떳해야 한다. 선한 일을 하면서 공사를 구분하지 못하면 욕을 먹는다.

"온전하라"는 것은 하나님의 말씀에 전적으로 순종하라는 것이다. 가나안에 들어가기 전 하나님은 광야의 이스라엘 백성들에게 말씀하셨다. "네 하나님 여호와께서 네게 주시는 땅에 들어가거든 너는 그 민족들의 가증한 행위를 본받지 말 것이니(신 18:9)." 본받지 않아야 할 행위가 있다는 것이다. 우상 앞에 자녀를 바치는 행위, 길흉을 말하는 자나 점쟁이의 말을 듣는 행위, 무당이나 요술하는 자, 신접한 자나 박수, 혼을 불러내는 자의 말을 듣는 행위 모두를 금한 것이다. 그들의 말이 아니라 선지자의 말을 들으라(신 18:15) 하셨다.

열왕기상은 아사를 다음과 같이 소개하고 있다. "아사의 마음이 일평생 여호와 앞에 온전하였으며(왕상 15:14)." 그는 그의 조상 다윗 같이 여호와 보시기에 정직하게 행하고자 했다. 조상들이 지은 모든 우상을 없애고 그의 어머니 마아가가 만든 아세라 상을 찍어 기드론 시냇가에서 불살랐다. 태후의 위도 폐했다. 하나님 앞에서 온전하게 살려면 단호함이 필요하다. 이 혼탁한 세상에서 당신의 코람 데오가 빛나기를 기원한다. 당신은 지금 하나님 앞에 서 있다.

양창삼

서울대학교 정치학과(학사, 석사)
서울대학교 대학원(경영학석사)
웨스턴일리노이대학교(MBA)
연세대학교 대학원(경영학박사)
총신대학교 대학원(M.Div., Th.M.)
한양대학교 경상대학 학장
한양대학교 산업경영대학원 원장
연변과기대 부총장, 챈슬러
현) 한양대학교 경상대학 경영학부 명예교수, 목사

기독교관계저서
동행 125(2014)
자아의식과 예수의식(2012)
기독교세계관과 삶의 리포지셔닝(2007)
뒤틀리는 삶의 문제와 기독교적 답변(2004)
자본주의 문화와 기독교의 사회적 책임(2004)
평신도를 위한 신학 이야기(2003)
목회자, 당신은 일류인간(2002)
영성회복의 신앙(2001)
기독교교육행정(2000)
기독교와 현대사회(1997)
교회경영학(1996)
기독교사회학의 인식세계(1988)
그 외 다수

묵상
125

초판인쇄 2016년 4월 15일
초판발행 2016년 4월 15일

지은이 양창삼
펴낸이 채종준
펴낸곳 한국학술정보㈜
주소 경기도 파주시 회동길 230(문발동)
전화 031) 908-3181(대표)
팩스 031) 908-3189
홈페이지 http://ebook.kstudy.com
전자우편 출판사업부 publish@kstudy.com
등록 제일산-115호(2000. 6. 19)

ISBN 978-89-268-7224-6 93230